대기업을 이긴
한국의 스타트업

대기업을 이긴

이긴

임성준 지음

국내를 넘어 글로벌 시장의 혁신을 이끄는 스타트업 13

한국의

스타트업

호우야

스타트업이 ——
대기업과 싸워 이기는 방법

한국의 스타트업은 지난 몇 년간 빠른 성장을 이루어 왔다. 높은 기술력과 창의력, 글로벌 시장 진출에 대한 역량을 갖춘 한국의 창업가들은 새로운 아이디어와 비즈니스 모델을 제시하며 산업의 성장을 이끌어 나가고 있다. 하지만 글로벌 경제 성장의 둔화와 유동성 축소, 국내 증시의 불안정성 등으로 스타트업에 대한 투자가 줄어들면서 많은 기업들이 힘들어하고 있기도 하다.

2022년 하반기부터 스타트업에 대한 투자 금액이 현저히 줄어들고 미디어에서는 '투자 혹한기'라는 말이 돌기 시작했다. 사실 상반기까지만 해도 코로나19의 여파에도 불구하고 스타트업 업계에는 유동성이 넘쳐나면서 투자 유치가 상대적으로 수월했다. 성장만 할 수 있다면 수익성과 상관없이 투자 유치가 가능했고 벤처캐피털 역시 애매하게 수익을 내는 기업보다 적자가 나더라도 가파르게 성장하는 기업을 선호했다. 덕분에 좋은 아이디어가 있고 이를 빠르게 실행할 수 있는 역량 있는 팀이 있다면 창업 초반부터 투자를 받으면서 사업을 할 수 있었다. 오해의 소지가 있어 다시 언급하면 투자 유치가 쉬웠다는 것이 아니라 요즘 시기에 비해 가능성이 컸다는 것이다.

하지만 하반기부터 갑자기 분위기가 달라지기 시작했다. 스타트업에 대한 투자 심리가 급격하게 위축되면서 성장의 속도를 높이기 위한 자본 조달이 점차 어려워졌다. 투자자들도 매출이나 고객 수가 빠르게 늘어도 적자 폭이 점차 커지는 비즈니스 구조를 가진 스타트업에 투자하는 것을 꺼리기 시작했다. 심지어 자금을 지원하는 다수의 LP$^{Limited Partner, 출자자}$들도 GP$^{General Partner, 벤처캐피털}$들에게 유동성이 다시 좋아지기 전까지는 수익이 바로 발생하거나 폭발적인 성장을 하는 기업이 아니면 투자하지 말라는 권고를 했다고 한다. 온 국민이 아는 대형 스타트업들도 기존의 기업가치를 내려서라도 투자 유치를 하는 상황이며 요즘 같은 시대에는 쿠팡조차 투자받기 어려웠을 거라는 말도 있다.

팩트 체크를 해보면 이렇다. 스타트업얼라이언스에서 발표한 '2022 스타트업 투자 유치 결산 리포트'에 따르면 2022년 스타트업 총투자 건수는 1,765건, 총투자금은 11조 1,404억 원으로 집계됐다. 2021년과 비교하면 투자 건수는 1,186건에서 1.5배 증가했지만 총투자 금액은 2021년 약 11조 7,286억 원에서 5,882억 원(-5.02%) 감소했다. 2022년에는 예년과 달리 상반기에 대규모 투자들이 몰린 반면 하반기에 투자가 감소했고 이에 혹한기가 찾아왔다는 말이 나오게 된 것이다.

글로벌 상황도 비슷하다. 시장조사업체 CB 인사이트^{CB Insights}에 따르면 2022년 3분기 세계 벤처투자 규모는 745억 달러로 9분기 만에 최저치를 기록했다. 이는 직전 분기 대비 34%나 급감한 수치로 분기 감소율은 10년 만에 최고를 기록했다. 2021년 4분기 1,782억 달러로 정점을 찍은 뒤 2022년 들어 급격한 감소세로 돌아선 것이다. 참고로 2022년 1분기에는 1,421억 달러, 2분기는 1,126억 달러였다. 금리 인상과 경기 불안 등 악재와 불확실성이 지속되면서 투자 시장이 계속 위축되고 있다는 것을 알 수 있다.

이제는 명확한 수익모델 없이 적자를 바탕으로 투자를 받아 성장하던 시대는 지나갔다. 물론 역사가 반복되듯이 다시 유동성이 넘쳐나게 되고 스타트업에 대한 투자가 활발해질 수도 있지만 그때가 언제 올지도 모르고, 온다고 하더라도 과거의 시행착오와 학습효과로 인해 좀 더 안정적인 투자를 지향하게 될 가능성이 크다. 따라서 우리 스타트업들도 변해야 한다. 구체적이고 명확하며 즉시 전력이 되는 수익모델을 탑재하고 다소 늦더라도 안정적인 성장을 추구해야 한다.

이전에는 거대 자본을 가진 대기업들이 문어발식 경영을 하며 거의 대부분의 산업을 지배해 왔다. 그래서 중소기업이나 스타트업들은 설 자리가 부족했고 대기업의 하청을 하거나 대기업들이 하지 않는 섹터의 희박한 기회를 찾아야 했다. 특히 최근에는 대기업이 스타트업에 대한 투자나 인수로 접근해 기술을 빼가는 사건들이 많아지면서 많은 기업들이 힘들어하고 있다.

하지만 시대가 바뀌었다. 우리는 이제 완전히 새로운 시대를 살고 있다. 인공지능, 빅데이터, 자율주행, 블록체인, 로봇 등 혁신적인 기술의 발전으로 인해 비즈니스 환경은 이전과는 전혀 다른 모습을 보이고 있다. 이제는 대기업들도 새로운 기술과 혁신적인 아이디어를 충분히 활용하지 못한다면, 하루가 다르게 변화하는 시장경쟁 속에서 도태되고 스타트업에 밀릴 수밖에 없다. 올드하고 보수적인 조직문화를 유지하고 젊고 창의적인 인재들을 품지 못한다면 대기업의 미래도 밝지만은 않을 것이다. 대마불사大馬不死, Too big to fail라는 말은 이제 구시대의 유물이 되었다.

이러한 새로운 비즈니스 환경에서 스타트업들이 어떻게 혁신적인 아이디어와 기술로 대기업들과 대등하게 경쟁하고 이기는지 아는 것은 매우 중요하다. 이 책의 기획 의도는 바로 이 부분에서 시작되었다. 다양한 분야의 스타트업들이 창의적인 아이디어와 혁신적인 기술로 어떻게 성과를 만들었는지, 어떤 사회적 가치를 창출하고 있는지, 어떻게 대기업과의 경쟁에서 이기고 있는지 다양한 사례들을 분석하고, 그들의 성공 비결을 밝히고 있다.

이 책에서는 모빌리티, 콘테크, 애드테크, 프롭테크, 푸드테크, 이커머스, 메타버스 등 다양한 산업 분야에서 빠르게 성장하고 있는 스타트업들의 '성장을 위한 전략'을 살펴볼 수 있다. 뻔하디뻔한 개인의 성공담이나 신파와 같은 이야기가 아니라 각 분야의 대표적인 스타트업 대표들과 만나 창업 동기, 사업 아이디어, 해결하고자 하는 사회적 문제, 비즈니스 모델, 향후 계획 등에 대해 묻고 답하며 실질적인 도움을 주고자 노력했다. 또한 독자들로 하여금 스타트업 산업 전반에 대한 이해를 높이고, 스타트업을 꿈꾸는 예비 창업자들과 이미 창업해 스타트업을 운영하고 있는 창업자들에게 영감을 주기 위해 노력했다. 다양한 스타트업들의 성공과 실패, 그리고 도전과 성장 과정을 밀도 있게 전달함으로써 새로운 아이디어와 기업 문화, 채용 방식, 리더십 등에 대한 인사이트를 제공하고자 한다.

인터뷰 대상으로 선정된 스타트업들은 뛰어난 기술력과 비즈니스 모델로 각 산업 분야에서 독보적인 영역을 구축했으며 기관 투자자로부터 시리즈 A 이상의 투자를 받은 검증된 기업들이다. 하지만 투자 유치 금액이나 매출 규모, 직원 수와 같은 외형적인 모습만이 그들의 가치를 증명하는 유일한 기준은 아닐 것이다. 인터뷰에 응해준 창업자들은 모두 사회적 문제를 해결하고자 하는 신념과 열정을 지녔으며 이 시대에 꼭 필요한 혁신가들이다. 이들은 성공적인 스타트업을 만들기 위해 일반인들은 감내하기 힘든 수준의 노력과 끈기로 끊임없이 도전하고 실패하면서 지금의 성공을 만들어냈다. 이 책에 실린 인터뷰는 이들의 치열한 고민과 생존 전략을 압축해 놓은 것이다. 이를 간접적으로 경험하는 것만으로도 독자들은 이들의 성공 방정식을 이해하고 타산지석 할 수 있는 아이디어를 얻을 수 있을 것이다.

목차

세상의 모든 교통수단을
연결한다

/

네이앤컴퍼니 **Nei&Company**

기업 개요

네이앤컴퍼니는 대한민국의 대표적인 모빌리티^{mobility} 스타트업으로, 친환경 MaaS^{Mobility as a Service} 플랫폼 네이버스^{Neibus}를 운영하고 있다. 네이버스는 버스, 지하철, 공유 자전거, 전동 킥보드, EV 렌터카 등 친환경 이동 수단을 통합해 최적의 교통정보를 제공하고 있으며 향후에는 통합 결제 기능까지 지원할 예정이다. 또한 탄소배출저감 촉진을 위한 탄소발자국 모니터링과 사용자 참여형 챌린지를 운영하고 있으며 사용자들의 교통비 절감을 위한 리워드 토큰도 제공하고 있다.

기존에는 교통수단별로 앱을 각각 설치해서 이용해야 하는 번거로움이 있었지만 네이버스는 앱 하나로 목적지까지 끊김 없이 통합 이동 서비스가 가능하다. 현재 서비스 지역은 전국 80여 곳이며 2022년 중소벤처기업부 팁스^{TIPS}와 문화체육관광부 관광플러스 팁스에 동시 선정되며 기술성을 인정받았다. 서울시 모빌리티 마이데이터 실증사업에 이어 최근에는 제주도 스마트시티챌린지 사업, 울산시 스마트 관광도시 조성사업 등에 참여하며 친환경 모빌리티와 관광을 융합한 MaaS 플랫폼 확장을 추진하고 있다.

네이앤컴퍼니는 2019년에 심성보 대표가 창업했고 2023년 3월 기준으로 직원 수는 15명, 누적 투자 금액은 17억 원 정도이다.

모빌리티 시장 개요

모빌리티란 '이동성'이라는 뜻으로, 인간이나 물체가 어떤 장소에서 다른 장소로 이동하는 것을 말한다. 최근에는 기존 교통수단의 변화와 디지털 기술의 발전으로 인해 모빌리티 산업이 크게 성장하고 있다. 전통적인 자동차 산업 외에도 전기차, 스마트 모빌리티, 공유 모빌리티 등 새로운 형태의 이동 수단이 등장하고 있다. 요즘 TV 광고를 보면 하늘을 나는 택시가 나오는데 이 또한 모빌리티의 한 형태라고 볼 수 있다. 모빌리티 기업들은 불필요한 교통체증을 해결하고, 대기오염 문제를 개선하며, 에너지 절약과 친환경적인 교통수단으로의 변화 등을 이루고자 하는 목표를 가지고 있다.

MaaS는 모바일 앱을 통해 다양한 교통수단을 하나의 플랫폼에서 통합해 제공하는 서비스를 말한다. 여러 앱을 설치하지 않고도 대중교통, 자전거 대여, 카셰어링, 택시 등 다양한 교통수단을 검색하고 결제할 수 있다. 또한 개인화된 통합 교통 서비스를 제공해 목적지까지 가장 빠르고 저렴한 통합 교통수단과 경로를 추천받을 수 있다. MaaS를 통해 친환경적인 대중교통 이용을 촉진함으로써 대기 오염, 교통체증, 주차난 등을 해소할 수 있을 것으로 전망된다.

네이엔컴퍼니 Nei&Company

심성보 창업자 겸 대표이사

네이버스에 대해 간략히 설명해 주세요.

네이버스는 버스, 지하철은 물론 공유 자전거, 전동 킥보드, EV 렌터카 등 친환경 이동 수단을 통합해 최적의 교통정보를 제공하는 모빌리티 플랫폼입니다.

네이버스가 나오기 전에도 어쨌든 사람들은 대중교통을 잘 이용하고 있었습니다. 네이버스가 해결한 고객의 페인 포인트는 무엇인가요?

저희는 대중교통 이용자가 원하는 것이 무엇인지를 고민했고, 이에 대한 조사를 계속해 왔습니다. 다양한 설문조사와 인터뷰를 통해 이용자들이 가장 불만족스러운 것은 '비싼 교통비'임을 알게 되었습니다. 그래서 가장 먼저 대중교통 이용자들에게 교통비 절감을 위한 서비스를 제공해야 한다고 판단하게 되었습니다. 이에 자동으로 대중교통 탑승 시간을 트래킹해 탑승 2분당 1네이토큰(1원)을 제공했습니다. 이러한 서비스는 국내에서 최초입니다. 초기 버전은 안드로이드만 출시했음에도 불구하고 8만 다운로드를 기록해 시장에서 이 제품에 대한 수요가 있다는 것을 입증했습니다.

두 번째로는 모든 교통수단의 이동 정보를 통합했습니다. 첫 번째 페인 포인트인 '비싼 교통비'가 고객의 소리로 인한 것이었다면, 두 번째 페인 포인트는 한 단계 더 나아가 고객이 미처 알지 못한 욕구에서 발견한 것입니다. 없을 때는 몰랐는데 써보니 그동안 불편했다는 것을 깨달을 때가 있습니다. 네이버스가 그렇습니다. 기존의 모빌리티 앱은 버스, 지하철, 킥보드, 자전거, 전기차 등이 각각 다양하게 존재하며, 이에 대한 정보와 운영 업체, 결제 시스템, 환승 시스템도 모두 달랐습니다. 이러한 문제를 해결하기 위해 민간과 공공 영역의 적합한 파트너사를 찾았고, 네이버스를 통해 통합된 친환경 모빌리티 정보, 최적 경로, 결제 및 환승 시스템을 제공하고 있습니다.

대중교통 탑승 시간을 트래킹한다고 하셨는데, 이것이 네이버스의 핵심 기술로 보입니다. 이에 대해 조금 더 설명을 해주세요.

네이버스의 핵심 기술은 딥러닝을 기반으로 유저들의 이동 패턴을 판단하고 예측하는 패턴 태그 엔진입니다. 이 엔진은 휴대폰에서 생성되는 다양한 센서 데이터와 공공 데이터(행정안전부가 제공하는 버스, 지하철 등의 운행정보) 등을 수집해 딥러닝 알고리즘을 실행합니다. 그 결과 실시간으로 유저들이 어디서 탔는지, 어디서 내렸는지, 이동한 시간과 거리 등을 예측할 수 있습니다. 저희는 이동 시간, 거리, 경로 등의 이동 패턴을 실시간으로 판단하고 예측하는 기술을 보유하고 있으며 현재 이에 관련된 다양한 특허를 보유하고 있습니다. 이러한 기술은 방대한 양의 빅데이터와 독자적인 AI 기술을 결합해 만들어진 것으로 향후에는 대기업이나 연구기관과 협업을 통해 더욱 고도화할 예정입니다.

네이버스의 장점 중 하나가 교통비 절감입니다. 매일 대중교통을 이용해서 출퇴근하시는 분들은 대략 얼마 정도를 절감할 수 있나요?

평균적으로 네이버스를 통해 할인받을 수 있는 금액은 하루에 1,100원이며, 한 달 이용 시 약 3만 원 정도가 적립됩니다. 미션 형태의 적립과 챌린지 적립 등 다양한 혜택을 제공해 일부 사용자들은 최대 9만 원 정도의 혜택을 받을 수 있습니다. 또한 교통비 응모 이벤트를 진행해 한 달 치 교통비가 충전된 교통카드를 제공해 대중교통을 무료로 이용할 수 있도록 지원하기도 합니다. 앞으로도 이러한 혜택을 더욱 강화해 사용자들이 교통비를 최대한 많이 줄일 수 있도록 노력할 계획입니다.

적립금은 네이앤컴퍼니에서 지급하는 건가요? 사용자가 늘어날수록 비용이 커질 텐데 명확한 수익모델이 있나요?
광고를 통해 수익을 창출하는 비즈니스 모델을 이미 구축했고 리워드 비용을 철저하게 관리하고 있습니다. 글로벌 에드테크사인 구글Google이나 아이지에이웍스IGA Works와 협력해 비용을 상생시키는 구조를 만들었고 B2B 제휴를 통해 스폰서십을 강화해 나가고 있습니다. 이를 통해 영업이익을 증대시키며, 추가적인 교통비 절약을 위한 프로모션을 진행할 계획입니다.

광고 네트워크를 네이버스에 연결해서 광고로부터 발생하는 수익을 고객들한테 나눠준다는 말씀인가요?
맞습니다. 네이버스 앱에서는 특정 메뉴로 들어가면 광고가 노출됩니다. 사업 초반에는 광고 수익의 대부분이 리워드로 지급되는 구조였지만 현재는 광고 매출이 리워드 비용보다 커졌기 때문에 BEP를 넘기는 구조로 가고 있습니다.

또한 최근에는 자체 광고 플랫폼도 론칭했습니다. 지금까지는 애드테크사와 협업하면서 수익을 셰어했기 때문에 광고 수익이 상대적으로 적고, 개인화된 광고를 제공하기 어려웠습니다. 하지만 이제는 위치 기반의 자체 광고 플랫폼을 제공하면서 수익성을 개선할 수 있게 되었습니다. 전국 18만 개의 대중교통 정류장을 기반으로 광고를 판매할 예정이며 이렇게 발생한 수익을 다시 사용자들에게 할인 혜택 등으로 제공하면서 선순환 구조를 만들어 갈 예정입니다.

대표님의 이력이 조금 특이합니다. 과거 애널리스트이자 펀드매니저로 일하셨다고요?
네, 맞습니다.

금융 전문가셨는데 생뚱맞게 모빌리티 플랫폼을 창업한 이유가 궁금합니다. 특별한 계기가 있었나요?
미국 금융회사에서 근무할 때 보통은 산업별로 담당하는 애널리스트가 있는데 제가 근무했던 회사는 특정 가문의 자산을 관리하는 곳이었기 때문에 모든 산업 분야를 다루었습니다. 여러 산업을 분석하고 그중에서 투자수익률이 높은 곳에 투자하는 일을 했는데, 이때 가장 중요한 포인트는 100년 뒤에도 사라지지 않을 산업군을 파악하는 것이었습니다. 이런 산업들의 공통

점은 인간이 지성을 갖고 집단생활을 하면서 만들어졌다는 것과, 일상적으로 사용하며 앞으로도 변하지 않을 필수적인 요소라는 것입니다. 일반적으로 의식주에 해당하거나 교육 분야, 이동 산업 등을 말합니다.

저는 그중에서도 모빌리티 분야에 관심이 많았습니다. 실제로 제가 애널리스트로 근무하는 동안 2014년에 테슬라를 처음 발굴하고 투자를 했습니다. 지금은 믿기 어렵겠지만 그때만 해도 대부분 사람이 테슬라의 일론 머스크를 사기꾼으로 봤을 때였죠. 이러한 경험을 통해 모빌리티 분야의 변화를 예측할 수 있었고, 친환경적인 이동 수단이 대세가 될 것이라고 예상했습니다.

그래서 통합 모빌리티 플랫폼 사업을 하게 되신 거군요.

사실 최초의 아이디어는 버스 뒷문에 있는 오프라인 엽서를 온라인으로 바꾸는 소셜 프로젝트였습니다. 한국에 돌아온 지 얼마 안 되었을 때 대중교통을 많이 이용했는데 어느 날 매우 불친절한 기사님을 만나게 되었습니다. 너무 불합리해 보여서 신고를 하려 했지만 CS접수를 하려면 우편엽서를 이용하거나 운수회사 웹사이트, 전화, 문자 등으로 민원을 접수해야 했습니다. 매일 1,160만 명이 대중교통을 타는데 소통 창구가 분산되어 사용자와 관리자 모두 불편함을 겪고 있다고 생각했습니다. 시대에 뒤떨어진 소통 시스템에 대한 개선의 필요성을 느끼고 이에 대한 해결책으로 앱을 만들어 디지털화하고 통합하려고 했습니다.

지금의 모습과는 많이 다른데 피벗팅이 된 것인가요?
맞습니다. 네이버스 v1.0은 버스 도착 정보 및 실시간 리뷰가 핵심 기능이었습니다. 이를 통해 버스나 기사님에 대한 리뷰를 서울시나 인천시와 같은 지자체와 공유하는 등 지자체의 정책 개선과 서비스 향상에 기여할 수 있었습니다. 지금도 지속적으로 모빌리티 산업의 성장 가능성과 패러다임 시프트를 파악하며 사회적 가치를 더 많이 창출할 수 있는 방법을 모색하고 있습니다.

네이버스는 고객에게 통합 서비스 제공 및 교통비 절감 혜택뿐만 아니라 친환경에 대한 부분도 강조하는 것으로 알고 있습니다. 환경 오염의 주범 중의 하나가 자동차 배기가스라는 인식이 강한데, 네이버스가 친환경 모빌리티를 지향하는 이유는 무엇인가요?
네이버스의 궁극적인 목표는 모빌리티를 구독형으로 전환해 MaaS의 통합을 완성하는 것입니다. 사용자들에게 금전적인 혜택을 주는 것과 더불어 서비스의 지속 가능성을 위해 심리적인 혜택을 주는 것도 중요하다고 생각합니다.

2015년 전 세계 주요국이 파리기후변화협약^{Paris Climate Change}
^{Accord}을 채택하면서 지구의 평균 온도를 산업화 이전 수준 대비
2℃ 이상 상승하지 않도록 온실가스 배출량을 단계적으로 감축
하기로 했습니다. 이후 전 세계 모든 기업이 '저탄소' 'ESG 경
영' 등 친환경 사업에 열을 올리고 있습니다. 이러한 시대적 흐
름에 따라 사용자들도 친환경 이동 수단을 이용함으로써 탄소
배출량을 줄이는 것을 매우 중요하게 생각하기 시작했습니다.
그래서 네이버스는 매일 탄소 발자국을 측정하고, 친환경 통계
를 제공해 사용자들이 얼마나 탄소 발자국을 줄였는지 확인할
수 있도록 하고 있습니다.

연구 결과에 따르면 개인이 만들어내는 탄소 발자국을 가장
많이 줄일 수 있는 방법은 대중교통이나 진기차를 이용하는 것
입니다. 승용차를 이용하지 않는 것만으로도 탄소 발자국을 혁
신적으로 줄일 수 있습니다. 따라서 더욱 많은 사용자들이 친환
경 이동 수단을 이용함으로써 금전적 혜택과 심리적 혜택을 모
두 받을 수 있도록 노력할 예정입니다.

대중교통 이용을 편리하게 만듦으로써 대중교통 사용자 수를
늘리고 결국 탄소 배출량 감소에 일조한다는 것이군요.
일반적인 가솔린 승용차를 이용할 경우 1년간 2.04톤의 탄소가

네이버스 서비스 소개

배출됩니다. 하지만 대중교통을 이용하면 0.98톤, 전기차를 이용하면 1.95톤의 탄소 배출을 줄일 수 있습니다. 네이버스 이용자 한 명이 1년간 1톤의 탄소 배출을 줄이는 셈이죠.

버스나 지하철 외에도 친환경 이동 수단이 있지만 이들의 사용 빈도수가 낮은 이유는 접근성이 떨어지기 때문입니다. 그래서 앞서 설명했듯 네이버스는 버스, 지하철, 전동 킥보드, 공유 자전거, EV 렌터카 등 다섯 가지 친환경 모빌리티를 통합하고 다양한 서비스와 금전적 지원으로 사용자의 편의성을 높이고 있습니다. 네이버스가 운영하는 친환경 모빌리티를 통해 사용자들이 승용차 대신 대중교통을 이용하는 비율이 높아질 것으로 예상합니다.

챌린지는 사용자들이 도전해서 보상을 받는 프로그램인가요?

맞습니다. 현재 네이버스는 일주일에 5번 이상 '대중교통 이용 챌린지'나 '만 보 걷기 챌린지'와 같은 이벤트를 진행하고 있습니다. 이러한 챌린지를 B2B와 B2C로 확장할 계획이며, 향후에는 더욱더 많은 이벤트를 진행할 예정입니다. 예를 들어 투자사인 현대차그룹과 함께하는 대중교통 이벤트나 JDC제주국제자유도시개발센터와 함께하는 제주도 여행 이벤트 등 다양한 친환경적인 이벤트를 기획할 수 있습니다. 이렇게 하면 탄소발자국을 추적하고 모니터링해 시각적으로 통계적으로 보여줄 수 있습니다. 추가로 네이토큰과 같은 적립금 형태의 혜택을 지속적으로 제공할 예정입니다.

네이버스라는 이름의 의미가 궁금합니다. 얼핏 네이버가 생각나기도 하는데 이렇게 지은 특별한 의미가 있나요?

네이버스란 '이웃neighbor'과 '버스bus'의 합성어입니다. 버스를 타는 모든 사람들이 이웃이라는 철학이 담겨있습니다. 주 교통수단으로 버스를 타는 사람들은 매일 비슷한 시간대에 동일한 번호의 버스를 탑니다. 어쩌면 같은 버스를 이용하고 비슷한 방향으로 이동하며 일상생활의 일부분을 함께하는 사람들이 이웃이 아닐까 하는 생각에 '네이버스'라고 이름 짓게 되었습니다. 저희는 버스를 이용하는 사람들, 버스 운수사들, 버스 기사님들 등 버스 생태계에 있는 모든 플레이어들을 위한 서비스를 만들고 싶었습니다. 지금은 지하철, 공유 자전거, 전동 킥보드, EV 렌터카 등 다양한 교통수단이 추가되어 통합적인 서비스를 제공하고 있지만 '네이버스'라는 이름은 그대로 유지하고 있습니다.

국내에 모빌리티 회사들이 많은데 아마도 제일 큰 모빌리티 회사는 카카오모빌리티가 아닐까 합니다. 저도 종종 이용하는데 대리운전, 택시, 전동 킥보드 등 다양한 서비스가 있습니다. 네이버스와는 경쟁 관계인가요? 아니면 보완 관계인가요? 사실 카카오와 경쟁한다는 게 쉬운 일은 아닌데 말이죠.

기존의 대형 모빌리티 회사들과는 경쟁과 상호 보완관계에 있다고 생각합니다. 현재 카카오모빌리티는 택시와 대리운전 서비스를 기반으로 바이크, 주차장, 택배, 렌터카, 킥보드, 항공권 등 다양한 시장으로 진출하고 있습니다. MaaS 시장의 크기가 커지고 있는 것이죠. 저희는 교통비 절약을 위한 친환경 리워드를 넘어 교통비 정산 사업자들과의 협업을 통해 모든 대중교통에 대한 통합 결제가 가능한 혁신적인 플랫폼을 만들고 있으며 언젠가 대형 모빌리티 회사들과 대등한 경쟁을 하게 되리라 생각합니다. 또한 국내 최초의 친환경 모빌리티에 대한 선택과 집중으로 저희만의 색깔과 영역을 만들고 있다고 생각합니다.

카카오모빌리티가 택시 사업자들과 마찰이 심했고 또 정부에서도 골목상권 침해라고 규제하기도 했습니다. 네이버스는 정부 규제나 기득권을 가진 세력과의 마찰 같은 게 없었나요?

네이버스는 아직 정부 규제에 해당하는 이슈가 없지만 모빌리티 시장 자체는 정부 규제와 기득권을 가진 이해관계자들로 인해 경쟁이 매우 치열한 상황입니다. 버스나 지하철과 같은 공공재 시장에서도 일정한 제약이 있긴 하지만, 다행히 네이버스는 친환경 콘셉트로 정부와 지자체에서 선호하는 사업입니다. 국토교통부, 과학기술정보통신부, 지자체 등에서 대중교통 이용 촉진 및 관련 서비스 제작을 지원받고 있고 친환경 인증도 받고 있습니다. 공유 자전거나 전동 킥보드와 같은 마이크로 모빌리티 시장에서는 규제로 인한 어려움이 있지만 네이버스가 직접 공유 자전거나 전동 킥보드를 운영하는 것이 아니라 그들과 파트너십을 맺고 협력 관계를 만들어 가고 있기 때문에 직접적으로 경쟁하지 않습니다.

높은 연봉과 안정적인 삶을 포기하고 창업을 결심하게 된 동기가 궁금합니다.

저는 어릴 때부터 도전하는 것을 좋아했습니다. 특히 몸으로 직접 경험하고 부딪치는 것을 좋아했고 성장에 대한 욕구가 매우 강했습니다. 창업 역시 같은 맥락으로 직접 회사를 만들어 키우고 싶었습니다.

저는 소프트뱅크의 손정의 회장을 가장 존경합니다. 그분의 인생 50년 계획이 저에게 큰 영감을 주었고, 저도 손정의 회장처럼 10년 단위로 목표를 세우기 시작했습니다. 20대에는 많은 경험을 쌓아야 한다고 생각해서 20개 이상의 아르바이트를 해봤습니다. 하지만 뜻하지 않게 교통사고를 세 번이나 겪게 되어 3년간의 병치레 생활을 하게 되었습니다. 정말 힘들었지만 재활 훈련을 거쳐 늦은 유학을 결심했습니다. 30대에는 한 분야의 전문가가 되어 사업에 대한 준비를 하는 것이 목표였습니다. 저는 사업을 시작하기 위해서는 돈의 흐름을 잘 이해해야 한다고 생각해서 유학 중에 금융을 전공했습니다. 투자를 어떻게 하고, 투자를 어떻게 받고, 직원 월급을 주고, 세금을 내고, 성장하는 등 모든 캐시 플로우적인 인앤아웃을 이해해야 회사를 창업해 지속 가능한 성장을 이룰 수 있을 것이라 생각했습니다.

졸업 이후에는 금융회사에 취업해 금융 전문가가 되기 위해 노력했습니다. 미국에서 애널리스트로 일하며 투자 생태계에 대해 이해하기 위해 노력했고 한국에 돌아와서는 펀드 매니저로 일했으며, 이후 가문형 자산 관리 플랫폼인 '패밀리 오피스'의 한국 법인을 론칭하며 간접 창업 경험을 하게 되었습니다. 하지만 원래 목표대로 30대 후반이 되어 창업에 도전하기로 마음먹고 안정적인 미래와 좋은 조건을 모두 포기하며 퇴사 결심을 했습니다. 손정희 회장처럼 40대에 사업에 큰 승부를 걸기 위해 현재까지 열심히 달리고 있습니다.

처음부터 창업을 염두에 둔 직장생활이었네요. 그래도 현재에 만족하지 않고 꿈을 좇으신 것이 대단합니다.

사실 돈을 싫어하는 사람은 없겠죠. 제가 일하던 외국계 금융회사는 여의도와 하와이에 사택을 제공했고 스톡옵션과 프로핏 셰어링 등 다양한 복지를 제공했습니다. 물론 연봉도 높았고요. 40대 창업을 위해 전문적인 경험을 쌓고자 취업을 했는데 점점 마음이 흔들리기 시작했습니다. 그러나 회사의 성장이 저의 능력 때문이 아니라 함께 일하는 우수한 분들의 노력과 미국 본사의 도움이 있었기 때문에 가능했다는 것을 깨달았습니다. 함께 일하는 직원들조차 제가 고용한 것도 아니고 급여를 주는 것도 아니었으니까요. 이러한 자아 성찰 끝에 직접 제가 창업을 해서 회사를 키워 보려고 결심하게 되었습니다.

창업 이후에 가장 힘들었던 일이 무엇이고 그걸 어떻게 이겨내셨는지 궁금합니다.

스타트업 대표에게 있어서 가장 중요한 능력이면서 가장 어려운 일이 사람과 자금을 끌어오는 것이라고 생각합니다. 회사의 규모나 성장 단계와 상관없이 채용과 투자 유치를 미리 계획하

네이엔컴퍼니 Nei&Company

고 데스밸리(사업 초기에 자금 조달이나 시장 진입에서 어려움을 겪는 상황)에서 생존하기 위한 전략을 예측하는 것이 매우 어렵습니다. 게다가 아무리 예측을 잘해도 돌발 변수가 발생하면 그것을 해결하기 정말 어렵습니다.

이 일은 정말 큰 정신적, 육체적 스트레스를 동반합니다. 저희 회사도 데스밸리를 경험해 보았는데 돈이 예상대로 들어오지 않는 상황이 발생하거나 딜레이가 생기면 저와 공동창업자의 개인 자금을 쏟아부으면서 직원들 급여를 주고 회사를 유지해야 했습니다. 사람과 자금을 끌어오는 일은 생각보다 쉬운 일이 아니었고 이들을 지키는 것 또한 쉽지 않았습니다. 이 일로 인해 내적 스트레스와 육체적 스트레스를 많이 겪었습니다. 이런 고통은 성장 단계별로 크기는 조금 다를지 몰라도 줄어들지 않는 것 같습니다. 그러나 내공이 쌓이면서 이것을 조절할 수 있게 됩니다. 저 역시 그런 방향으로 노력하고 있습니다. 예를 들어 예전에는 A라는 사람 때문에 10만큼의 스트레스를 받았다면 이제는 이것을 1로 소화하거나 0.1로 줄일 수 있게 되었습니다.

회사를 운영하는 데 있어서 절대 타협하지 못하는 경영 철학이나 원칙이 있나요?

저희 회사에는 '112 리뷰'라는 제도가 있습니다. 기억하기 쉽게

112 경찰 신고 시스템에서 따온 것으로 입사한 지 1주일, 1달, 2달이 지난 직원과 대표이사 및 공동 창업자가 직접 면담을 하는 것을 말합니다. 글로벌 기업에서 하는 원온원One on One 미팅과 비슷한 것으로 저희만의 독특한 커뮤니케이션 문화입니다. 이 제도는 입사한 지 3개월이 안 된 직원들이 가장 불안정하고 도움이 필요하기 때문에 직원들이 잘 적응할 수 있도록 도와주기 위함입니다.

제가 창업을 하고 운영하면서 새로운 직원을 뽑는 것도 어렵지만 그들을 관리하고 유지하는 게 더 어렵다는 것을 깨달았습니다. 그래서 가능하면 직원들과 대화를 많이 해야겠다고 생각했습니다. 공식·비공식적으로 경영진과 직원들이 대화하는 시간을 만들어 경영진은 직원들의 불만사항을 듣고, 빠르게 해결해 주기 위해 노력합니다. 또한 개선사항이 있다면 바로바로 적용하고, 형평성에 문제가 없다면 건의사항도 바로 처리합니다. 그리고 만약 개인 상담이 필요한 경우에는 그것도 가능하도록 다양한 소통 채널을 마련했습니다. 저희는 정말로 소통에 진심인 편입니다.

초기 팀 빌딩이 되게 중요하고 그만큼 어렵다고 합니다. 특히 요즘 개발자 채용 전쟁이라는 말도 있는데 대표님만의 노하우나 경험이 있으실까요?

우선 저는 운이 좋다고 생각합니다. 영화 〈오션스 일레븐〉처럼 각 분야의 최고의 전문가들을 모으고 있기 때문입니다. 사실 이런 드림팀을 만들기 위해서는 몇 가지 중요한 포인트가 있습니다. 첫째는 대표가 드림팀을 만들고 참여하기에 충분한 역량이 있는지 고민해봐야 합니다. 대표로서 어떤 커리어를 쌓아왔는지, 어떤 매력적인 포인트를 가지고 있는지를 고려해야 합니다. 둘째는 운과 타이밍입니다. 좋은 사람을 만나는 운도 필요하지만 그 사람이 우리 팀에 합류할 수 있는 상황인지도 중요하기 때문입니다. 그래서 좋은 선수를 영입하는 데는 적절한 타이밍과 운이 필요합니다. 최고의 팀을 만들기 위해서는 단순한 노력 이상의 많은 것들이 필요합니다. 인재 확보에 대한 노력과 비용을 아끼지 않고 준비를 하며 기회를 기다리는 것도 중요하다고 생각합니다.

점심과 저녁 식대를 모두 회사에서 내준다고 들었습니다. 적지 않은 비용이 나갈 텐데요.

인재를 영입하고 유지하기 위한 노력의 일환입니다. 서비스를 만들 때 항상 사용자 친화적인 것이 중요하다고 이야기하는데, 그만큼 중요한 것이 직원 친화적인 분위기를 만드는 것이라고 생각합니다. 기업 문화라는 단어는 다소 거창하지만 구성원들을 위해 직원 친화적인 조직 문화와 보상 체계를 만들기 위해 노력하고 있습니다. 저나 직원들의 워라밸은 회사의 단계가 올라갈수록 밸런스가 조금씩 자연스럽게 맞춰질 것이라고 봅니다. 하지만 지금은 성장을 위한 초집중의 시기인 것 같습니다.

일론 머스크가 주당 100시간 정도 일한다는데 대표님은 얼마나 일하시나요? 요즘 Z세대는 일과 삶의 균형이 무엇보다 중요하다고 하는데, 이에 대해 어떻게 생각하시는지 궁금합니다. 저는 사업을 성장시키기 위해서는 선택과 집중이 필요하다고 생각합니다. 사업을 하다 보면 해야 하는 일이 여러 개일 때가 많은데 우선순위를 정해서 1순위에만 집중하는 것이 바람직하다고 봅니다. 저도 일론 머스크처럼 일주일에 100시간 이상을 일하는 편이며, 추석이나 설 연휴에도 일을 합니다. 이동 시간을 줄이기 위해 회사 근처로 이사도 했습니다. 걸어서 20분 정도 거리인데 출퇴근 시간을 아낄 뿐만 아니라 운동도 할 수 있기 때문입니다. 또한 개인적으로 스타트업 대표에게 워라밸은 사치라고 생각합니다. 당연한 말이지만 이것을 직원들에게 강요하지는 않습니다. 회사에서 최근에 만들고 있는 문화 중 하나는 근무 시간 8시간 안에 주어진 업무를 집중해서 잘 수행하자는 것입니다. 야근을 강요하는 것은 문제가 있다고 생각합니다. 8시간 동안 정말 열심히 일했음에도 업무를 완수하지 못했다면 자발적으로 추가 시간을 투입해야 하고 그 대신 그에 따른 보상을 회사가 해줘야 한다고 생각합니다. 아직 정답을 내린 사안은 아니며 야근이나 근무 형태에 대해 계속 논의해서 건강하고 생산적인 조직문화를 만들어 가고자 합니다.

추후 해외 진출에 대한 계획도 있나요?

최종 목표는 한국형 친환경 MaaS 플랫폼을 구축하고 해외로 진출하는 것입니다. 버스, 지하철, 공유 자전거, EV 렌터카 등 국내 대중교통 시스템을 포함해 모든 친환경 이동 수단을 통합하고, 이를 기반으로 MaaS에 대한 수요가 높은 싱가포르나 동남아시아에 진출하고자 합니다. 현재 지자체와 협업해 울산 스마트 관광 도시 구축, 제주도 루트 330 등 다양한 프로젝트를 진행하고 있으며, 이를 토대로 기술과 데이터를 적극적으로 활용해 플랫폼을 고도화하고 있습니다. 2024년에는 한국형 친환경 MaaS 플랫폼으로 해외 진출을 준비할 계획입니다.

목표하신 바대로 20대에는 경험을 쌓았고, 30대에는 한 분야의 전문가가 되었고, 40대에 사업으로 성공했습니다. 이후의 행보도 기대가 되는데요, 향후 엑싯 전략(M&A, IPO 등)과 엑싯 이후의 인생 계획이 궁금합니다.

아직 사업으로 성공했다고 생각하지 않습니다. 만약 좋은 제안이 온다면 M&A나 IPO를 통해 엑싯을 하려고 합니다. 현재 모빌리티 섹터뿐만 아니라 금융, 관광 등 여러 섹터에서 유니콘들이나 대기업군들, 상장사들이 저희 회사에 많은 관심을 보이고 있습니다. 저희가 지속적인 성장세를 보이면 약 3년 뒤에는 IPO도 가능할 것으로 생각됩니다. 엑싯을 하려는 이유는 경제적 자유와 시간적 자유를 동시에 얻고 난 후 후배 창업자들과 후세대를 위한 일을 하고 싶기 때문입니다. 50대는 소셜 벤처 등의 투자와 연쇄 창업을 통해 사회 혁신을 이루고 싶고 60대에는 장학 재단을 만들어 전국에 미니 도서관 형식의 도서관을 설립하고 이를 알리는 일을 하고자 합니다.

열악한 산업 현장에
디지털 혁신을 도입하다

/

무스마 musma

기업 개요

무스마는 한국의 콘테크^{construction technology} 분야 스타트업으로, 산업 현장 모니터링 솔루션을 개발하고 있다. 안전과 생산성 향상을 목표로 열악한 산업 환경을 혁신적으로 개선하는 서비스 엠카스 mcas를 제공하고 있다.

엠카스는 현장 데이터 기반의 통합관제 시스템을 구축하고 실시간 데이터 수집·가공 및 분석까지 최적화된 현장 운영을 위한 토탈 솔루션이다. 관리하고자 하는 장비 및 장소에 센서를 부착하고 엠카스에 접속하면 허가된 관계자 누구나 국내외 현장의 환경과 중장비 및 자재 정보를 쉽게 파악할 수 있다.

무스마는 건설 현장 외에도 조선, 철강, 제조 및 물류 분야까지 고객군을 확장하고 있으며, 영상을 활용해 위험 상황을 인지하고 자동으로 제어하는 스마트 팩토리 분야로 서비스 영역을 확대할 예정이다.

무스마는 2017년에 신성일 대표가 창업했고 2023년 9월 기준으로 직원 수는 60명, 누적 투자 금액은 71억 원 정도이다.

콘테크 시장 개요

콘테크는 건설 기술이라는 의미로, 건설 현장에서 사용되는 다양한 기술적인 해결책과 시스템을 통칭하는 용어다. 최근 기술의 발전과 디지털화로 인해 새로운 콘테크 제품 및 서비스가 계속해서 개발되고 있으며, 기존의 건설 현장에서 발생하는 문제들을 개선하고 생산성을 높이는 등 건설 산업을 빠르게 발전시키고 있다. 콘테크의 주요 기술은 다음과 같다.

- 건설 디지털화: BIM[Building Information Modeling], CAD[Computer-Aided Design], 3D 인쇄 등을 통해 건축물을 디지털화하고, 관리 및 제작 과정을 최적화하는 기술
- 스마트 건설: IoT, AI, 빅데이터 등의 기술을 활용해 건설 현장을 자동화하는 기술
- 로봇 건설: 건설 작업을 로봇이 대신 수행하도록 해 작업자의 안전과 생산성을 높이는 기술
- 새로운 재료: 건축물 내구성을 높이기 위해 강화된 콘크리트, 플라스틱, 카본 파이버[carbon fiber] 등의 새로운 재료들을 개발·적용하는 기술

INTERVIEWEE

신성일 창업자 겸 대표이사

무스마에 대해 간략히 소개해 주세요.

산업 현장 모니터링 솔루션을 개발하는 스타트업으로, 안전과 생산성 향상을 목표로 열악한 산업 환경을 혁신적으로 개선하는 서비스 엠카스mcas를 제공하고 있습니다.

열악한 산업 환경을 어떻게 개선한다는 건가요?

무선 통신 및 AI 기술을 활용해 산업 현장에서 사고를 예방할 수 있는 스마트한 안전 시스템을 개발합니다. 이러한 시스템은 인간의 개입 없이 위험 상황을 자동으로 감지하고 경고해 줌으로써 안전성을 향상시킬 수 있습니다. 예를 들어 무선 센서나 감지기를 통해 화재, 가스 및 화학 물질 유출과 같은 위험 상황을 신속하게 감지할 수 있습니다. 또한 정보를 수집하고 분석하는 AI 알고리즘을 통해 위험 상황을 더욱 정확하게 감지하고 분류할 수 있습니다. 이러한 시스템은 사람의 행동 및 모션을 감지해 안전한 작업 환경을 유지하기 위한 인적 감시 기술로도 활용할 수 있습니다.

사고를 예방할 수 있을 뿐 아니라 산업 현장 전반을 스마트하게 통합 관리하는 것이네요.

혁신적인 기술을 통해 사고를 예방한다는 것은 인명 피해와 재산 손실을 최소화한다는 의미이기도 합니다. 스마트 안전 시스템을 구축하고 운영하다 보면 많은 데이터가 발생합니다. 이러한 데이터를 활용해 안전사고 예방뿐만 아니라 현장의 상황을 정확하게 파악할 수 있습니다. 작업자와 장비의 움직임을 포함한 모든 요소를 파악할 수 있기 때문에, 이를 적극적으로 활용하면 생산성을 크게 향상시킬 수 있습니다.

과거에는 안전 솔루션이라는 개념이 이윤 추구와 상대적인 개념으로 여겨졌지만, 이제는 스마트 데이터를 활용해 안전뿐만 아니라 이익 추구에도 도움이 된다는 인식이 퍼지고 있습니다. 이렇게 스마트 안전 시스템을 구축하면서 선순환 구조를 만드는 것이 목표입니다.

건설 현장에서 발생하는 사고는 사람의 실수로 인한 것과 기계나 장비로 인한 것이 있다고 알고 있는데요, 무스마에서 개발한 안전 관리 솔루션은 어느 쪽에 포커스되어 있나요?

사람의 실수나 부주의로 발생하는 사고는 예방이 쉽지 않습니다. 안전 관리는 세 가지 측면에서 잘 이루어져야 합니다. 첫 번째는 작업자들에 대한 교육입니다. 아무리 안전한 장비를 만들어 놓았다 하더라도 작업자가 부주의한 행동을 한다면 사고가 발생할 수 있기 때문에 작업자들에게 충분한 교육을 시켜야 합니다. 두 번째는 작업자들의 행동을 관리하는 것입니다. 작업자들이 안전 규정을 잘 따르고 있는지를 체크하고 지속적으로 관리해야 합니다. 세 번째는 스마트 안전 시스템입니다. 예전에는 기술력이 부족하기 때문에 작업자들한테 조심하라고 하는 것 외에 별다른 방법이 없었지만 이제 기술이 발전하면서 기업들이 좀 더 안전한 작업 환경을 만드는 데 도움이 되는 많은 솔루션들이 생겼습니다. 이러한 세 가지 측면을 잘 조합해 관리하면 사고 리스크를 많이 줄일 수 있습니다. 기업들은 안전한 작업 환경을 조성하기 위해 노력해야 하며, 스마트 안전 시스템은 빠르고 정확한 대응을 해야 합니다. 저희는 스마트 안전 분야를 담당하는 회사로서 사람의 생명을 보호하는 것을 최고의 가치로 추구하며 위험 상황을 감지해 빠르게 대처할 수 있도록 최선을 다하고 있습니다.

무스마 건설 자산 관리 시스템

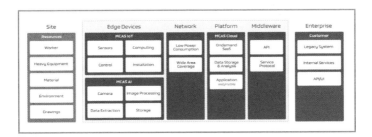

산업 재해를 획기적으로 감소시킬 수 있겠네요.

네, 사람의 목숨을 살린다는 책임감을 느끼며 일하고 있습니다.

요즘 중대재해법처벌법이 강화되면서 무스마에게도 새로운 기회가 많이 열릴 거라고 생각이 됩니다. 반면에 경쟁자도 많을 수 있을 것 같은데요.

대형 건설사들은 이미 스마트 안전 분야에 많은 투자를 하고 있었습니다. 그 이유는 공사 규모가 클수록 사고 발생 시 피해가 막대하게 커지기 때문입니다. 또한 안전사고가 발생하면 후속 공정의 지연 등과 같은 간접적인 피해도 크기 때문에 회사의 경제적 손실이 상당하게 됩니다. 이러한 이유로 대형 건설사들은 이미 스마트 안전 분야에 큰 관심과 투자를 하고 있으며, 중대재해처벌법 시행 이전부터 이미 이 분야에서 선도적인 역할을 하고 있었습니다.

하지만 중소형 건설사들은 상대적으로 준비가 덜 되어 있었고 중대재해처벌법의 시행으로 기존의 방식보다 한층 더 엄격한 안전 관리가 요구되면서 충격을 받을 수밖에 없었습니다. 사실 아이러니하게도 안전사고의 80%가 중소 건설사의 현장에서 일어납니다. 그래서 많은 변화가 필요한 실정입니다. 이런 이유로 앞으로 중소형 건설사들은 스마트 안전 분야뿐만 아니라 직원에 대한 안전 교육 등에 더 많은 비용과 시간을 투자해야 합니다. 또한 이전보다 신중한 계약 체결과 현장 안전 관리를 강화해야 하며, 안전을 우선시하는 기업이라는 이미지를 구축해야 합니다. 이를 통해 중소기업들이 안전사고 예방 및 대처 능력을 향상시키는 것이 중요합니다.

건설 분야가 워낙 마진율이 낮기 때문에 안전 관리에 선뜻 투자하기 힘들었는데 이제는 정부 차원에서 법적으로 강제하기 시작했기 때문에 중소기업들도 안전에 대한 인식을 높이고 투자를 해야 한다는 인식이 많아지고 있습니다. 예전에는 사고가 나도 피해자와 합의하면 끝났지만 이제는 대표이사나 최고 책임자가 구속되는 상황이 된 것입니다. 결국 사고를 방지하기 위해서는 적극적으로 안전 교육을 실시하고, 안전 관리 체계를 구축하는 등의 노력이 필요합니다. 저희는 이런 시장 기회에 집중하고 있습니다.

무스마만의 차별화 포인트나 경쟁력은 무엇인가요?

상대적으로 안전사고가 많이 나는 중소기업들이 어떻게 안전 솔루션들을 쉽고 편하고 저렴하게 도입할 수 있을까 하는 것이 저희의 최대 고민이었습니다. 그래서 저희는 대기업뿐만 아니라 중소기업들이 저렴한 비용으로 사용할 수 있도록 서비스화하는 작업을 해왔습니다. 클라우드 서비스를 활용하면 필요에 따라 컴퓨팅 리소스를 늘리거나 줄일 수 있어서 유연하게 대처할 수 있고 안전사고가 일어날 가능성이 높은 특정 기간에 대해 예측하는 기술을 활용해 서비스를 제공할 수 있습니다. 건설사 입장에서는 클라우드 서비스를 활용해 공사가 진행되는 필요한 기간 동안 비교적 저렴한 비용으로 안전 서비스를 사용할 수 있습니다.

또한 안전 솔루션이 경쟁력을 갖추기 위해서는 고객의 요구에 맞는 맞춤형 서비스를 제공하는 것이 중요합니다. 고객의 작업 상황과 안전사고 발생 가능성에 대한 정확한 이해가 필요하며, 그에 따라 맞춤형 안전 서비스를 개발하는 능력이 필요합니다. 이를 위해서는 안전 분야 전문가들과의 협업이 필요합니다. 장비가 많이 필요한 시기에는 장비 사고가 빈번하게 발생하고, 사람이 많이 필요한 시기에는 인명 사고가 발생하기 쉽습니다. 예를 들어 아파트를 짓는다면 초기에는 땅을 파고 토목 장비를 많이 사용하게 됩니다. 건물 구조를 올리기 시작하면 사람이 많이 필요하게 됩니다. 인테리어 작업이 이어지면 바닥재를 깔고 장식을 붙이는 등 다양한 일이 수행됩니다. 작업 프로세스에 따라 필요한 안전 솔루션도 달라집니다. 그때마다 새로운 솔루션을 구입하는 것이 아니라 필요한 기간만큼 솔루션을 사용할 수 있는 옵션을 제공하고 있습니다. 이렇게 하면 가격도 저렴해질 수 있습니다.

게다가 저희는 단순히 솔루션을 판매하고 그치는 것이 아니라 그 이상의 가치를 제공합니다. 고객이 안전에 대한 지식과 경험이 부족하더라도 저희 회사가 전문성을 갖고 고객의 요구 사항에 맞게 설치 및 유지 보수를 제공해 지속적으로 안전 관리를 할 수 있도록 합니다. 저희 제품을 구매하시면 전문가가 직접 설치하고 잘 되는지 모니터링도 하면서 지속적으로 유지 보수 관리를 하고 있습니다. 마치 정수기를 구매하면 전문 코디가 정수기 설치부터 세척, 관리까지 해주는 것과 유사합니다. 그래서 저희는 '안전 시스템 판매가 아니라 안전 서비스를 한다'라고 표현합니다. 물론 이를 위해서는 안전 시스템에 대한 기술적인 이해뿐만 아니라 건설 현장의 상황에 대한 이해도 필요하기 때문에 충분한 지식과 경험을 갖춘 전문가들을 보유하고 있습니다. 또한 스마트 기술을 활용해 안전 시스템을 더욱 효과적으로 운영할 수 있도록 합니다. 이러한 안전 서비스는 고객에게 더욱 큰 가치를 제공하며 기업 입장에서도 차별화된 경쟁력을 얻을 수 있습니다.

무스마의 수익 구조나 비즈니스 모델이 궁금합니다.
저희는 안전 관리 솔루션인 엠카스를 통해 방대한 양의 데이터를 수집할 수 있었고, 점차 이 데이터들을 효율적으로 활용할 수 있는 종합 관리 플랫폼이 필요하게 되었습니다. 그래서 저희는 엠카스 자산 관리라는 솔루션을 만들어 데이터를 기반으로 작업자, 장비, 자재, 그리고 작업장에 대한 데이터를 수집하고, 이를 자산으로 관리하고 있습니다.

　　건설 현장은 임시적으로 운영되는 경우가 많기 때문에 필요한 기간 동안 필요한 기능들을 선택해 도입할 수 있는 비즈니스 모델 구조를 가지고 있습니다. 그래서 초반에 10대의 장비로 공사를 시작하다가 추가로 20대가 도입되었다면 필요한 시점에 필요한 수량만큼 안전 관리 솔루션을 더 임대해서 사용할 수 있습니다.

　　또한 데이터 분석을 통해 기능을 추가할 때마다 단계적으로 추가 비용을 지불하는 수익 구조를 구성했습니다. 이는 구독 형태와 유사한 형태로 필요할 때만 사용하는 온디맨드 클라우드 서비스입니다. 가격은 사용량에 따라 다르며 임대와 구매 두 가지 옵션이 제공됩니다. 따라서 공사 기간에 따라 6개월 정도만 임대해 사용할 수도 있고 장기간 필요한 경우 직접 구매해 소유할 수도 있습니다. 다양한 옵션을 제공해 고객이 필요한 가격 정책을 선택할 수 있도록 서비스를 제공하고 있습니다.

그러면 A 현장에서 B 현장으로 옮기게 되면 사용하던 솔루션과 센서들을 그대로 쓰되 무스마에 재설치 비용만 추가로 지불하는 구조인가요?

맞습니다. 저희가 제공하는 스마트 안전 솔루션을 제대로 운영하려면 해당 솔루션에 대한 배경지식이 필요합니다. 산업 현장이 바뀌는 경우에는 저희 회사의 담당 인력이 투입되어 이전 설치 및 사용법에 대한 재교육을 제공합니다.

그럼 온프레미스● 방식으로는 개발을 안 하나요?

● 온프레미스On-premises 방식이란, 소프트웨어나 앱을 사용하는 데 필요한 모든 컴퓨팅 자원(하드웨어, 네트워크, 서버, 스토리지 등)을 사용자 자신이 보유하고 있는 데이터 센터나 서버실과 같은 곳에 설치해 사용하는 방식을 말한다. 온프레미스 방식은 사용자가 시스템을 직접 관리하고 운영할 수 있기 때문에 보안 및 데이터 관리 측면에서 높은 수준의 제어력을 가질 수 있다. 또한 사용자의 내부 IT 환경과 시스템을 연동할 수 있어, 사용자의 요구에 맞게 시스템을 커스터마이징하거나 개발할 수 있는 유연성도 있다. 하지만 온프레미스 방식은 시스템 구축 및 유지 보수 비용이 높고, 시스템 업그레이드나 확장이 필요한 경우 많은 시간과 비용이 소요될 수 있다. 또한 하드웨어나 소프트웨어의 문제가 발생한 경우 사용자 측에서 직접 대처해야 하는 등 IT 전문 지식이 요구된다. 이러한 이유로 최근에는 클라우드 기반의 서비스로 이동하는 추세다.

온프레미스와 클라우드 둘 다 지원합니다. 대기업은 데이터 유출 방지가 중요한 만큼 클라우드보다는 온프레미스를 선호하는 경우가 많습니다. 하지만 작은 규모에서는 클라우드 방식도 많이 사용하고 있습니다.

어찌 보면 건설 시장이 대한민국에서 가장 보수적이고 터프한 시장 중 하나인데, 처음 진입할 때 많은 어려움이 있으셨을 것 같습니다.

저는 사회생활을 중공업에서 시작해 로봇 만드는 일을 했습니다. 로봇을 만들려면 센서를 잘 다뤄야 하고 통신이나 소프트웨어 관련 지식들도 필요합니다. 이런 기술과 경험으로 호기롭게 창업을 했는데 창업 초기에 고객사를 구하지 못해 정말 힘들었습니다. 처음 창업했을 때는 안전 솔루션이라는 개념이 생소하던 시절이었습니다. 건설사를 찾아가도 듣도 보도 못한 작은 회사인 데다가 대표이사도 30대 초반으로 어리고 심지어 레퍼런스도 거의 없다 보니 설득하기 쉽지 않았습니다. 도입하기로 결정한 뒤에도 본사 담당자와 건설 현장의 관리자들 사이의 괴리감이 커 실제 도입까지 굉장히 오래 걸리고 어려웠습니다.

게다가 대형 건설사들은 규모가 크기 때문에 신생 업체와는 거래하지 않는 경우가 많습니다. 거래 조건에 3년 연속 영업이익이 5% 이상이어야만 한다는 조항이 있는데 초기 스타트업들은 대부분 적자이기 때문에 맞추기 어려운 조건이죠. 그래서 초기에는 6개월 정도 데모를 무료로 제공하면서 검증을 받기 위해 노력했습니다. 정말 힘들었지만 결국 고객사로부터 저희 안전 관리 시스템이 현장에 잘 적용된다는 긍정적인 평가를 받았습니다. 이후 많은 건설사들이 저희 시스템을 도입하게 되었고, 수년간 노력한 결과 조건을 모두 충족해 대형 건설사들과도 거래를 하게 되었습니다. 이러한 성과는 저희 회사의 레퍼런스와 실적을 향상시키는 데 큰 도움이 되었습니다.

무스마의 기술력과 플랫폼이 건설 현장에만 쓰이기에 아깝다는 생각이 드네요. 물류센터나 자동차 생산공장, 플랜트공장 등에도 적용 가능할 것 같은데, 이런 분야로 사업 확장을 고민해 본 적은 없나요?

저희 솔루션이 건설 분야에 가장 많이 활용되고 있지만 조선소, 제철소 등 다양한 산업 분야에서도 활용되고 있습니다. 또한 중장비 관련 솔루션을 많이 보유하고 있기 때문에 다양한 영역으로 확대할 기회가 있다고 생각합니다. 중장비 안전사고는 매우 큰 문제이며, 전체 사고의 20% 이상이 이와 관련이 있습니다. 그래서 사업 초반에는 중장비 안전 솔루션을 집중적으로 개발했고 현재는 건설, 중공업, 제철, 물류, 제조업 등 다양한 산업에서 사용되고 있습니다. 또한 농기계 분야에서도 솔루션을 개발하고 있으며, 관련된 농기계 회사와 협업하고 있습니다. 이러한 다양한 사업 분야에 대한 확장은 저희의 큰 경쟁력 중 하나입니다.

사실 안전 관리 솔루션으로 100% 사고 예방을 할 수 있는 것은 아닐 텐데요, 무스마의 솔루션을 도입했는데 오류나 장애가 발생하거나 아니면 다른 이유로 사고가 발생했을 때 무스마에게 책임을 지라는 고객이 나올 수도 있다고 생각합니다. 이런 부분에 대한 대응책은 있나요?

저희는 말씀하신 이슈들이 지속적으로 발생할 것으로 예상하고 있기 때문에 보험사와 협력해 보상에 대한 준비를 하고 있습니다. 아직 공식적으로 발표할 단계는 아니지만, 현재 관련 상품을 준비하고 있으며 보험사들도 대비책을 마련하고 있습니다. 사업 초반에도 보험 연계 상품을 만들기 위한 시도를 했었지만, 보험사 입장에서는 보험을 설계하기 위한 데이터가 부족했기 때문에 어려움이 있었습니다. 예를 들어 자동차의 경우 블랙박스를 탑재하거나 추가 안전장치를 장착하면 보험료를 할인받을 수 있습니다. 건설 분야에서도 다양한 안전 관리 솔루션을 도입하고 관련 데이터가 충분히 모이면 보험사들과 연계될 수 있을 것으로 보입니다. 저희도 이에 대한 준비를 적극적으로 하고 있으며 조만간 사망사고 예측 등의 서비스가 출시될 것으로 기대됩니다.

하지만 더욱 중요한 점은 서비스라는 것을 강조하고 싶습니다. 현장에서 안전 관리 솔루션을 관리하는 주체가 불분명한 상황에서 작업자들도 케어를 제대로 하지 않아 문제가 발생할 수 있습니다. 또한 산업 현장에서 근무하는 실사용자들은 사비를 내고 사용하는 것이 아니기 때문에 이에 대한 관심이 부족할 수 있습니다. 그러므로 단순히 시스템을 판매하는 것이 아니라 서비스로 제공하는 것이 더 나은 방안이라고 생각합니다. 원격 모니터링이 잘 되어 있기 때문에 현장에서 발생한 문제를 빠르게 해결할 수 있고 문제가 발생하면 직접 방문해 개선 작업을 진행합니다. 이러한 방식으로 관리해 안전성을 높이고 현장의 편의를 높일 수 있습니다. 물론 이런 방식으로 하다 보니 현장 방문이 상당히 많습니다.

인력도 많이 필요하겠네요.
저희는 전국 팔도의 현장을 다니기 위해 많은 전문 인력이 필요합니다. 하지만 이런 과정을 통해 고객들의 이야기를 많이 듣게 되고, 이는 안전 관리 솔루션을 기획하는 데 많은 도움이 됩니다. 회의실에서 머리로만 생각하는 것과 실제 현장에서 듣고 배운 것들을 도입하는 것은 매우 다릅니다. 그래서 저희는 안전 관리 솔루션의 초기 기획 단계에서는 기획자들이 안전 관리자들과 함께 기획을 하고 그 후 현장에서 운영하면서 고객 피드백을 받아 현장에 잘 적용될 수 있도록 개선하고 있습니다. 이렇게 전문 작업자들이 현장에서 경험하면서 리스크를 줄여나가면 운영이 원활해지고 안전에 대한 리스크도 크게 감소합니다. 전국에 대략 300개의 현장이 있는데, 해당 지역에서 일하는 사람들은 일주일 단위로 교대로 이동하면서 일을 합니다. 본사 인력이 2~3일 정도 현장을 돌아보는 출장도 빈번히 다닙니다.

현장에 투입되는 인력뿐만 아니라 연구 인력도 많이 필요할 것 같습니다. 안전 관리 솔루션을 개발하기 위해서 어떤 인력들을 중점적으로 채용하나요?

현재는 55명의 인력이 있고 올해 5명 정도 더 채용할 계획입니다. 연구 인력은 전체 인력의 반을 차지하며 대부분 안전 관리 솔루션에 대한 연구와 개발에 참여하고 일부 인력은 다음 단계의 솔루션을 연구하고 있습니다. 프로젝트 매니저라 불리는 인력들은 고객의 요구사항을 파악하고 기술적으로 구현 가능하도록 변환하는 작업을 진행하고 이외에도 현장에서 일하는 전문 인력들이 있습니다. 각 분야마다 필요한 역량과 요구사항이 다르지만 개발 역량에 대해서는 석사 이상의 학위를 가진 인력을 선호하고 기술적인 노하우를 보유한 인력들을 채용하고 있습니다. 프로젝트 매니저나 설치 담당자와 같은 인력들도 산업에 대한 지식과 관련 역량이 필요합니다. 해당 산업과 솔루션에 대한 이해도가 낮으면 고객사와 협업하기 어려운 점이 많습니다. 경쟁력을 강화하기 위해 적합한 역량을 갖춘 인력을 채용하기 위해 노력하고 있습니다.

그리고 건설 분야뿐만 아니라 다양한 산업 분야에서도 인재를 확보하기 위해 노력하고 있습니다. 이는 건설 분야에만 편중되는 것을 방지하기 위함입니다. 영업과 마케팅 등 다양한 분야의 인재를 모집하고 있으며, 특히 B2B 마케팅 전략을 강화하고 있습니다. 고객사들도 저희 같은 좋은 솔루션을 보유하고 있는 공급사들을 찾고 있습니다. 그래서 관련 전시회나 포럼 등에서 저희의 사례를 소개하며 네트워크를 구축하고 있습니다. 정부 차원에서도 안전 분야에 많은 관심을 두고 있고 특히 건설 분야에서는 국토부, 제조 분야에서는 고용노동부와 안전보건공단의 지원을 받고 있습니다. 다양한 분들과 의견을 나누며 네트워크를 구축하기 위해 노력하고 있습니다.

2022년 1월에 시리즈 A 투자를 받으시고 2023년 4월에 브릿지 투자를 받으셨습니다. 투자 혹한기라는 말이 나오는 시기에 대단하시네요. 향후 투자 유치 계획과 자금 사용처에 대해 말씀 부탁드립니다.

말씀하신 대로 요즘은 투자 시장이 매우 어려운 상황입니다. 이런 상황이 적자를 바탕으로 투자받아서 성장하는 기업들에는 큰 타격이 되겠지만 저희는 그런 기업들에 비해 상대적으로 매우 안정적으로 성장하고 있습니다. 저희처럼 수익을 내는 기업들은 여전히 투자 기회가 많이 있다고 알고 있습니다. 2022년도에 BEP를 넘었고 매출도 꾸준히 증가하고 있습니다. 하지만 투자자들이 기업 가치를 산정하는 데는 예전보다 보수적으로 접근하고 있기 때문에 어려움도 있습니다. 이전 라운드에 받았던 기업 가치에 성장한 만큼 합당한 가치를 받아야 하지만 투자 환경이 안 좋다 보니 투자자들이 기업가치를 매우 보수적으로 잡고 있습니다. 그래서 원래는 2023년에 시리즈 B 투자를 계획하고 있었지만 기업 가치가 맞지 않아 투자 시점을 뒤로 미루기로 결정했습니다.

저희가 BEP도 넘어섰는데 투자 유치를 하는 이유는 현재 해외 시상이나 중소 규모의 현장에서 사용 가능한 솔루션을 개발하고 있기 때문입니다. 특히 중동과 동남아시아에서 건설시장이 매우 호황이고 안전 관리 솔루션에 대한 수요가 높습니다. 글로벌 확장을 위해 운영 인력을 확충하고 고객 유치를 위한 마케팅 비용 등을 고려하면 투자금이 필요합니다. 또한 안전 관리 솔루션을 계속해서 고도화해야 합니다. 저희는 현재 스마트 센서를 많이 사용하는 하드웨어 디바이스를 개발하고 있는데 이 제품은 하드웨어 비용이 크기 때문에 중소 규모의 회사들은 사용하기 어렵습니다. 그래서 카메라 AI 분석을 통해 안전사고를 예방하는 솔루션들도 개발하고 있습니다. 이런 연구 개발을 위해 투자금이 필요합니다.

2022년도에 BEP를 넘겼다고 말씀해 주셨는데 2023년의 목표나 주요 KPI는 무엇인가요?

2022년에는 매출이 40억 원 수준이었는데 2023년에는 100억 원 이상으로 두 배 이상 성장할 것으로 예상됩니다. 매출과 영업이익을 매우 중요하게 생각하고 있지만 급격하게 성장하는 단계에서는 주요 관리 KPI도 중요합니다. 지속 가능한 성장을 위해 첫 번째로 도입 현장 수를 늘리고 있습니다. 그렇게 함으로써 더 많은 솔루션을 제공할 수 있게 됩니다. 안전 솔루션도 다양한 종류가 있습니다. 차선 변경 센서나 후방 감지 센서 등이 있죠. 현재 저희는 10가지 이상의 안전 솔루션을 보유하고 있으며 조만간 20가지 이상의 안전 솔루션을 추가로 내놓을 계획입니다. 두 번째로 안전 솔루션을 통해 안전을 보장받을 수 있는 작업자 수를 관리하고 있습니다. 이는 돈과 직접적으로 연관되는 것은 아니지만, 최근에는 ESG 관점에서 굉장히 중요하게 다뤄지고 있습니다. 이런 트렌드는 앞으로 계속될 것이며 안전 관리 솔루션을 사용하는 것이 기업들의 평판이나 이미지를 제고하는 데 도움이 될 것입니다. 현재 저희 안전 관리 솔루션을 사용하는 작업자 수는 약 15만 명 정도이며, 도입 예정인 작업자 수는 30만 명 이상입니다. 이런 추세가 지속될 것으로 예상하고 있습니다.

중동과 동남아시아 진출을 계획하고 있다고 하셨는데 조금 더 구체적인 계획에 대해 말씀 부탁드립니다.

코로나 기간에도 지속적으로 확장했고 레퍼런스도 충분히 쌓였다고 생각합니다. 그래서 시점은 명확하지 않지만 올해 안에 동남아시아 주요 국가나 중동에 거점을 만들려는 계획을 가지고 있습니다. 저희 회사의 해외 진출 계획은 다른 회사와 결이 좀 다릅니다. 저희의 전략은 독자적으로 해외에 진출하는 것이 아니라 국내 건설사와 함께 나가는 것입니다. B2B 비즈니스는 시작 단계에 해외로 바로 가는 것은 불가능하며, 지식과 경험이 매우 중요합니다. 그래서 저희는 국내 건설사들과 지속 가능한 관계를 유지하면서 그들이 해외 건설 현장에서 일을 할 때 함께 진출하는 방식으로 진행하고 있습니다. 최근 2~3년간 이러한 방식으로 일을 하면서 다양한 가설을 검증했습니다. 저희 회사의 솔루션은 ICT 기반으로 이루어져 있어 사람이 필요하지 않은 경우도 많습니다. 일례로 CCTV 설치 및 전기 공사와 같은 간단한 작업은 이제 거의 원격으로 처리됩니다. 인력이 필요한 경우에는 한국의 직원을 출장 보내는 것이 아니라 해외 현장에서 이러한 업무를 수행할 수 있는 인력을 고용하면 됩니다. 해외 건설을 수주한다는 것은 일반적으로 발주사가 아랍 왕조나 베트남 석유공사처럼 조 단위의 공사를 의미합니다. 저희는 이러한 대규모 프로젝트에서 우수한 성과를 내고 있으며, 이를 바탕으로 다른 해외 건설사나 고객사를 발굴하고 있습니다. 예를 들어 현대건설이 해외 대규모 공사에서 어떤 안전 관리 솔루션을 어떤 센서와 함께 관리했다는 것을 발주사에 보고하면 우리의 레퍼런스가 쌓이게 됩니다. 이는 또 다른 계약으로 이어지게 됩니다. 사실 저희 회사만큼 안전 관리 솔루션을 제공할 수 있는 회사는 거의 없습니다.

요즘 부동산 경기가 안 좋다는 뉴스가 많이 나오고 있습니다. 아파트 미분양 사태 등으로 건설 시장도 위축될 수 있는데, 앞으로 2~3년 정도의 우리나라 콘테크 시장 혹은 부동산 시장 전망에 대한 대표님의 견해가 궁금합니다.

저는 부동산이나 건설 전문가는 아니어서 자세히 말씀드리기는 어렵지만, 안전 관리와 관련된 시장이 꾸준히 성장하고 있다는 것은 분명합니다. 공사 현장에서는 안전 관리를 위해 법적으로 지출해야 하는 비용이 있는데 그동안 이에 대한 법안이 제대로 마련되어 있지 않아 문제가 많았습니다. 이제는 중대재해처벌법도 강화되면서 좀 더 안전 관리에 투자를 하는 방향으로 바뀌고 있습니다. 대기업들은 안전 관리를 위해 많은 예산을 투자

하고 있어 시장 규모는 4조~5조 원 정도로 추정됩니다. 따라서 건설 경기가 침체될 수 있지만 안전 관리 솔루션 시장은 여전히 성장할 것으로 예상됩니다.

또한 기업들은 건설 산업이 불황이면 다른 산업군으로 진출하는 경우가 많은데 그때도 저희 솔루션을 활용해 생산성을 높이고 안전사고를 예방할 수 있습니다. ESG 측면에서는 중장비 가동률 최적화를 통해 탄소 배출량을 줄이는 등 데이터 활용이 가능합니다. 이로 인해 데이터 활용에 대한 관심이 높아지면서 시장은 계속해서 성장하고 있습니다. 또한 AI나 VR 같은 기술들을 접목해 현장을 보다 효율적으로 관리하는 방법을 모색하고 있습니다. 안전 교육에서도 VR을 활용해 위험 상황을 간접적으로 체험하고, 지식을 습득하는 등의 방법이 있습니다. 이러한 솔루션들은 지속적으로 발전하고 있으며 앞으로도 많은 기회가 있을 것으로 예상됩니다.

향후 엑싯 전략(M&A, IPO 등)에 대해서도 말씀 부탁드립니다.
저희 회사의 엑싯 전략은 IPO입니다. 사실 엄밀히 말하면 IPO는 엑싯이 아닙니다. IPO를 하고 주식을 팔아야만 엑싯인데, 대표이사는 IPO를 하더라도 주식을 처분하기 어렵고 일부만 매각할 수 있습니다. 주식이 현금으로 바로 변환되지 않기 때문에 100억 가치의 주식을 보유하고 있다고 해도 그 주식이 실제로 어떤 가치를 가지고 어떻게 변할지 알기 어렵습니다. 개인적인 생각이지만 주식은 큰 목표를 달성하기 위한 권한의 크기로 생각해볼 수 있습니다. 현재 무스마는 제가 대표로서 리드하고 있지만 나중에 제 역량이 한계에 달하거나 다른 누군가가 더 잘 성장시킬 수 있다면 그때는 인수인계하고 엑싯할 수 있습니다.

그래도 적절한 시기에 구주를 일부 매각하는 등 그동안 열심히 살아온 본인에 대한 보상은 필요하지 않으냐는 생각도 드는데요.

재무적인 고민을 하지 않는다는 것은 당연히 아닙니다. 다만 돈만으로는 제가 하는 일의 가치를 이해하거나 설명하기 어렵습니다. 처음 일을 시작할 때는 갑의 입장이었고 상대적으로 높은 연봉과 비교적 편안한 환경에서 일할 수 있었습니다. 그러나 돈만으로는 충분하지 않았습니다. 때로는 제 의도와 다르게 오해받는 일도 있고, 현타가 와서 힘든 적도 많았습니다. 창업이라는 여정 자체가 힘들지만 저희 회사가 하는 일, 즉 사람들의 안전을 위한 기술 개발에 대한 자부심이 큽니다. 회사의 미션은 'Technology toward People(사람을 향하는 기술)'입니다. 이 일에 참여하는 직원들의 능력은 매우 뛰어나며 이러한 인력들이 회사를 이끌어 나가는 데 큰 원동력이 되고 있습니다.

창업 전 중공업 일을 하셨다고요?

네, 대우조선해양에서 근무했습니다.

안정적인 직장을 버리고 창업에 뛰어드셨는데, 창업하게 된
동기가 무엇인가요?

저는 사실 입사를 하기 전부터 막연하게 창업을 하고 싶은 생각
이 있었습니다. 아버지가 조그마한 공장을 운영하셨는데 어렸
을 때부터 보고 자라면서 창업을 하고 싶은 마음이 컸고, 회사
에 입사한 것도 창업에 대한 계획을 구체화시키기 위한 일환이
었습니다. 창업을 구체화하는 과정에서 자아실현과 사회에 대
한 선한 영향력, 노후나 경제적인 자립 등 삶의 큰 주제들에 대
해 고민하게 되었고, 이를 통해 가장 중요한 것은 제가 존재감
을 느끼고 능동적으로 일을 해결해 나가는 것이라는 생각을 하
게 되었습니다. 처음에는 7년에서 10년 정도 회사 생활을 하고
창업할 생각이었으나 생각보다 빨리 4년 좀 넘게 근무한 후 창
업하게 되었습니다.

만약 대우조선해양에 근무하던 때로 돌아간다면, 그동안의
어려움을 똑같이 겪어야 한다고 해도 창업자의 길을 걸으실
건가요?

저는 사실 회사 다닐 때가 더 힘들었던 것 같아요. 직원으로 일

하면서 할 수 있는 것이 많지 않아서 어려움을 많이 느꼈습니다. 작은 일도 제가 의사결정을 내릴 수 있는 게 별로 없었어요. 거대한 회사 시스템과 프로세스에 눌려있는 느낌도 들었고요. 그래서 일상이 더 힘들어졌고 직장생활 4년 차에 창업해야겠다는 결심을 하게 되었습니다. 그해 거제도에서 해커톤●이 있었어요. 아이디어를 내고 사람들과 함께 구현하면서 색다른 경험을 했는데 그때 상위권에 들면서 상금도 받았었죠. 그 이후 지금도 함께 일하고 있는 공동창업자와 주말마다 모여서 창업을 준비했어요. 다시 과거로 돌아간다고 하더라도 무조건 다시 창업할 것입니다.

회사를 운영하는 데 있어서 절대 타협하지 못하는 경영 철학이나 원칙이 있나요?

최근에도 공동창업자와 함께 이 부분에 대해 많은 얘기를 나누었는데, 저희는 자율성과 책임감, 그리고 수평적인 문화를 추구하고 있습니다. 이러한 가치는 넷플릭스와 같이 상호 존중하는 조직에서 영감을 받았습니다. 저희는 모든 구성원이 자유롭게

● 해커톤hackathon이란 해킹hacking과 마라톤marathon의 합성어로 소프트웨어 개발 분야의 관련자들이 팀을 이루어 제한 시간 내 결과물을 완성하는 대회를 일컫는다.

의견을 나눌 수 있고, 자율적으로 책임감 있게 일할 수 있는 환경을 만들기 위해 노력합니다. 또한 서로의 경험과 역할을 존중하는 것도 중요합니다. 저희는 고객과도 마찬가지로 서로의 존재를 이해하고, 역할을 충실히 수행하면서 상호 존중하는 관계를 유지합니다. 따라서 팀워크를 방해하는 것은 그것이 무엇이든 용납할 수 없습니다. 저희는 능력 있고 친화력 좋은 사람을 고용하려고 노력하지만, 만약의 경우 한쪽을 택해야 한다면 친화력 좋은 사람을 선택하고자 합니다. 팀워크는 저희 회사의 가장 중요한 가치입니다.

스타트업에 젊은 꼰대가 많다는 얘기가 있어요. 수평 문화를 추구하는데 의견을 마음껏 내라고 하고 결정은 혼자 하는 거죠. 대표님은 그러지는 않겠죠?

스타트업의 수평적인 문화에 대한 오해가 많은데 모든 사람이 의견을 내고 상호 소통하며 합리적인 이유를 설명하는 것은 맞지만, 일정한 상하 관계가 필요한 경우도 있습니다. 위계질서 속에서도 충분한 이유와 소통을 통해 합리적인 의사결정을 내리는 문화가 중요하다고 생각합니다.

회사명이 부산 방언 '머스마'와 유사합니다. 무스마가 속한 산업의 특성상 남성 직원들이 많을 것 같고 기업 문화도 왠지 터

프할 것 같은데, 이러한 특성이 어느 정도 반영된 것인가요?

부산에서 창업을 했고 초기 창업자들이 모두 남성이어서, 이를 상징하는 회사명을 고민하게 되었습니다. 처음에는 부산 사투리로 남자를 뜻하는 '머스마'라고 하려고 했는데 외국 친구들에게 물어봤더니 'musma'라고 쓰면 '무스마'라고 발음한다고 하더라고요. 그래서 부산에서 시작하긴 했지만 좀 더 글로벌한 아이덴티티를 갖고자 무스마로 결정했습니다. 무스마라는 이름은 남성을 가리키기도 하지만, 현장에서 열심히 일하는 보통의 사람들, 그리고 이런 사람들의 안전을 위한 솔루션을 만드는 사람들 모두를 포함하고 있습니다.

앞으로 3년에서 5년 정도 뒤의 목표나 비전은 무엇인가요? 회사와 개인을 분리해서 말씀해 주셔도 좋습니다.

회사 차원에서는 큰 비전을 갖고 있습니다. 스마트 안전 관리 솔루션 산업에서 글로벌 1위를 목표로 하고 3년 후에는 IPO를 목표로 하고 있습니다.

개인적으로는 2017년생 아이를 둔 아빠로서 창업 초기 아이와 함께할 시간이 부족해 늘 미안한 마음이었습니다. 지금 아이가 7살이 되었는데 이제라도 아빠 역할을 더 많이 해야 된다는 생각이 들고 있습니다. 그래서 2024년에 한 달 정도 유럽 여행을 계획하고 있는데, 회사를 비울 수 있을지 고민 중입니다.

회사의 저에 대한 의존도를 조금씩 줄이고 건강한 구조로 바꾸려는 노력도 하고 있습니다. 현재는 제가 많은 의사결정을 내리고 있지만, 앞으로 계속 성장해야 하기 때문에 그게 항상 좋은 것인지 의심해 볼 필요가 있습니다. 직원 수가 50명을 넘어가면 대표의 역할이 바뀌어야 한다는 이야기를 많이 들었습니다. 지금부터 차근차근 준비해서 제가 없어도 회사가 잘 돌아갈 수 있는 구조를 만드는 것이 중요하다고 생각합니다. 그리고 기회가 된다면, 새로운 창업을 시도하고 싶습니다. 다른 분야에 도전해 예전에 했던 실수들을 바탕으로 더 재밌는 일을 하고 싶습니다. 이것이 제 목표입니다.

모든 IP의 가치를
위대하게

/

빅크 **BIGC**

기업 개요

빅크는 크리에이터, 미디어, 엔터사의 IP^{Intellectual Property, 지식재산권}
비지니스 수익화와 팬덤 성장을 돕는 크리에이터 테크 스타트업
이다.

아티스트와 팬 커뮤니티를 위한 글로벌 팬덤 플랫폼 '빅크 모
먼트', 지식 크리에이터와 독자들을 위한 라이브 플랫폼 '빅크 오
픈아워', 콘텐츠와 IP를 가진 크리에이터를 위한 올인원 IP 비지니
스 플랫폼 '빅크 스튜디오', 빅크 스튜디오의 기술 요소를 확장해
엔터사와 미디어 등에 B2B 솔루션을 제공하는 플랫폼 '빅크 엔터
프라이즈' 등의 서비스를 제공한다.

또한 크리에이터와 콘텐츠 제작자들의 효율적인 창작 활동을
지원하고 다양한 광고 캠페인 및 프로젝트를 수행하며 수익을 창
출할 수 있는 기회를 제공한다. 현재 크리에이터들과 함께 다양한
형태의 콘텐츠를 공동 제작해 상생할 수 있는 구조를 만들면서 해
외 진출을 준비하고 있다.

빅크는 2021년에 김미희 대표가 창업했고 2023년 8월 기준
으로 직원 수는 41명, 누적 투자 금액은 100억 원 정도이다.

크리에이터 시장 개요

크리에이터 시장은 인터넷과 디지털 기술의 발전으로 인해 생겨난 새로운 시장으로, 개인이나 그룹으로서 디지털 콘텐츠를 제작해 팬들과 공유하고, 이를 통해 수익을 창출하는 시장을 말한다. 크리에이터들은 유튜브, 인스타그램, 틱톡 등의 소셜미디어 플랫폼에서 자신의 콘텐츠를 게시하고 팬층을 확보하며 광고 수익, 스폰서십, 제휴 마케팅 등 다양한 방법으로 수익을 창출할 수 있다. 또한 크리에이터들은 팬들과의 교류를 통해 자신의 브랜드를 구축하고, 다양한 상품을 출시해 수익을 창출하기도 한다.

크리에이터 시장은 디지털 콘텐츠 분야에서 빠르게 성장하고 있으며, 다양한 산업에 영향을 미치고 있다. 실제 일부 유튜브 크리에이터들은 TV 방송사와 경쟁할 만큼 대중적이며 유명 연예인들과 같은 수익을 창출하기도 한다. 또한 크리에이터 시장은 새로운 취미나 문화 현상을 창출하기도 하는데 ASMR, 맛집 리뷰, 게임 방송 등이 크리에이터들을 통해 대중적인 취미나 문화 현상으로 자리 잡았다.

크리에이터 IP는 크리에이터가 만들어낸 창작물이나 캐릭터, 브랜드 등의 저작물에 대한 권리를 말한다. 이는 해당 크리에이터의 창작물이 가지는 독창성과 창작성에 대한 가치를 보호하고, 상업적 이용 등의 다양한 방식으로 활용할 수 있는 권리를 보유하는 것을 의미한다. 예를 들어 만화 작가가 자신이 만든 만화 캐릭터를 크리에이터 IP로 인식하고 이에 대한 권리를 보유하면, 이 캐릭터를 활용한 영화나 게임, 굿즈 등으로 상업적인 수익을 얻을 수 있다. 이와 같이 크리에이터 IP는 창작물의 상업적 가치를 높이고, 크리에이터가 해당 저작물로부터 보상을 받을 수 있도록 해준다.

저작권 보호에 대한 인식이 확산되면서 최근에는 유튜버나 인플루언서 등 디지털 크리에이터들도 자신들의 캐릭터나 브랜드 등을 크리에이터 IP로 인식하고, 이를 상업적으로 활용해 수익을 창출하는 경우가 늘어나고 있다. 앞으로 크리에이터 시장은 더욱 성장할 것으로 예상되며, 새로운 콘텐츠 플랫폼이 등장하면서 더욱 다양한 분야에서 크리에이터들이 활약할 것으로 예상된다.

김미희 창업자 겸 대표이사

빅크에 대해 간략히 소개해 주세요.

크리에이터, 아티스트, 미디어사의 팬덤 성장과 IP 수익화에 필요한 비즈니스 지원을 종합적으로 제공하는 크리에이터 테크 스타트업입니다.

팬덤 성장과 IP 수익화를 위해 구체적으로 어떤 지원을 하시나요? 좀 더 자세하게 설명 부탁드립니다.

저희는 빅크 모먼트, 빅크 오픈아워, 빅크 스튜디오, 빅크 엔터프라이즈 4개의 플랫폼을 운영하고 있습니다. 빅크 모먼트는 K-POP 뮤지션, 엔터테이너 등의 아티스트와 팬 커뮤니티를

빅크 사업 영역

위한 글로벌 팬덤 플랫폼이고, 빅크 오픈아워는 지식 크리에이터와 독자를 위한 라이브 플랫폼으로, 이를 통해 팬덤 성장을 돕고 있습니다.

또한 IP 수익화를 위한 비즈니스 도구와 R&D 솔루션을 제공하고 있습니다. 빅크 스튜디오는 창작자가 자신만의 플랫폼에서 콘텐츠를 수익화할 수 있도록 다양한 창작과 비즈니스 도구를 제공하는 서비스이며, 빅크 엔터프라이즈는 주로 방송사, 미디어사들에 빅크 스튜디오의 기술 요소를 확장해 B2B 솔루션을 제공하는 서비스입니다.

최근 들어 크리에이터에 대한 정의가 조금씩 변화하고 있습니다. 과거에는 소셜 미디어에서 인기 있는 셀럽, 유튜버 등이 주목받았지만, 요즘에는 다른 사람들에게 선한 영향력을 제공할 수 있는 오피니언 리더나 특정 분야의 전문 지식과 노하우를 가진 커뮤니티 리더 등으로 재정의하고 있습니다. 빅크 역시 고부가가치 IP를 가진 누구나 크리에이터가 될 수 있고, 자신만의 콘텐츠와 플랫폼을 통해 활동할 수 있는 시대가 올 것으로 예상하고 있습니다.

최근 크리에이터, 인플루언서를 위한 서비스들이 많이 나타나고 있는데요, 빅크의 서비스는 다른 경쟁사 또는 인플루언서 플랫폼 등과 비교해 어떤 차별화 요소가 있나요?

기존의 유튜브, 아프리카TV 등의 영상 플랫폼이나 페이스북, 인스타그램 등의 소셜 미디어는 주로 트래픽을 바탕으로 한 광고모델로 수익을 창출합니다. 유튜브의 광고 수익은 대규모 트래픽에 의존하기 때문에 구독자 수가 수십만 명을 넘어도 창작자가 원하는 만큼의 수익을 얻지 못하는 경우가 많습니다. 하지만 빅크는 크리에이터가 자신의 콘텐츠를 직접 수익화할 수 있도록, 빅크 스튜디오 플랫폼에서 오디언스 매니지먼트에 필요한 올인원 서비스를 제공합니다. 브랜드 홈페이지 제작, 유료 라이브 티켓 및 콘텐츠 판매, CRM고객관계관리 기능 등을 포함하고 있습니다. 공식 런칭하기 전 2022년 11월에 베타 서비스를 운영했는데 베타 기간 동안 참여한 아티스트와 크리에이터 상위 20%의 매출이 월평균 약 7,800만 원으로, 기존 채널 대비 수십 배 가까이 높은 수익을 올렸습니다.

크리에이터 테크 서비스를 만들게 된 동기는 무엇인가요?
빅크는 자신만의 콘텐츠를 가지고 있는 누구나 쉽게 수익을 얻을 수 있는 크리에이터 플랫폼이 필요하다는 발상에서 시작되었습니다. 현재 광고비 기반으로 창작자에게 수익을 돌려주는 유튜브나 틱톡 등의 플랫폼은 많지만, 영상 제작 비용 대비 수익 구조가 열악하며 아프리카TV, 트위치 등의 라이브 중심 플랫폼은 특정 카테고리의 창작자만 수익을 얻을 수 있는 구조로 대다수의 창작자들이 소외되는 구조입니다.

　이러한 문제를 해결하기 위해 빅크는 자신만의 아이디어와 전문성을 바탕으로 쉽게 만들 수 있는 유료 라이브 이벤트를 제공합니다. 웹소설이 상대적으로 저비용으로 제작되어 웹툰, 영화, 드라마 등의 원천 IP가 되는 것처럼 라이브 IP도 모든 창작자들의 아이디어가 쉽게 공유될 수 있는 저비용의 저작 도구입니다. 또한 라이브 IP는 세션을 만든 이후에도 재사용하면서 수익화할 수 있습니다. 예를 들어 리플레이Replay 버전을 재판매하거나 AOD, VOD, 출판물로 재편집해 2차 수익을 만들 수 있습니다. 이를 통해 빅크는 모든 창작자들이 자신만의 아이디어를 수익화할 수 있는 새로운 창작 환경을 제공하고 있습니다.

크리에이터들이 팬들과 소통할 수 있는 또 하나의 플랫폼을 창조하신 것으로 보입니다. 어떤 메커니즘으로 워킹이 되는지 빅크의 비즈니스 모델에 대해 말씀 부탁드립니다.

빅크의 비즈니스 모델은 크게 크리에이터를 위한 B2C 사업과, 미디어사와 IP 비즈니스 오너들을 위한 B2B SaaS[Software as a Service] 사업으로 나눌 수 있습니다. B2C 사업은 판매 수익의 대부분을 크리에이터에게 돌려주는 형태로 운영되고 있습니다. 크리에이터들은 온라인 빅크 스튜디오에서 각자의 개성이 담긴 구독 페이지를 쉽게 만들 수 있으며, 라이브 방송 등 온라인 이벤트도 원클릭으로 진행할 수 있습니다. 또한 팬, 구독자 케어 프로그램과 IP 수익 분석 도구도 제공되며 크리에이터 활동과 콘텐츠에 기반한 광고 외에도 다양한 수익모델을 만들 수 있습니다.

빅크 내부 팀이 직접 아티스트와 크리에이터를 캐스팅해 공동으로 콘텐츠를 제작하는 경우에는 별도의 수익 배분 구조가 적용됩니다. B2B 사업의 경우 CJ ENM, MBC, LG유플러스와 같은 각 분야의 탑티어에 있는 대기업과 협업해 커스텀 솔루션을 제공하고 있으며, 각각 다른 계약 구조를 가지고 있습니다. 일반적으로 수익 배분 비즈니스 모델로 운영되며 각 사업체의 니즈에 맞춰 맞춤형 솔루션을 제공합니다. 대표적으로 CJ ENM MAMA 2022 온라인 시스템과 MBC 스포츠플러스 골플루언서 온라인 플랫폼 개발 등이 있습니다.

크리에이터의 특성과 니즈를 반영해 최적화된 플랫폼을 개발하고 팬을 모으기 위해서는 다양한 역량이 필요해 보입니다. 올인원 크리에이터 플랫폼을 만드는 데 어려움은 없었나요? 첫 번째 창업했던 '튜터링'을 통해 얻은 주요 기술과 운영 노하우가 큰 힘이 되고 있습니다. 2016년부터 2021년까지 해외 각지의 2,000여 명의 튜터와 100만 회원을 실시간으로 매칭해 라이브 클래스를 제공하는 사업을 하면서 300만 건의 글로벌 라이브 세션을 제공하고 튜터 운영에 필요한 CMS 및 커뮤니케이션 기술을 보유했습니다. 이러한 경험과 기술이 현재 빅크 스튜디오와 빅크 플랫폼의 핵심 기술로 자리 잡게 되었습니다. 저희 회사의 CTO는 튜터링의 개발 총괄을 역임했으며, 빅크에서도 함께 개발팀을 구축해 주고 있습니다. 이전 사업에서는 2,000여 명의 튜터를 대상으로 사업을 전개했다면, 현재 빅크는 전 세계 창작자를 대상으로 사업을 확장한 것입니다.

크리에이터 전용 빅크 스튜디오와 구독자들을 위한 모바일 앱 등을 제작하기 위해서는 크리에이터와 팬들에 대한 이해도를 바탕으로 한 서비스 기획 역량도 중요해 보입니다. 크리에이터와 팬들을 이해하기 위해 어떤 노력을 하고 있는지, 빅크만의 서비스 기획 노하우와 전략 등이 궁금합니다.

새롭게 론칭한 빅크 오픈아워는 최초 라인업에 참여한 모든 지식 크리에이터분들께 MVP^{Minimum Viable Product, 최소존속제품}를 시연하며 의견을 수렴해 기능을 점진적으로 추가해 나가고 있습니다. 답이 정해져 있지 않기 때문에 실제 사용자와 빠르게 소통해 지속적으로 기능을 개선하는 것이 매우 중요하다고 생각합니다. 이러한 사이클을 빠르고 자주 반복할 수 있는 능력이 성공을 좌우한다고 믿습니다.

2022년까지 본엔젤스, 네이버, LG테크놀로지벤처스 등으로부터 약 100억 원의 투자를 받은 것으로 알고 있습니다. 향후 빅크의 투자 유치 계획이나 자금 사용처에 대해 말씀 부탁드립니다.

지금까지 기관 투자자로부터 95억 원의 투자와 팁스를 포함해 약 100억 원의 투자금을 확보했습니다. MVP 단계에서 큰 자금을 모았기 때문에 정말 감사하면서도 매우 큰 책임감을 느끼고 있습니다. 전체 인력의 50% 이상이 개발 및 디자인 직군이므로 투자금은 대부분 제품과 기술을 고도화하는 데 집중적으로 투자할 계획입니다.

2022년 2월 베타 오픈 후 3개월 만에 1만 명 이상의 회원을 확보했고 기존 플랫폼 대비 높은 크리에이터 수익을 거두며 콘텐츠 수익 다각화 가능성을 검증한 것으로 알고 있습니다. 2023년 주요 KPI는 무엇인가요?

빅크는 공식 런칭 이후 빠른 성장을 만들어가고 있습니다. 3개월 만에 1,500명 이상의 크리에이터가 가입했고 상위 20%의 월평균 매출은 7,800만 원에 이릅니다. 또한 아티스트의 유료 세션 1회 최고 매출은 1억 5천만 원으로 유사한 업종의 크리에이터, 아티스트 플랫폼 대비 수십 배에 달하는 평균 매출을 보입니다. 초기에 좋은 크리에이터와 아티스트들이 빅크에서 활동을 시작해 준 덕분이라 생각합니다.

2023년에는 창작자 그룹의 특성에 맞춰 별도의 서비스를 출시할 예정입니다. K-POP 뮤지션, 엔터테이너, 배우 등의 셀럽들은 팬덤을 강화하기 위한 온오프라인 이벤트와 팬덤 커뮤니티를 필요로 하고, 각 분야의 커뮤니티 리더와 전문 콘텐츠를 창작하는 지식 크리에이터들은 독자와의 소통을 강화한 코칭, 컨퍼런스 등의 서비스를 필요로 하기 때문에 여기에 적합한 서비스를 제공하려고 합니다. B2C 서비스를 확대하기 위해 빅크 모먼트와 빅크 오픈아워를 통해 높은 가치를 지닌 크리에이터들의 참여를 기대하고 있습니다.

빅크의 제품이나 서비스는 전 세계의 크리에이터들을 대상으로 해도 손색이 없어 보이는데요, 해외 진출에 대한 계획과 전략에 대해 알고 싶습니다.

K-POP 뮤지션처럼 빅크가 직접 주최하는 콘서트에 온라인으로 참여하는 사람의 80%가 해외 사용자입니다. 사실 빅크 플랫폼은 이미 해외 시장에 진출했다고 볼 수 있습니다. 미국, 일본, 유럽 등의 많은 사람들이 빅크의 사용자이며 저희는 다국어 자막, 글로벌 결제, CS 지원 등을 통해 글로벌 사용자들을 위한 편의성을 제공하고 있습니다.

빅크는 2022년 말부터 2023년 상반기까지 모든 방송사와 제휴해 라이브 솔루션을 기반으로 4개국(미국, 일본, 사우디, 태국)에서 해외 콘서트를 온라인으로 진행하는 글로벌 레퍼런스를 구축했습니다. 2024년부터는 미국 진출을 공식화해 국내 아티스트와 크리에이터의 콘텐츠와 이벤트를 통해 글로벌 팬들을 확보할 계획입니다. 더불어 국내의 다양한 방송사와 제휴해 K-POP, K-콘텐츠 수익화 모델을 기반으로 해외 여러 방송국 및 엔터테인먼트 기획사와 B2B SaaS를 통한 글로벌 세일즈를 가속화할 계획입니다.

기술 중심의 스타트업들이 영업이나 마케팅 역량이 떨어지는 경우가 종종 있습니다. 빅크의 사업 영역은 유명 크리에이터를 섭외하는 것부터 B2B 영업력이나 사업제휴 역량 등이 매우 중요해 보이는데요, 유명 크리에이터들을 영입하는 전략과 노하우는 무엇인가요?

다른 플랫폼들은 세일즈에만 집중해 공급자들의 가치를 희석시키는 실수를 하곤 합니다. 그러나 저희는 많은 크리에이터들이 타 플랫폼에서 겪어온 페인 포인트를 이해하고, 한 분 한 분의 퍼스널 브랜딩을 강화하면서도 개성과 매력을 살릴 수 있는 콘텐츠를 발굴하는 데 투자해야 한다는 점을 누구보다 잘 알고 있습니다. 이런 점이 유명 크리에이터들과 일할 수 있는 노하우라고 생각됩니다.

빅크는 설립 직후부터 카테고리별 최고의 크리에이터들과 함께할 수 있어서 운이 정말 좋다고 생각합니다. 월드 클래스 댄서 아이키부터 시작해 베스트셀러 작가인 이슬아 작가, 유명 케이팝 아이돌 원호(전 몬스타엑스) 등 다양한 분야의 최고의 분들과 함께한 것은 빅크의 확장에 큰 도움이 되었습니다. 또한 각종 팬덤 이벤트, 컨퍼런스, 강연 등에서 업계 최고 분들과 초기부터 함께한 것도 큰 힘이 되었습니다. 만약 초기에 빅크에 대한 신뢰가 없었다면 이렇게 성공적으로 크리에이터들과 함께할 수 없었을 것입니다.

미국 포브스에 따르면 2022년 크리에이터가 만들어 낼 시장 규모를 1,042억 달러로 추정하고 있고 전 세계적으로 빠르게 성장 중인 시장이라고 합니다. 향후 크리에이터 이코노미의 트렌드나 변화에 대해 어떻게 예상하고 있는지 의견 부탁드립니다.

저는 이러한 통계 자료가 기존의 유튜버나 인플루언서에 포커스한 데이터라고 생각합니다. 앞으로는 모든 사람들이 크리에이터가 되어 자신만의 IP와 콘텐츠를 통해 수익을 창출할 수 있는 시대가 될 것입니다. 저는 전 세계의 수많은 크리에이터들이 미래의 노동 시장을 변화시킬 것으로 생각합니다. 미국에서는 이미 크리에이터를 가장 빨리 성장하는 SMB**Small and Medium Business**로 정의하고 있으며, 대퇴사의 시대에 맞춰 퇴사 이후 프리랜서가 되거나 창작 활동을 통해 크리에이터가 되는 케이스가 점점 늘어나고 있습니다. 실제로 10년 뒤에는 일하는 인구의 절반이 크리에이터가 될 것으로 예상되며, 이번에 발표한 생성 AI 툴인 챗GPT는 이러한 전망이 더욱 실현 가능해졌다는 것을 보여줍니다.

물론 저작권 이슈나 저품질 콘텐츠의 문제가 우려되지만, 나만의 노하우와 경험을 콘텐츠로 창작하는 데 드는 비용이 크게 감소했다는 점이 큰 장점입니다. 이제는 다양한 기술을 활용해 내가 가진 경험을 콘텐츠화하는 것이 더 쉬워졌기 때문에 많은 사람들이 수익 창출에 더욱 관심을 갖게 될 것입니다. 이러한 변화의 흐름 속에서 빅크는 크리에이터, 아티스트, 미디어사 등 콘텐츠 오너들 모두가 자신의 IP 비지니스를 수익화하는 과정을 가장 혁신적으로 돕는 스타트업이 되고자 합니다. 그래서 2023년부터는 빅크를 크리에이터 플랫폼이 아닌 IP 비지니스 플랫폼으로 재정의하고 확대할 예정입니다.

처음 창업하셨던 튜터링도 소위 말하는 '대박'을 터트렸습니다. 한국에서는 보기 드물게 연쇄 창업자의 길을 걷고 있는데, 한 번도 힘든 창업을 연쇄적으로 할 수 있는 원동력이나 열정의 원천은 무엇인가요?

목표와 비전을 달성하기 위해 팀을 꾸려 창업하고 새로운 서비스를 만들어 가는 일은 정말로 고통스러운 과정입니다. 그래서 사업을 시작하려는 분들을 만나면, 너무 힘든 일이기 때문에 시작하지 말라고 조언하는 경우가 있습니다. 비교적 유사한 상황을 예로 들자면, 첫 아이를 낳는 엄마는 첫 출산 때의 힘든 과정을 겪지만 아이를 키우는 과정에서의 행복하고 사랑스러운 기억만 남아 둘째 아이를 낳게 되는 경우가 있습니다. 창업도 마찬가지입니다. 저는 첫 번째 스타트업인 튜터링이 고성장 중에 일찍 M&A를 결정한 것에 대한 아쉬움이 컸습니다. 그래서 두 번째 창업은 더 크게 잘하고 싶은 욕구가 있었습니다. 이제 막 경기장의 룰을 배운 것 같은 느낌입니다. 이제 막 1루를 밟아보고서야 "이제야 조금 준비된 것이 아닐까?" "이제는 홈런을 쳐보고 싶다!"는 생각을 합니다.

더 근원적으로는 삶은 한 번뿐이니 더 많은 사람들에게 선한 영향을 끼치고 싶고 우주에 작은 흔적을 남기고 싶은 야망이 있습니다. 여러 가지 방법이 있겠지만, 제가 생각하기에 가장 큰 선한 영향을 끼치는 방법은 창업을 하는 것입니다. 큰 관점에서 사회에 존재하는 여러 문제를 해결하는 방법이 저와 가장 잘 맞는다고 느껴집니다. 다행히 창업과 동시에 좋은 동료들과 함께 시작할 수 있었고, 평소에 존경하던 분들과 투자사를 통해 시드 자금을 확보할 수 있었습니다. 두 번째 출발에 많은 분들이 도움을 주고 계셔서 모든 분들께 진심으로 감사하다는 말씀을 전하고 싶습니다.

회사를 운영하는 데 있어서 절대 타협하지 못하는 경영 철학이나 원칙이 있나요?

빅크가 추구하는 세 가지 원칙이 있습니다. 첫째로 우리는 글로벌 넘버원이자 온리원을 추구합니다. 단기적인 성과에 집착하지 않고 저희만의 독특한 시각으로 최고의 제품과 서비스를 선보이는 것이 가장 중요한 가치입니다. 이를 통해 누군가 저희 서비스의 팬이 된다는 것은 가장 행복한 일입니다. 둘째로 빅크에 참여한 모든 분들이 함께 윈윈win-win할 수 있는 방정식을 찾기 위해 노력합니다. 빅크의 모든 구성원, 경영진, 투자자뿐만 아니라 크리에이터, 아티스트, 그리고 팬, 독자분들까지 모두가 함께 성공해야 합니다.

마지막으로, 순수함을 유지해야 합니다. 글로벌 넘버원이 되기 위해서는 이타적이고 계산하지 않는 순수함을 가져야 한다고 믿습니다. 저희는 작고 겸손한 출발점에서 시작해 모든 이들과 함께 성장하며, 서로가 함께 이길 수 있는 방법을 모색합니다.

이러한 가치관은 저의 첫 직장인 삼성전자에서 얻은 경험에서 시작되었습니다. 그 당시 삼성의 일원으로서 글로벌 넘버원 제품을 출시하며 전 세계 200개 이상의 국가에서 1억 명 이상이 사용하는 것을 경험했습니다. 또한 이미 글로벌하게 성공한 한국의 창업가 선배님들을 보면서 누군가에게 더 큰 영향력을 주고 진솔한 사랑을 받고 싶다는 욕구가 생겼고, 이러한 것들이 바탕이 되어 경영 철학이 되었습니다.

빅크만의 기업 문화, 조직 관리 방식, 인사 철학, 채용 방식 등이 있다면 소개 부탁드립니다.

기업 문화는 구성원의 캐릭터로 나타난다고 생각합니다. 빅크는 크게 셀프 스타터와 전문 오지라퍼의 두 가지 캐릭터를 추구하며 이들이 더 빠르게 실험하고, 과감히 도전할 수 있는 문화를 만들기 위해 노력하고 있습니다.

빅크가 추구하는 인재상은 다섯 가지 특징을 지니고 있습니다. 첫째, 동기가 풀가동된 셀프 스타터입니다. 꿈과 열정이 큰 사람, 장기적이고 원대한 꿈과 솟구치는 열정을 가진 사람을 의미합니다. 둘째, 전문가를 넘어서 오지라퍼입니다. 포용력과 공감력이 큰 사람, 나와 다른 아이디어와 다양한 사람들을 포용할 수 있는 사람을 말합니다. 셋째, 러닝 커브가 가파른 런닝맨입니다. 러닝 커브가 큰 사람, 새로운 분야에 대한 학습 역량과 빠른 흡수력을 가진 사람을 의미합니다. 넷째, 통찰력 넘치는 '와이 why맨'입니다. 호기심이 넘치고 말그릇과 유연성이 큰 사람, 경청에 능하고 유연한 커뮤니케이션 역량을 지닌 사람입니다. 다섯째, 오뚝이형 개척자입니다. 빠른 실패를 지향하시는 사람, 계속되는 실패에도 다시 일어설 수 있는 사람을 말합니다. 더 자세하게 알고 싶다면 빅크 홈페이지를 참고해 주세요. (https://team.bigc.im/culture)

앞으로 3년에서 5년 정도 뒤의 목표나 비전은 무엇인가요? 회사와 개인을 분리해서 말씀해 주셔도 좋습니다.

장기적으로는 빅크가 K-POP, K-콘텐츠 분야의 IP 비지니스 플랫폼 글로벌 넘버원 플레이어가 되는 것을 목표로 하고 있습니다. 글로벌하게 K-POP과 K-콘텐츠의 팬덤을 만들고, 국내 IP 비즈니스에 필요한 기술을 전 세계에 보급하는 것이 목표입니다. 빅크의 미션은 "크리에이터의 선한 영향력이 위대해지도록(We maximize creators' value)"이며, 이를 바탕으로 크리에이터들의 디지털 브랜딩과 수익 구조를 개선하고자 합니다. 이러한 미션을 바탕으로 전 세계 크리에이터, 아티스트, 미디어사들이 가장 사랑하는 글로벌 IP 비즈니스 테크 스타트업이 되기 위한 비전을 갖고 있습니다. 개인적으로 10살 딸을 둔 워킹맘이지만 빅크에 대한 생각과 열정이 일상의 대부분을 차지하고 있어 현재로선 개인과 회사를 분리하는 것이 어렵습니다.

만약 창업 이전으로 돌아간다면 그동안의 어려움을 똑같이 겪어야 한다고 해도 창업자의 길을 걸으실 건가요? 후배 창업자들에게 한마디 해주신다면 어떤 것이 있을까요?

만약 창업의 길이 이렇게 힘든 줄 미리 알았다면, 더 많은 선택지를 고려하고 한 번 더 신중히 생각해 볼 것입니다. 하지만 제 성격상 아마도 많은 선택지 중에 창업의 길을 선택했을 것이라고 생각합니다. 이는 제프 베이조스Jeff Bezos가 추천하는 후회 최소화 원칙과도 관련이 있습니다. 80세가 되어 인생을 돌아보았을 때, 후회를 최소화하는 결정을 내리는 것이 중요하다는 것이죠. 제가 30대에 창업을 시작하지 않았다면 매우 후회할 것 같아요. 그러나 모두가 창업을 해야 하는 것은 아니라고 생각합니다. 창업만이 선한 영향력을 끼치는 일은 아닐 수도 있습니다.

스타트업 창업 자체는 쉬우나 성장 과정에서 겪는 고통과 어려움이 너무도 많고 때로는 수많은 경쟁자들과 싸워야 하며, 불편하고 망신스러운 상황을 계속해서 이겨내야 합니다. 그래서 창업을 고민하는 분들께는 한 번 더 생각해 보시길 권해드립니다. 만약 창업을 통해 삶의 의미를 찾고자 하는 분이라면 결국 창업을 선택하실 텐데, 그렇다면 직접 창업을 하기 전에 성장 중인 스타트업에 참여하거나 간접 창업을 먼저 시도해 볼 것을 권하고 싶습니다.

미디어를 통해
공간의 가치를 높이다

/

스페이스애드 spaceAdd

기업 개요

스페이스애드는 디지털 옥외광고를 기반으로 하는 공간 미디어 스타트업이다. 우리가 무심코 지나치는 공간을 어떻게 하면 빛나게 할 수 있을지를 고민한다. 공간주와 광고주 모두의 만족을 지향하며 '공간에 가치를 더하다'라는 콘셉트로 업계 주목을 받고 있다.

광화문, 강남, 여의도, 판교와 같은 주요 도심의 프라임 오피스뿐만 아니라 수도권의 주요 골프장, 키즈클럽, 프리미엄 라이브러리 등 다양한 공간에 진출했으며, 특히 프라임 오피스 시장에선 300여 곳(2023년 11월 기준)의 대형 빌딩과 협업을 진행하며 업계에서 선두를 달리고 있다.

프라임 오피스는 서울 시내 3대 권역(도심, 강남, 여의도)에 위치한 연면적 3만㎡(약 9,000평) 이상 대형 빌딩 중 접근성과 인지도 등이 상대적으로 우수한 곳을 말한다.

스페이스애드는 2017년에 오창근 대표가 창업했고 2023년 11월 기준으로 직원 수는 70명, 누적 투자 금액은 130억 원 정도이다.

애드테크 시장 개요

애드테크^{ad tech}는 광고 기술^{advertising technology}의 줄임말로, 디지털 광고와 관련된 기술을 의미한다. 글로벌 시장조사기관 리서치앤마켓츠는 2026년 글로벌 디지털 광고 시장 규모가 7,860억 달러(약 1,022조 5,000억 원)에 달할 것으로 전망했다. 국내 디지털 광고 시장 규모는 2022년 기준으로 8조 5,221억 원에 이르는 것으로 알려져 있다.

애드테크는 전통적인 광고 방식인 방송 광고나 신문 광고와는 달리, 온라인 광고 캠페인을 효율적으로 실행하고 분석할 수 있는 기술들을 제공하며, 사용자들의 행동 패턴을 분석해 광고를 노출시키는 타기팅 기술에 중점을 두고 있다. 또한 적극적인 광고 차단 소프트웨어의 등장으로 광고 효과의 저하가 우려되는 시점에서 이러한 문제를 해결하기 위해 애드테크 기술은 다양한 형태의 광고 방식과 타기팅 기술을 개발하고 있다.

최근에는 모바일 기기나 스마트 스피커와 같은 새로운 디바이스에서의 광고 타기팅 기술과 디지털 사이니지^{digital signage, 디스플레이 광고게시판} 광고의 효과를 측정하는 애드테크 기술이 발전하고 있으며, 향후 데이터의 활용과 AI 기술의 적용이 더욱 확대될 것으로 예상된다.

INTERVIEWEE

오창근 창업자 겸 대표이사

스페이스애드에 대해 간략히 소개해 주세요.

건물의 유휴공간에 디지털 사이니지를 활용한 미디어를 운영하면서 공간주와 광고주를 연결해 주는 공간 미디어 회사입니다.

옥외광고가 주류이던 기존의 광고 시장에 처음으로 실내 미디어 광고를 도입하셨습니다. 사업 아이디어는 어떻게 얻으셨나요?

금융 회사에서 15년간 안정적인 직장생활을 하면서도, 다른 잠재력과 창의성을 발휘할 기회에 대한 갈망이 있었습니다. 그러던 중 제가 근무하던 공간이나 헬스장, 골프 연습장, 키즈 카페 등 여러 곳에 유휴공간이 많다는 것을 알게 되었습니다. 시장조사를 통해 공간주들은 이러한 공간을 활용하고자 하지만 그에 필요한 노하우나 리소스가 부족하다는 것을 알게 되었고, 이러한 공간주들의 니즈를 해결할 수 있는 사업 아이디어를 떠올리게 되었습니다. 사람들의 필수 동선에 위치해 있으면서 비어있거나 사용되지 않는 공간들을 활용하면 새로운 공간 경험을 제공하는 공간 미디어가 가능할 것이라고 보았습니다.

스페이스애드가 해결해 주는 공간주들의 니즈, 즉 페인 포인트는 무엇이었나요?

스페이스애드의 주요 과제는 공간을 소유한 공간주의 문제를 해결하는 것입니다. 공간의 분위기나 물리적 특성에 따라 매체에 대한 공간주의 니즈가 다양하기 때문에, 스페이스애드는 커스터마이징된 디지털 사이니지를 설치해 공간 인테리어 개선과 공간의 자산 가치를 높입니다. 설치 이후에는 공간의 품격을 높이는 아트 콘텐츠, 공간 안내 및 공지사항 등 이용객들에게 유익한 공간 미디어 콘텐츠를 기획하고 송출합니다. 사이니지 시설 투자 비용과 운영 및 유지 보수에 관한 비용이 절감되고 임대 수익이 발생하기 때문에 자산 가치 제고에 관심이 많은 공간주들의 관심을 많이 받고 있습니다. 스페이스애드는 독자적인 공간 미디어 솔루션을 통해 공간 가치를 높이고, 공간을 경험하는 이해관계자들에게 새로운 가치를 제공하는 입체적인 비즈니스를 추구합니다. 공간주에게는 공간 가치를 극대화하고, 공간 이용객에게는 긍정적인 시청 경험을 제공하며, 광고주에게는 마케팅 퍼포먼스 극대화라는 가치를 전달하며 DOOH● 시장에서 스페이스애드만의 밸류 체인을 확립해 나가고 있습니다. 스페이스애드는 이러한 차별화된 경쟁력을 바탕으로, 최근 2년간 300% 이상의 성장을 이루며 프라임 오피스 미디어 시장에서 독보적인 사업자로 자리매김하고 있습니다.

최근 DOOH 시장에 새로운 스타트업들이 많이 나타나고 있는데요, 스페이스애드의 광고 상품은 다른 경쟁사 또는

● DOOH**Digital Out of Home**는 디지털 기술을 활용해 공공장소나 상업 시설 등 야외에서 사용자들에게 광고, 정보, 엔터테인먼트 등을 제공하는 매체를 말한다. DOOH 시장은 전 세계적으로 성장하고 있는 분야로, 기존의 정적인 옥외광고판을 대체하거나 보완하는 역할을 한다. 다양한 형태의 디지털 스크린, 디스플레이, LED 등을 통해 공공장소나 상업 시설에 설치되어 시간과 장소에 구애받지 않는 광고와 정보를 제공한다. 이를 통해 광고주는 더 많은 소비자들에게 집중력 높은 광고를 전달하고, 소비자들은 더욱 다양하고 흥미로운 정보와 엔터테인먼트를 제공받을 수 있다. DOOH 시장은 기존의 옥외광고 시장보다 기술적으로 더 발전된 형태의 광고를 제공할 수 있어 다양한 새로운 비즈니스 모델과 수익모델을 만들어내고 있다. 소비자들의 삶의 변화와 함께 광고 주체의 태도 변화, 규제 강화 등의 다양한 요인들이 DOOH 시장의 발전에 영향을 미치고 있다.

DOOH 광고 등과 비교해 어떤 차별화 요소가 있나요?

우선 오피스 로비, 엘리베이터 대기 공간, 엘리베이터 내부 등 직장인들이 많이 오가는 공간들을 확보하는 것이 가장 중요한 과제입니다. 소비자들은 집을 나서는 순간부터 많은 미디어를 접하게 됩니다. 그러나 소비자들의 상황이나 니즈와 관계없이 무분별한 광고와 콘텐츠는 소비자의 피로만 증가시키는 결과를 낳습니다. 스페이스애드는 방문객들과 이용객들의 페르소나를 기반으로 가장 관련성이 높고 재미있는 고품질 콘텐츠를 기획, 제작, 송출하는 부분에서 큰 차별성을 가지고 있습니다. 프라임 오피스는 상업 광고를 50%로 제한하고, 나머지 50%는 직장인들의 라이프 스타일과 관심사를 기반으로 한 맞춤형 혜택, 정보, 아트 콘텐츠를 제공해 이용객들에게 더욱 맞춤화된 경험을 제공하고 있습니다.

이를 위해 스페이스애드는 국내외 최고의 갤러리 및 다양한 제휴처와 협력해 카테고리별 리더들과 함께 양질의 콘텐츠를 제작하고 있습니다. 이렇게 소비자 관점에서 기획된 콘텐츠는 자연스럽게 이용객들의 미디어 시청 및 캠페인 참여를 유도하며, 직장인들 간의 바이럴 마케팅을 통해 더 많은 시청자를 유입시키며 가치의 선순환을 이루고 있습니다.

이러한 가치의 선순환은 광고 효과에서도 나타나고 있습니다. 스페이스애드에서 2022년 진행한 고객 조사에 따르면, 약

프라임 오피스 미디어 예시

70%의 이용객이 기억에 남는 광고가 있다고 응답했습니다. 저희는 공간이라는 자원을 적극적으로 활용해 브랜드를 직접 경험할 수 있는 체험형 마케팅을 진행하며 브랜드에 대한 긍정적인 인식을 강화하는 활동도 계속하고 있습니다. 실제로 공간 이용객들은 저희 스페이스애드에 대해 "기대감으로 일상의 즐거움을 선사해 주셔서 진심으로 감사드립니다" "항상 유익한 정보와 혜택을 제공해 주셔서 감사합니다" "출퇴근 이동 경로에서 흥미로운 정보를 제공해 주고 지루한 시간을 없애주어 너무 좋습니다"와 같은 긍정적인 리뷰를 남기고 있습니다. 물리적인 공간에서 눈길을 끄는 콘텐츠들로 가득한 스페이스애드 미디어는 광고주들로부터 가장 효과적인 시청 미디어로 인식되고 있습니

다. 이는 가장 의미 있는 공간에서 시청자에게 호감을 주기 때문입니다.

스페이스애드는 매체사이면서 플랫폼의 역할을 하고 있는 것으로 보이는데요, 광고주, 미디어 랩사, 광고대행사 등 기존 광고 시장의 플레이어들과 어떤 메커니즘으로 워킹이 되는지 스페이스애드의 비즈니스 모델에 대해 설명 부탁드립니다.

미디어 광고 비즈니스의 핵심 플레이어는 광고주, 광고대행사, 매체사입니다. 서로 필요한 것을 제공하며 전반적인 광고 생태계를 이루고 있습니다. 예를 들어 광고주인 삼성전자는 광고 대행사인 제일기획의 전문가들을 통해 최적의 미디어 바잉media buying 및 플래닝planning을 수행해 캠페인 목표를 달성하고, 제일기획은 광고 성과를 극대화하기 위해 스페이스애드라는 매체사의 프라임 오피스 상품을 구매하고 미디어 집행을 담당합니다. 스페이스애드는 매체를 제공하는 대가로 매체 광고비를 받게 되고 광고주를 대신해 미디어 바잉 및 플래닝을 수행한 광고 대행사에 수수료를 지급합니다.

　스페이스애드는 매체 광고비로 수익을 창출하는 비즈니스 모델을 가졌기 때문에 프라임 오피스 미디어가 매력적일수록 상품 가치가 높아집니다. 이에 따라, 스페이스애드는 핵심 자산인 프라임 오피스 미디어의 질과 양을 개선하는 데 집중해 광고 시장에서 선두 주자로 자리 잡으려고 노력하고 있습니다.

일반인들이 생각하기 어렵고 초기 비용(하드웨어, 콘텐츠 제작 비용 등)이 많이 필요한 아이템으로 창업을 해 장단점이 있을 듯합니다. 현재의 제품이나 서비스를 만드는 과정에서 어려움은 없었나요?

처음 사업 아이디어를 떠올리고 나서 광고 전문가인 한태웅 부대표를 설득해 2017년 12월 스페이스애드를 창업하게 되었습니다. 초기에는 대부분의 사람들이 사업 아이템에 대해 부정적인 의견을 주었고, 일부 투자자들은 제가 광고인 출신이 아니라는 점에 대해 걱정 어린 시선을 보내기도 했습니다. 하지만 가설을 검증하기 위한 작은 테스트(골프 연습장에 설치한 디지털 사이니지 미디어)가 성공적으로 진행되면서 부정적인 의견을 가졌던 사람들도 저희 회사를 긍정적으로 보기 시작했습니다. 결국 다른 사람들이 안 해봤다는 것이 제게는 도전으로 다가왔고, 제가 광고인 출신이 아니라는 것은 오히려 새로운 시각으로 비즈니스를 창출할 수 있는 잠재력으로 평가받게 되었습니다. 이러한 상황들이 긍정적인 방향으로 전개되어, 스페이스애드는 현재도 성장하고 있는 중입니다.

상품과 서비스를 개발하는 과정에서 가장 어려운 부분은 항상 첫 번째 사례를 만드는 것이었습니다. 일반적으로는 공간주들이 레퍼런스나 실제 사례를 확인하고 결정을 내리기 때문에, 첫 번째 사례가 없는 경우에는 설득하기가 쉽지 않습니다. 저희는 골프 연습장, 키즈 카페, 공유 오피스 공간 등의 니치 마켓에서 작은 성공을 거둔 후에, 경제 활동 인구의 대다수가 시간을 보내는 가장 큰 시장인 프라임 오피스 시장으로 진출하기로 결정했습니다. 종로타워는 스페이스애드가 제공하는 가치를 인식하고 가장 처음 제휴를 맺은 프라임 오피스 빌딩입니다. 종로의 랜드마크인 종로타워의 세련된 디자인과 스페이스애드 미디어가 조화를 이루자 프라임 오피스 시장에서 '디지털 사이니지 미디어를 도입해도 되겠다'라는 인식의 변화가 일어나기 시작했습니다. 이러한 변화는 공간주의 만족도를 높이고, 더 나은 리퍼럴● 효과를 가져와서 빠르게 시장을 확대할 수 있게 되었습니

● 리퍼럴referral 효과는 기업이나 제품, 서비스 등을 추천해 주는 사람들의 영향력이 어떻게 작용하는지를 말한다. 즉, 추천자referrer가 자신의 경험 또는 만족도를 공유해 제품 또는 서비스를 사용하거나 구매하는 사람들의 수를 증가시키는 현상이다. 리퍼럴 효과는 소셜 미디어의 확산과 함께 더욱더 중요해지고 있다. 사람들은 친구나 가족으로부터 제품이나 서비스를 추천받을 때, 그것을 더욱 신뢰하고 구매 의사를 높일 가능성이 크다. 또한 이러한 추천을 받은 사람들은 다시 자신의 친구나 가족에게 추천을 하게 되며, 이것이 반복되면서 기업이나 제품, 서비스의 인지도와 판매량이 늘어난다. 고객만족도를 높이고 리퍼럴 효과를 극대화하기 위해 기업들은 다양한 전략을 수립하는데, 예를 들면 제품 구매 후 추천 시 할인 혜택을 제공하거나, 추천자와 추천받은 사람 모두에게 보상을 주는 것 등이 있다.

다. 결과적으로 스페이스애드는 빠른 시간 내에 수도권의 주요 프라임 빌딩들에 빠르게 확산되었습니다.

2023년까지 알토스벤처스, 아크임팩트 자산운용, 한화투자증권으로부터 130억 원의 투자를 받은것으로 알고 있습니다. 스타트업들이 대부분 1년에서 1년 반을 기준으로 다음 라운드 투자 유치를 진행하는데요, 스페이스애드의 향후 투자 유치 계획과 자금 사용처에 대해 말씀 부탁드립니다.

저는 금융권에서 일한 경험이 있어서 특별한 이유가 없으면 큰 금액의 투자를 받는 것보다는 자급자족self-sustainable한 현금 흐름을 만드는 것을 선호합니다. 그래서 2019년 첫 투자 이후 거의 현금을 소비하지 않고 2년 이상 성장해 왔습니다. 2021년에는 프라임 오피스에 진출하기 위해 필요한 만큼만 투자를 받았습니다. 2022년부터는 흑자 전환을 통해 현금 흐름이 매우 양호하며, 2023년 시리즈 C 추가 투자 유치를 통해 프라임 오피스 시장에서의 선도적인 지위를 공고히 하는 데 집중할 예정입니다. 이후 자체적으로 창출한 현금을 바탕으로 신사업들을 전개해 나갈 계획도 갖고 있습니다.

2023년 11월 기준으로 300여 개 프라임급 빌딩에 약 100만 명에 달하는 유동 인구의 접점을 만든 것으로 알고 있습니다. 향후 매출이나 영업이익, 빌딩 수, 유동인구 수 등 주요 KPI 는 어떻게 되나요?

저희는 CBD^{Central Business District, 도심권역}, YBD^{Yeouido Business District, 여의도권역}, BBD^{Bundang Business District, 분당권역}, GBD^{Gangnam Business District, 강남권역} 등 주요 오피스를 이미 확보한 상황이며, 앞으로도 전국의 프라임 오피스를 확보해 나갈 계획입니다. 600개의 프라임 오피스를 확보하게 되면 대략 200만 명의 직장인들과 소통할 수 있는 미디어가 되는데, 최종 목표는 주요 권역 1,000개 빌딩까지 커버리지를 확대해 초대형 미디어 회사로 성장하는 것입니다. 500개 빌딩 달성 이후 스페이스애드가 단순한 옥외광고가 아니라 공간 미디어로 평가받으면 공중파 및 케이블 TV의 시청률과 도달률을 뛰어넘는 초대형 미디어로 성장할 것이라고 생각합니다. 저희는 오피스 시장에서 이미 확고한 지위를 차지하고 있기 때문에, 이제는 많은 사람들이 자주 방문하는 라이프 스타일 최접점으로 사업 확장을 고려하고 있습니다. 이를 위해 커머스, 커뮤니티 등 다양한 영역으로의 비즈니스 모델 확장도 계획 중에 있습니다.

DOOH 광고는 효과 측정이나 광고 트래킹이 되지 않는다는 의견이 많이 있습니다. 스페이스애드에서는 어떻게 광고 효과를 측정하고 광고주들에게 어떤 형태로 보고서가 제공되고 있나요?

광고 송출 데이터를 수집해 보고서를 작성하고 광고주에게 제공합니다. 광고 계약 시 보장한 최소 송출량과 실제 송출량을 투명하게 제공합니다. IPTV나 디지털 마케팅에서 관리하는 데이터만큼 정확한 측정이 가능하기 때문에 일평균 노출 데이터와 지역별 통계 등 상세한 정보가 담긴 자료를 제공합니다. 또한 실내 공간을 중심으로 미디어 운영을 하기 때문에 교통량이나 유동 인구와 같은 포괄적인 데이터 수집에서 조금 더 정교한 집계가 가능합니다. 이를 통해 공간에서 상시 생활하거나 공간을 방문하는 사람들의 추정 유동인구 수를 파악해 광고주나 광고대행사들이 정확하고 효율적인 타기팅을 할 수 있는 기회를 제공합니다. 또한 스페이스애드는 광고 트래킹에 취약한 DOOH 광고의 한계점을 보완하기 위해 공간 이용객을 대상으로 설문조사를 진행해 매체 인지도, 시청 여부, 시청률, 광고 상기도 등 광고 효과를 측정하고 있습니다. 스페이스애드의 광고주들은 제공되는 데이터뿐만 아니라 직접 대형화면에서 송출되는 눈길을 사로잡는 브랜드 광고를 직접 체감하면서 스페이스애드 미디어를 완전 시청 미디어로 인정하고 있습니다.

스페이스애드가 보유한 기술을 이용해 다양한 공간으로 사업 확장이 가능할 것으로 보여지는데요, 현재 하고 있는 실내 공간 중심의 사업 외에 실외 DOOH 시장에 진출할 계획도 있나요?
공간주와 건물주로부터 실외 광고에 대한 문의가 많이 들어오
고 있지만 현재는 주요 사업인 프라임 오피스의 실내 공간을 확
보하는 데 모든 노력을 집중하고 있습니다. 실외 광고는 추후에
시장 상황과 기회에 따라 충분히 확장 가능한 영역으로 판단하
고 있습니다.

스페이스애드의 서비스는 해외 시장에서도 충분히 성공 가능
성이 있어 보이는데요, 해외 진출에 대한 계획도 알고 싶습니다.
스페이스애드의 미디어 사업은 국내 시장만으로 충분한 시장
규모를 확보할 수 있다고 생각합니다. 총인구수도 중요하지만,
공간 미디어의 특성상 인구 밀도가 높은 서울과 같은 도시가 가

● CAPEX**Capital Expenditure**는 기업이 생산 설비, 건물, 차량 등의 자산을 구입하거나
개선, 확장하는 데 지출하는 비용을 말한다. 즉, 기업이 장기적으로 사용할 수 있는 자
산을 구입하거나 개선하는 데 사용되는 비용이다. CAPEX는 주로 대규모 자산에 대
한 투자에 사용되는데, 예를 들어 제조업에서는 생산설비를 구입하거나 업그레이드
하는 데, 부동산 업계에서는 건물을 구입하거나 개선하는 데, IT 업계에서는 서버나
네트워크 시스템을 구축하는 데 사용된다. CAPEX는 기업의 장기적인 성장과 발전을
위해 중요한 역할을 하지만 기업의 현금흐름에 부담을 주는 요소이기도 하다. 따라서
기업은 CAPEX를 잘 계획하고, 투자 대상을 신중히 검토해 수익성과 효율성을 고려
한 후에 결정해야 한다.

장 적합한 환경이라고 생각합니다. 인구가 많아도 밀도가 낮은 지역은 CAPEX● 대비 효율이 낮을 수밖에 없습니다. 해외 시장 진출에 대한 생각이 없거나 불가능하다고 생각하는 것은 아니지만, 국내에 아직 의미 있고 중요한 기회가 많이 있다고 생각합니다.

공간주의 특성과 니즈를 반영해 최적화된 미디어를 개발하기 위해서는 하드웨어와 콘텐츠에 대한 역량뿐만 아니라 인테리어나 공간의 해석에 대한 역량이 필요해 보입니다.

공간과 관련된 모든 부문은 제가 PO^{Product Owner}로 총괄하고 있고 광고 부문은 한태웅 부대표가 총괄하고 있습니다. 가장 중요한 점은 각 공간주들이 가진 페인 포인트와 니즈를 파악하고, 이를 해결할 수 있는 솔루션을 제공하는 것입니다. 이를 달성하기 위해 공간주와 커뮤니케이션을 전담하는 팀, 하드웨어 설계와 시공을 담당하는 팀, 콘텐츠 기획 및 편성을 담당하는 팀, 그리고 사후 관리를 맡는 팀이 모두 협력해 일사분란하게 협업을 하며 공간주의 만족도를 극대화하고 있습니다. 이 분야에서는 디테일이 매우 중요하며, 융합적인 비즈니스 모델을 적용하기 때문에 진입 장벽이 높다고 볼 수 있습니다. 하지만 저희 스페이스애드는 'Dominate via Excellence(탁월함으로 지배하다)'라는 모토를 가지고 있습니다. 각 팀은 맡은 역할에 자부심과 책임감을 바탕으로 일하며, 압도적인 퀄리티의 서비스를 제공하고 있기 때문에 가장 까다롭고 난이도가 높은 오피스 빌딩 분야에서도 성공을 거두고 있습니다. '난이도가 높다'는 말의 의미는 업무공간의 특성상 상업 공간에 비해 상대적으로 미디어 설치 허용이 어렵고 빌딩의 자산가치가 높기 때문에 조그마한 것이라도 새롭게 설치하는 과정이 상당히 까다로운 것을 말합니다.

기술 중심의 스타트업들이 영업이나 마케팅 역량이 떨어지는 경우가 종종 있습니다. 스페이스애드의 사업 영역은 프라임급 빌딩을 대상으로 한 B2B 영업이 중요해 보이는데요, 사실 컨택 포인트를 찾기도 쉽지 않은 영역이라고 알고 있습니다. 공간주를 만나고 설득하는 스페이스애드만의 비결이 있나요?

스페이스애드는 공간의 가치를 찾아내고 자산 가치를 높이는 공간개발팀^{Value Creation팀, 이하 VC팀}을 운영하고 있습니다. 주로 프라임 오피스 영업, 건물 계약 및 관리, 신규 공간 개발 등을 담당하며, 데이터 조사를 가장 우선시합니다. VC팀은 CBD, YBD, GBD 등 주요 업무 지역에 위치한 빌딩들을 면밀히 조사하며 빌딩에 입주한 회사의 특성까지 파악합니다. 이를 바탕으로 빌딩의 우선순위를 정하고, 임대인이나 빌딩 PM^{Property Manager}과 미팅을 가지면서 그들의 고민을 듣습니다. 프라임 오피스 빌딩은 현실적으로 제약사항이 많기 때문에 임대인들의 고민을 우선적으로 해결하며, 스페이스애드 미디어를 통해 다양한 니즈를 반영하기 위해 노력합니다. 빌딩 내부 공간 인테리어 개선과 빌딩 품격 향상, 압도적인 콘텐츠 퀄리티는 자산 가치 상승을 중요하게 생각하는 공간주들에게 매우 중요합니다. 이제는 스페이스애드를 경험한 빌딩 임대인들이 자발적으로 자신이 보유한 자산 전반으로 미디어 설치와 운영을 요청하는 선순환이 이뤄지고 있습니다.

단순히 공간주나 광고주를 영업하는 것 외에도 각 장소에 맞는 미디어 콘텐츠 제작 역량이 중요해 보입니다. 미술 전시, 경영 인사이트, 와인 교육, 건강 상식 등 전문직·고소득 근로자의 지식수준에 맞는 고급 콘텐츠를 자체 제작하는 이유는 무엇인가요?

스페이스애드의 가장 큰 경쟁력 중 하나는 직장인들이 관심을 끌만한 콘텐츠, 교육적이고 즐거움을 제공할 수 있는 하이클래스High Class 콘텐츠들을 누구보다 깊이 고민하고 기획하고 실행한다는 것입니다. 이렇게 함으로써 스페이스애드는 대한민국 직장인들의 문화적, 지적 수준을 업그레이드하는 데 일조하고 있다고 생각합니다. 또한 아름다움과 여유로움을 느낄 수 있는 콘텐츠를 제공함으로써 삭막한 사무공간에서도 힐링할 수 있도록 노력하고 있습니다. 스페이스애드는 가나아트, 국제갤러리, 포브스 코리아, 매거진B 등 국내 유수의 아트 갤러리와 콘텐츠 제휴사들과 함께 일하며 직장인들에게 인사이트를 제공할 수 있는 프리미엄 콘텐츠를 제공하고 있습니다. 이렇게 함으로써 스페이스애드는 직장인 문화 전반에 긍정적인 영향을 줄 수 있다는 자부심을 가지고 일하고 있습니다.

디지털 사이니지는 대부분 단순 노출을 중심으로 광고가 집행되는 반면 스페이스애드는 고객들과 소통하는 경험 미디어로서 좋은 평가를 받고 있습니다. 경험 미디어로서 성장하기 위해 기존 판촉 활동 외에 어떤 것들을 하고 있나요?

스페이스애드는 고객들과 소통하는 경험 미디어로 성장하기 위해 두 가지 프로젝트를 기획하고 운영합니다. 프라임 오피스 빌딩 입주사를 위한 브랜드 경험 이벤트인 '혜택사이'와 문화생활 지원 캠페인 '문화사이'입니다. 혜택사이는 스페이스애드의 미디어가 있는 곳에서 진행하며 매월 다양한 브랜드와 제휴를 맺어 소소한 이벤트부터 대규모 프로모션 등의 다양한 혜택을 제공합니다. 문화사이는 프라임 오피스 입주사의 니즈를 반영하여 하이퀄리티 문화를 소개하는 것으로 입주사를 전시 및 공연에 초대하여 문화를 즐길 수 있도록 지원하고 있습니다. 이러한 참여형 프로그램을 통해 광고주는 제품이나 서비스 혜택을 고객에게 제공하고 이를 경험하게 함으로써 다양한 인사이트를 도출합니다. 시청, 관심, 응모, 사용, 후기, 전파와 같은 일련의 과정에서 브랜드 팬덤이 형성되고, 이는 오피스 내에서 더욱 강력하게 바이럴 됩니다. 스페이스애드는 공간 미디어를 통해 광고주와 소비자 서로가 윈윈할 수 있는 가치를 제공하는 것을 원칙으로 합니다. 어느 한쪽의 이익에 집중하게 되면 캠페인의 진정성을 담을 수 없기 때문입니다. 이렇게 해야만 지속 가능한 경험 미디어가 될 수 있습니다. 균형과 중심을 잡기 위해 많은 노력을 기울이고 있습니다.

2022년 2월에 발표한 제일기획 보고서에 따르면 2020년 7,560억 원 수준이던 OOH 광고비가 2021년에는 전년 대비 7.9% 성장한 8,161억 원으로 집계되었고 2022년에는 9,000억 원에 달할 것이라고 했습니다. 향후 OOH를 포함한 광고 시장의 트렌드나 변화에 대해 어떻게 예상하는지 말씀 부탁드립니다.

오피스, 아파트와 같은 생활밀착형 공간 미디어가 광고 시장에서 새로운 트렌드로 주목받고 있습니다. 현재의 추세를 보면, 2023년까지 약 2,000억 규모의 시장이 형성될 것으로 예상됩니다. 더욱 주목할 점은 이제 막 성장기 초입에 있어 앞으로 무궁무진한 가능성이 기대된다는 것입니다. 특히 공간 미디어가

OOH와 TV의 경계를 넘어 양쪽 시장에서 모두 점유율을 확보할 경우 약 5조 1,000억 원(방송 4조 2,000억 원, OOH 9,000억 원) 규모의 거대 비즈니스 시장에서 성장할 수 있습니다. (출처: 2022년 제일기획 광고비 전망)

공간 미디어가 광고 시장에서 인기를 얻은 이유는 크게 세 가지입니다. 첫째, 약 1,200만 명 수준으로 커버리지가 확대되어 미디어 파워가 높아졌고 광고 캠페인의 성패를 좌우할 만큼 매스미디어로 자리매김을 했습니다. 둘째, 몰입이 가능한 광고 시청 환경을 보유하고 있습니다. 엘리베이터 앞이나 내부와 같이 핵심 고객이 반드시 머무르고 대기하는 공간의 시청 환경을 독점하고 있습니다. 셋째, 임팩트와 빈도를 동시에 충족시킬 수 있습니다. 이를 강점으로 하여 고객의 일상생활 동선을 따라 매일 자연스럽게 브랜드 메시지를 전달할 수 있습니다. 이는 스마트폰에서 보는 작은 화면의 디지털미디어나 스쳐 지나가는 일반 옥외미디어보다 더 큰 임팩트와 높은 시청 빈도를 제공하는 공간 미디어의 강점 때문입니다. 만약 방송 편성과 비슷한 수준의 디테일한 콘텐츠 편성과 시청률 산출 로직이 수립된다면, 공간 미디어의 TV 시장 진출은 곧 현실이 될 것입니다.

혹시 대기업이나 빅테크 기업에서 인수 제안이 오면 어떻게 하실 생각이신가요? 향후 엑싯 전략(M&A, IPO 등)에 대해 말씀 부탁드립니다.

저는 금융권 출신이어서 엑싯 옵션에 대해서 누구보다 잘 이해하고 있다고 생각합니다. 하지만 엑싯 자체가 목표가 되면 안 된다고 생각합니다. 지금은 엑싯을 생각하지 말고 더 큰 가치를 창출하는 좋은 회사를 만드는 데 집중해야 하는 시기라고 생각합니다. 다행히 투자자들도 엑싯에 시급한 상황은 아니고 어떻게 하면 더 좋은 회사, 더 강력한 회사를 만들지에 대해 함께 고민하는 경우가 많습니다. M&A나 IPO 등은 회사가 더욱 잘 될 수 있는 기회라는 확신이 들 때 고려하는 것이 좋을 것 같습니다.

회사를 운영하는 데 있어서 절대 타협하지 못하는 경영 철학이나 원칙이 있나요?

한 단어로 말하자면 '탁월함Excellence'입니다. 시장은 냉혹하고 클라이언트들의 요구 수준은 점점 높아지고 있습니다. 새로운 시장을 개척하려 한다면 상황은 더욱 어렵고 냉혹합니다. 이때 고객에게 탁월함을 기반으로 서비스를 제공해야 한다는 점은 저희 회사의 가장 중요한 가치입니다. 작은 디테일 하나도 소홀하지 않고 세심함을 기울이며, 빠른 피드백과 높은 완결성의 업무 완성도를 유지하는 등 탁월함을 바탕으로 한 서비스는 고객 만족으로 이어지며, 고객 만족이 회사의 성장과 성공으로 이어진다고 믿습니다. 스페이스애드의 구성원들은 회사가 고객에게 제공하는 가치에 대해 자부심을 느끼고 있습니다. 또한 탁월함을 기반으로 높은 수준의 업무 완성도를 서로에게 기대하며 전사적인 미션 달성을 위해 협업하는 조직 문화를 만들어 가고 있습니다. 이러한 경영 철학으로 실제 눈에 보이는 성과가 달성되고 있으며, 결국 성과 달성을 통한 보상, 인정, 개인의 성장 등 임직원 만족도가 높아지는 선순환 고리가 형성되고 있다고 생각합니다.

스페이스애드만의 기업 문화, 조직 관리 방식, 인사 철학 등이 있다면 소개 부탁드립니다.

스페이스애드에서 일하는 모든 사람들은 'S.P.A.C.E'라는 핵심 가치를 공유하며 일하는 방식과 기업 문화를 만들어나가고 있습니다. 첫 번째 가치는 '솔루션Solution'으로 주인의식을 바탕으로 문제를 스스로 찾아 해결하며 맡은 일은 책임지고 고객과 구성원 간 약속을 반드시 지키는 것입니다. 두 번째 가치는 '전문성Professionality'으로 각 분야 전문가들이 모여 공간 가치 향상을 위한 최적의 방안을 제시하고 모두가 이로운 목표를 설정하며 합리적인 사고를 통해 최고의 성과를 달성하는 것입니다. 세 번째 가치는 '실행력Action'으로 모두가 더 나은 공간 경험을 누릴 수 있도록 노력하며 새로운 관점으로 도전하고 빠르게 실행하는 것입니다. 네 번째 가치는 '커뮤니케이션Communication'으로 상호존중과 신뢰가 바탕이 된 소통과 협력으로 팀워크를 강화해 공동의 목표를 달성하는 것입니다. 마지막 가치는 '탁월함 Excellence'으로 업계 최고를 향한 집념으로 파트너에게 최상의 서비스를 제공하는 것입니다. 이것이 스페이스애드의 다섯 가지 핵심 가치입니다.

스페이스애드의 모든 활동은 결국 사람을 향해 있으며 여기에는 회사 구성원도 포함됩니다. 저희는 구성원들이 일과 회사 생활에서 행복할 수 있도록 다양한 방법을 고민하고 있습니다. 새로 입사한 구성원을 위해 팀에서 합심해 안정적인 온보딩 프로세스를 진행하며 소속감을 높이기 위해 노력합니다. 또한 신규 구성원들에게 스페이스애드의 아이덴티티가 담긴 웰컴키트와 웰컴가이드를 제공하여 온보딩에 필요한 정보를 제공하고 있습니다. 또한 스타트업 특유의 생동감 있는 활동으로 스포츠 동아리, 스터디 그룹, 사내 미니 이벤트, 전사 연말 이벤트 등을 운영해 사내 문화를 적극적으로 만들어 가고 있습니다.

앞으로 3년에서 5년 정도 뒤의 목표나 비전은 무엇인가요? 회사와 개인을 분리해서 말씀해 주셔도 좋습니다.
5년 후를 예상하기는 너무 멀어서 어렵지만, 3년 뒤에는 스페이스애드가 수도권에서 1,000개 빌딩에 진출해 주요 경제활동 인구 상당수와 접점을 갖춘 초대형 미디어 회사가 되고 TV를 대체하는 거대한 미디어 플랫폼이 되어 있을 것이라고 생각합니다. 이 외에도 부동산 업계의 문제점을 해결하는 신규 사업도 영위할 예정이며, 이를 통해 대형 미디어사이자 종합 공간서비스 사업자로 성장할 것입니다. 개인적으로는 미디어 사업을 안착시키고, 앞서 언급한 신규 사업을 다시 한번 탁월함을 기반으로 새롭게 성장시키는 데 몰입하며, 새로운 도전을 즐길 것으로 예상합니다.

만약 창업 이전으로 돌아간다면 그동안의 어려움을 똑같이 겪어야 한다고 해도 창업자의 길을 걸으실 건가요?

창업은 너무 힘들기도 하고 후회스러운 순간도 있을 수밖에 없지만, 반대로 생각해 보면 창업이라는 기회를 얻은 것 자체가 운이 좋은 경험이라고 생각합니다. 저는 대학을 졸업하고 운이 좋게 대형 회계법인의 컨설팅팀에서 일하게 되었습니다. 그곳에서 훌륭한 선배들과 함께 일하면서 사회생활을 시작했고, 나중에 해외에서 MBA를 취득한 후 대기업 금융계열사에서 5년간 투자 담당으로 일했습니다. 이후 많은 사람들이 선호하는 외국계 자산운용사로 이직해 탄탄한 경력을 쌓았습니다. 하지만 이런 경력을 쌓은 것은 제 개인적인 의지가 아니라 그냥 주변의 기대에 맞추다 보니 흘러흘러 이렇게 되었다는 느낌이 들었습니다.

30대 중반에 들어서면서 커리어와 인생 전반에 대해 고민하기 시작했습니다. 금융업에 완전히 몰입할 의지가 없는 상황에서 커리어를 계속 유지하는 것이 과연 맞는 것일까, 숫자 위주로 움직이는 금융업이 아닌 나의 다른 재능을 발휘할 수 있는 분야가 있을까 등에 대해 계속 고민했습니다. 그러면서 저는 지금보다 더 잘할 수 있는 분야를 찾기 위해 노력했고 수많은 우연과 지인들의 응원이 겹치면서 창업이라는 큰 결심을 하게 되었습니다. 창업 이후에는 유동화할 수 있는 자산을 전부 현금화시켰고, 그 후로는 뒤를 돌아보지 않고 여기까지 달려왔습니다. 그때 현금화시켰던 돈은 몇 년 만에 바닥이 났고 수많은 고비가 있었지만, 되돌아보면 궁지에 몰리고 선택의 여지가 없는 상황이었기에 궁극적인 몰입감을 발휘할 수 있었던 것 같습니다. 그러한 경험으로 인해, 지금까지 이뤄온 모든 과정에 감사하고 있습니다. 창업 이전으로 돌아간다고 해도 다시 창업의 길로 들어갈 것이며 오히려 39세가 아닌 몇 년 더 일찍 도전했어야 한다고 생각합니다.

마지막으로 후배 창업자에게 해주고 싶은 말이 있나요?
창업은 예측할 수 없는 영역이 많아서 모든 자원이 부족한 상황에서 다양한 의사결정을 내려야 하고 책임을 져야 합니다. 사업적으로 모든 부문에서 잘하고 균형감 있는 의사결정을 내리려

하지만, 그것이 쉽지 않을 수 있습니다. 따라서 후배 창업자분들에게 자본, 인력, 경험 등을 고려해 창업을 결정하고, 균형감 있는 의사결정을 내리며 책임을 지는 것이 중요하다는 조언을 드리고 싶습니다.

언제나 자원은 한정되어 있으며, 효율적인 자원 배분이 중요합니다. 이를 위해서는 선택과 집중, 우선순위 설정이 필수입니다. 창업 과정에서는 처음 5명부터 100명을 넘어가는 동안 창업자가 지녀야 하는 역량과 역할이 계속 변화합니다. 따라서 창업자는 끊임없는 고민과 노력을 통해 자신의 역량을 업그레이드해야 합니다. 다른 창업자나 투자자와의 대화, 독서 등을 통해 지식을 습득하고 경험을 쌓아야 합니다. 또한 창업은 안 될 것 같은 일을 되게 만들어야 하는 일이 많기 때문에, 엄청난 수준의 몰입감과 정신적인 강인함이 필요합니다. 이에 대한 대비책을 마련하고, 강한 의지력을 가지고 시작해야 한다는 점을 꼭 강조하고 싶습니다.

인재 검증 시장의
새로운 트렌드

/

스펙터 Specter

기업 개요

스펙터는 국내 최초의 인재 검증 플랫폼으로 채용 시장의 정보 비대칭 문제를 해결하고 기업과 구직자 간의 매칭을 돕는 스타트업이다. 경력자 채용에 필요한 평판 조회 과정을 디지털화 해 구직자와 기업 모두에게 직접적인 가치를 제공한다. 기업은 비효율적으로 진행됐던 기존 평판 조회 과정을 쉽고 빠르고 경쟁력 있는 가격으로 이용할 수 있으며, 구직자는 스펙터에 쌓인 평판 데이터를 활용해 일반적인 서류심사나 면접에서 전달하기 어려운 객관적인 평가 정보를 공유할 수 있는 자기 홍보의 플랫폼으로 사용할 수 있다. 현재 평판 DB 26만 개를 보유하고 있으며 3,300개 이상의 기업들이 스펙터 서비스를 이용하고 있다.

스펙터는 2020년에 윤경욱 대표가 창업했고 2023년 8월 기준으로 직원 수는 21명, 누적 투자 금액은 80억 원 정도이다.

HR테크 개요

HR테크는 인사 관리 기능을 보조하거나 자동화하는 기술을 의미한다. 기존의 인사 관리 방식에서 빅데이터, 인공지능, 블록체인 등의 기술을 접목해 보다 효율적이고 정확한 인사 관리를 가능하게 한다. HR테크의 기능으로는 온라인 인사 정보 시스템, 인재 영입을 위한 채용 관리 시스템, 인사 정보 분석을 위한 빅데이터 분석 플랫폼, 성과 관리를 위한 KPI 시스템, 급여 관리 시스템 등이 있다.

HR테크를 통해 인사 관리 업무를 보다 효율적으로 처리할 수 있어 인력과 비용을 절감할 수 있고, 인사 정보의 정확성을 보장해 업무의 투명성을 높일 수 있다. 또한 적극적인 인재 영입과 인재 육성, 성과 평가 등으로 인재 관리에 보다 집중할 수 있다. 하지만 HR테크를 도입할 때는 개인정보 보호와 같은 법적인 문제, 직원들의 개인정보 노출 우려 등을 고려해 적절한 대응이 필요하다. 포춘 비즈니스 인사이트에서 발표한 자료에 따르면 HR테크 시장은 2020년 228억 달러(약 30조 원)에서 2028년에는 356억 달러(약 47조 원)로 확대될 것으로 보인다.

INTERVIEWEE

윤경욱 창업자 겸 대표이사

스펙터에 대해 간략히 소개해 주세요.

인재 검증을 위한 평판 조회 플랫폼으로, 채용 시장의 정보 비대칭 문제를 해결하고 기업과 구직자 간 매칭을 돕는 서비스입니다.

아무래도 주된 고객은 인재를 고용하고 싶은 기업일 텐데요, 스펙터에서 가장 해결하고 싶은 고객의 페인 포인트는 무엇이었나요?

스펙터가 주목한 문제점은 채용을 하려는 사람과 구직을 하려는 사람이 처음 만나 신뢰를 쌓아가는 과정에서 정보에 대한 불

균형이 심하다는 것입니다. 사실 30분 내외 되는 면접으로 지원자에 대해 모두 파악하는 것은 불가능합니다. 지원자들은 자신의 역량이나 경험, 강점 등을 면접에서 모두 어필하기에 어려움이 있고, 기업들은 채용 결정을 위한 정보가 이력서와 구직자의 주장으로 제한되어 좋은 지원자들을 선별하는 것이 어려웠습니다.

기존에는 좋은 지원자들이 인정을 받지 못하거나 반대로 좋은 지원자가 아님에도 불구하고 면접에서 스스로를 잘 어필해 좋은 결과가 나오는 경우도 많았습니다. 스펙터는 이러한 정보의 비대칭성과 공정하지 못한 채용 시장을 개선하고자 노력하고 있습니다.

채용 관련 시장을 보면 이미 잡코리아나 사람인과 같은 서비스가 많고 스타트업 회사인 원티드는 상장까지 했습니다. 또한 기존의 헤드헌팅 회사에서도 평판 조회 서비스를 하고 있는데요, 기존 채용 플랫폼과의 차별화 포인트는 무엇인가요?
잡코리아, 사람인, 인크루트, 원티드 등 다양한 채용 플랫폼들이 있지만 지원자 검증에만 초점을 맞춘 서비스는 없었습니다. 그렇기 때문에 HR 시장에서 기업이 지원자에 대한 채용을 결정하기 직전에 인재를 검증하는 영역은 블루오션이라고 생각했습니다.

채용 플랫폼을 통해 지원자들이 지원을 하고 서류전형을 통과하면 면접이 진행되어 채용을 결정하는 것이 보통의 프로세스입니다. 채용을 결정하기 전 마지막 단계에서 인재 검증이 필요한 경우가 있는데 대부분 헤드헌터들이 이 업무를 대행합니다. 저희는 이 부분을 공략했습니다. 인재 검증 단계를 전문적으로 다루는 플랫폼은 저희가 유일합니다.

헤드헌터, 즉 사람에게만 의존하던 평판 조회를 객관적으로 데이터화한 것이네요.
맞습니다. 그동안 평판 조회의 95% 정도를 헤드헌터가 해왔습니다. 헤드헌터를 통한 평판 조회 서비스의 문제가 한 사람당 90만 원 수준으로 가격이 비싸다는 것입니다. 그래서 주로 대

스펙터 평판 예시

기업이나 외국계 회사에서 임원 채용 시에만 사용됩니다. 그리고 더 큰 문제는 들이는 비용에 비해 제대로 된 결과가 나오지 않는다는 것입니다. 헤드헌터들은 지원자가 채용이 되어야만 커미션을 받는 구조이기 때문에 채용에 불리한 내용을 공개하기 어렵습니다.

또한 전통적인 레퍼런스 체크 업체들은 분명한 한계점을 가지고 있습니다. 평판 조회 콘텐츠의 퀄리티를 좌우하는 요소 중 하나는 실명인지 익명인지입니다. 블라인드나 네이버의 기사 댓글을 보면 익명으로 정제되지 않은 얘기들이 많습니다. 익명으로 진행되는 레퍼런스 체크는 답변의 신뢰도가 현격히 떨어질 수밖에 없습니다. 스펙터는 기존 레퍼런스 시장에서 하지 않았던 자격 검증을 철저히 실시하고 있습니다. 회원 가입 시에는 본인 인증을 비롯해, 이전에 같이 일했던 사람들과의 경력 인증도 명확히 확인하고 있습니다. 이전에는 간단히 전화번호만 제출하면 되는 경우가 많았는데, 이는 검증 과정이 없어 책임감이 덜하고 신뢰도가 떨어집니다.

또한 레퍼런스 체크 방식에도 큰 차이가 있습니다. 기존의 평판 조회는 대부분 전화 통화로 이루어졌습니다. 이 경우의 문제는 대충 좋은 얘기만 하다가 끊게 된다는 것입니다. 사람들은 동서양을 막론하고 실제 대화에서 다른 사람에 대해 안 좋게 말하기 어려워합니다. 그러나 저희 서비스는 글로 쓰기 때문에 좀 더 객관적인 평가를 할 수 있습니다. 그리고 무엇보다 가장 큰 차별점은 평판 조회가 등록된 후에 끝나는 것이 아니라, 평판이 모두 데이터화되고 클라우드화된다는 점입니다. 그렇기 때문에 일회성으로 끝나는 것이 아니라 나중에 필요할 때 언제든지 평판 조회가 가능합니다.

말씀하신대로 플랫폼의 신뢰도가 가장 중요할 것 같습니다. 신뢰도를 높이기 위한 기술에는 어떤 것들이 있나요?
저희는 신뢰도를 높이기 위해 데이터 사이언스를 많이 활용합니다. 한 사람당 평균 4개의 평판과 수십 개의 객관식 문항으로 구성된 데이터를 분석해 공통 키워드를 추출하는 방식으로 측정하는데, 예를 들어 어떤 구직자에 대해 모든 사람들이 공통된 키워드를 이용해 표현한다면, 그 결과는 특정 키워드에 편중된 결론을 도출할 수 있습니다. 만약 평가가 여러 방향으로 분산되거나 양쪽으로 치우치는 경우에는 경향성을 모두 분석해 키워드를 추출하고, 한쪽으로 치우치지 않은 개인의 특징을 파악하려고 합니다. 이러한 성향 분석 결과는 객관적이며, 해당 개인이 어떤 사람인지 예측하는 데 큰 도움이 됩니다. 이러한 데이터 분석 작업을 통해 2022년 말에 평판 인사이트 기능을 론칭했습니다. 2023년 9월에는 성과 검증 기능을 새롭게 오픈했는데, 일종의 커리어 증인 시스템이라고 할 수 있습니다. 어떤 성과에 어느 정도 기여했는지 여러 사람으로부터 입증된 성과이기 때문에 객관적이고 믿을 수 있습니다.

그리고 다음 단계로 준비하고 있는 부분은 구직자가 기업과 얼마나 핏이 맞는지를 분석하는 것입니다. 기존의 방식은 구직자의 적합도를 알기 위해 전화를 하거나 인적성 검사를 하는 것이었습니다. 하지만 이런 방식은 객관성이 다소 떨어지고 과학적인 근거가 부족합니다. 저희는 이 방식을 사용하지 않고, 데이터를 분석해 객관성을 높이고 있습니다.

예를 들어 어떤 대기업에 합격한 지원자의 평판 데이터가 2,000명 이상 모이면 해당 기업에는 어떤 성향의 사람들이 주로 일하는지 데이터로 파악할 수 있습니다. 그러면 새로운 지원자의 평판이 얼마나 조직 스타일과 일치하는지, 얼마나 적합한

지 객관적으로 분석할 수 있습니다.

스펙터도 지원자가 평판 평가를 해줄 레퍼리를 선정하는 것으로 알고 있습니다. 그렇다면 결국은 자기가 아는 사람, 친한 사람한테 부탁할 텐데 이런 경우 바이어스$^{bias, 편향}$가 섞일 여지가 있지 않나요?

지원자가 아는 사람에게 요청을 직접하는 것이 가장 합리적인 방법입니다. 지원자들도 거부감이 적고, 저희도 친한 사람에게 요청하라고 추천하고 있습니다. 평판 조회의 목적은 단점을 이끌어내는 것이 아니라, 지원자의 업무 역량과 성향을 파악하는 것입니다. 평판을 작성하기 위한 30~40개 정도의 객관식 문항을 통해 구직자가 어떤 상황에서 최고의 퍼포먼스를 내는지, 어떤 성향인지 알아낼 수 있습니다. 이런 질문들은 지원자에 대해 잘 알아야만 대답할 수 있는 내용들이기 때문에 친한 사람에게 요청하는 것이 좋습니다.

악의적인 평가나 과도하게 긍정적인 평가에 대해서는 어떻게 대처하나요?

서비스 초기에는 그 부분에 대한 우려가 많았지만 지금은 많이 해결되었습니다. 평판 데이터는 누군가 악의적인 의도로 부정적인 평가를 할 수 있으며, 객관적이지 못한 평가를 남길 수도 있습니다. 이런 리스크는 항상 존재하며 따라서 평판 데이터뿐만 아니라 전화 레퍼런스 체크를 함께 고려하는 등 콘텐츠의 객관성과 퀄리티를 높이기 위한 노력을 꾸준히 해야 합니다.

향후에는 평판에 대한 평가 기능을 추가해 객관성을 높이려고 합니다. 한 사람이 평가를 안 좋게 하더라도 나머지 다수의 평가가 좋다면 그런 부분은 감안되어야 한다고 생각합니다. 많은 사람들이 스펙터를 사용하고 평판 데이터가 확보된다면 점점 더 객관성이 높아질 것으로 기대합니다.

한 사람당 평균 4개의 평판과 30~40개의 객관식 문항으로 평가한다고 하셨는데요, 이 부분이 스펙터 평판 조회 서비스의 핵심이라고 할 수 있을 것 같습니다. 객관식 질문들은 어떻게 만들었나요?

초기에는 질문의 80% 정도를 저희가 직접 뽑았고, 이후 인사 담당자나 HR 전문가들과의 대화를 통해 수정·보강되었습니다. 지원자를 평가하기 위한 객관적이고 효과적인 질문을 작성하기 위해 지속적으로 업데이트하고 있습니다.

스펙터 평판 조회 서비스의 비즈니스 모델이 궁금합니다.

지원자들은 전혀 비용을 지불하지 않고 기업이 평판을 열람할 때마다 과금되는 형태입니다. 기업이 사전에 열람권을 구매하고 1명의 지원자에 대한 평판을 조회하면 1개의 열람권이 소진되는 구조입니다. 1명의 평판 열람 비용은 약 3만 원 정도인데, 기존의 헤드헌터를 통한 평판 조회가 1명당 90만 원인데 비하면 압도적으로 저렴합니다. 엄밀히 말하면 저희는 B2B SaaS^Software as a Service 구조가 아니라, 트랜잭션^transaction, 거래 베이스의 과금 구조입니다.

2022년 8월에 시리즈 A 단계의 투자를 받으셨습니다. 향후 투자 유치 계획과 자금 사용처에 대해 말씀 부탁드립니다.

정말 감사하게도 시리즈 A 라운드를 성공적으로 마칠 수 있었습니다. 저희 비즈니스는 자본 집약적인 비즈니스도 아니고 마케팅이나 오퍼레이션 등이 복잡한 것도 거의 없습니다. 그래서 투자 금액이 좀 과도하다고 생각하실 수도 있는데 사실 저희가 투자받은 금액 중에 절반 정도는 해외 진출의 초기 세팅을 하기 위함입니다. 저희는 원래 2023년 초에 글로벌 파일럿을 시작할 계획이었는데 지금 글로벌 시장이 너무 불확실하기 때문에 하반기로 미뤘습니다. 일본, 싱가포르, 베트남 등에서 본격적인 글로벌 파일럿을 시작할 예정입니다.

제가 채용 시장에 대해 잘은 모릅니다만 가장 큰 시장은 당연하게도 미국, 특히 실리콘밸리 쪽일 텐데 해외 진출에 포함되지 않은 이유는 무엇인가요? 미국에는 이미 자리를 잡은 경쟁 사들이 많이 있어서 그런가요?

그동안 실리콘밸리 진출에 대해 물어보는 분들이 꽤 많았습니다. 미국에서도 저희 서비스가 필요한 부분이 있겠지만, 저희 서비스를 가장 필요로 하는 나라는 아닙니다. 예를 들어 영화 〈악마는 프라다를 입는다〉를 보면 주인공 앤 해서웨이가 이직을 하는 과정에서 채용하려는 사람이 그녀의 전 회사에 전화해서 어땠는지 물어보는 장면이 나옵니다. 사실 우리나라에서는 개인정보 이슈 때문에 상상하기 어려운 일인데요, 미국은 자본주의가 극도로 발달한 나라이기 때문에 이런 방식으로 평판 조회가 가능합니다. 이는 미국에서 개인정보와 상관없이 이루어지는 일이며 법적, 문화적으로 허용되는 일입니다. 결국 평판 조회에 대한 기업의 니즈는 많지만 저희 서비스에 대한 수요는 떨어질 수 있습니다.

전화로 평판 조회를 하는 것은 우리나라도 하지 않나요?

우리나라에서는 법적으로 허용하지 않습니다. 물론 상식적인 선에서, 지원자가 근무했던 회사에 아는 사람이 있는 경우 비공식적으로 연락해서 간단하게 물어볼 수는 있지만 그 정도 수준의 답변은 객관적인 평판을 조회하기에 부족합니다.

미국에서는 전화로 평판 조회를 해도 충분히 객관적인 결과를 얻을 수 있는데, 우리나라는 법적으로도 정서적으로도 쉽지 않다는 말씀이시군요. 미국에서 평판 조회를 위해 전 회사에 연락했는데 지원자를 잘 모르는 경우가 있을 수도 있잖아요. 그럴 땐 어떻게 하나요? 어떻게든 아는 사람을 연결해 주나요?

맞습니다. 신기한 건 그렇게 평판 조회를 하는 것에 전혀 거부감이 없다는 것입니다. 따라서 초기에는 스펙터에 대한 수요가 아시아 지역에서 더욱 강할 것으로 예상됩니다. 미국은 전화로 해결할 수 있는 경우가 많아서 굳이 이메일을 보내야 할 필요성이 없을 수도 있습니다. 그렇다고 해서 수요가 전혀 없는 것은 아니며 추후 고민해 보려고 합니다.

서비스 출시 1년 반 만에 약 1,800개의 B2B 고객을 확보하셨다고 알고 있습니다. 물론 지금은 더 많이 늘어났고요. 작년도 성과와 앞으로의 목표, 주요 KPI에 대해 말씀 부탁드립니다.

2022년 기준으로 약 3,300개 기업의 고객을 보유하고 있습니다. 저희의 KPI는 매출보다는 평판 데이터 축적을 목표로 하고 있습니다. 물론 투자자들은 매출 전환을 빠르게 이루기를 원하지만, 저희는 평판 DB를 확보하는 것을 최우선 목표로 삼고 있습니다. 저희 회사의 슬로건이 '10초 만에 평판 조회'인데, 이것이 가능하기 위해서는 더 많은 평판 DB를 확보해야 합니다. 현재 30만 개 이상의 평판 DB를 보유하고 있으며, 100만 개 이상의 DB가 축적될 경우 채용 담당자들도 쉽게 평판 조회를 할 수 있을 것으로 예상됩니다.

목표로 하시는 평판 DB 수치가 사람 수인가요, 아니면 평판 개수인가요?
평판 개수를 의미합니다. 한 사람이 가지고 있는 평판 수가 평균적으로 4개 정도이기 때문에 사람 수로 보면 아직 많이 부족한 상황입니다. 그래서 더 많은 사람들의 평판 데이터를 쌓는 것이 저희에게 가장 중요한 성과 지표 중 하나입니다.

스타트업 업계에서는 저희 서비스를 도입한 회사가 많아서 지원자를 검색했을 때 평판이 바로 노출되는 경우가 많이 있습니다. 이런 경험을 한 인사 담당자들은 굉장히 만족해합니다. 저희가 고객 데이터를 분석한 결과 서울의 강남 소재 기업들이 15% 정도 차지하고 있고 앞으로 더 많은 기업들이 저희 스펙터를 이용할 것으로 기대합니다. 구직자에 대한 평판 조회가 바로 검색되면 인사 담당자들은 당연히 이런 혁신적인 방식에 만족할 수밖에 없습니다.

평판 DB가 많이 쌓이면 인력 관리에도 도움이 될 것 같은데

요, 향후 인사 컨설팅 서비스도 가능할 것 같습니다

맞습니다. 현재 컨설팅 서비스도 준비하고 있습니다. 이 부분에서는 평판 데이터를 신규 지원자뿐만 아니라 기존 직원들에 대해서도 쌓을 수 있게 됩니다. 이렇게 되면 더욱 빠르게 데이터를 확보할 수 있고, 기업들도 이 데이터를 활용해 기존 인력들을 더욱 잘 관리할 수 있습니다. 새로운 인력을 채용할 때도 이전 조직과의 적합성을 데이터 기반으로 파악할 수 있습니다. 또한 내부 레퍼런스를 활용해 조직 문화 개선을 위한 평가를 수행할 예정입니다. 평가는 구성원들이 적극적으로 참여하는 것이 중요하므로, 구성원들이 자신의 동료를 어떻게 생각하고, 그들의 장점을 파악해 팀 구성과 역할 배분, 매칭 등을 수행할 수 있도록 하려고 합니다. 이렇게 수행된 평가는 조직 문화 개선에 매우 유용하게 활용될 것입니다.

평판 조회 시장에서 어느 정도 마켓쉐어를 확보하고 나면, 컨설팅 외에 다른 영역으로 확장할 계획도 있나요?

밸류 체인 확장이라는 관점에서는 좋지만 사실 저희 평판 조회 영역을 조금만 벗어나면 대부분의 HR 산업이 이미 레드오션으로 경쟁이 과열되어 있습니다. 그래서 저희와 제휴를 하고 싶어하는 기존의 다양한 HR 플레이어들과 함께 협력하면서 이 영역을 벗어나지 않고 서비스를 제공하고자 합니다.

사업 확장을 고려할 때 경쟁사가 생길 수 있는 밸류 체인 영역보다는 지역을 확장하는 것이 저희의 중요한 전략입니다. 궁극적인 비전은 사람을 데이터화하는 것이며, 전 세계 인구가 80억 명을 넘었기 때문에 이를 위해서는 밸류 체인을 넓히는 것보다도 지역 확장을 통해 보다 많은 사람들의 데이터를 쌓는 것이 더 중요합니다.

스펙터가 사업 확장을 안 한다고 하더라도 다른 경쟁사들이 평판 조회 영역으로 넘어올 수 있잖아요. 그에 따른 대응 전략도 필요하지 않을까요?

경쟁자나 후발 주자들에게 시장을 뺏기지 않기 위해 가장 중요한 포인트가 진입 장벽을 높게 만드는 것입니다. 스펙터는 진입 장벽이 굉장히 명확합니다. 저희는 그냥 평판 조회를 잘해주는 업체가 아니고 모든 콘텐츠가 DB화되어 관리되고 계속해서 콘텐츠를 재활용될 수 있다는 것입니다.

그래서 평판 DB를 빨리 쌓는 게 가장 중요합니다. 만약 저희가 평판 DB를 100만 개를 확보한다면 후발 주자가 들어온다 하더라도 진입 장벽이 높을 수밖에 없습니다. 고객사 입장에서 보면 스펙터에서는 10초 만에 바로 평판을 조회할 수 있는데 경쟁 업체에 의뢰했을 때는 며칠이 걸리면 경쟁 자체가 안 됩니다. 사실 저희도 처음에는 한 명의 평가인이 등록되는 데 거의 일주일 걸렸습니다. 지금은 많은 노력을 통해 평균 1.6일까지 개선을 했습니다.

두 번째 진입 장벽은 구직자가 평판을 요청하는 것뿐만 아니라 평판 작성자들에게도 번거롭고 오래 걸리는 일이라는 점입니다. 그래서 같은 사람에게 여러 개의 서비스에 평판 작성을 부탁하는 것이 어렵습니다. 작성자의 입장에서 보면 분명히 스펙터를 통해 상세하게 평판 평가를 해주었는데 다른 유사 서비스가 나왔다고 해서 또 써주기는 어려울 것입니다.

평판 조회 서비스의 핵심은 가능하면 빨리 채용 담당자들이 지원자의 평판을 조회할 수 있도록 하는 것입니다. 채용 절차에 타임라인이 중요한 영향을 미치기 때문입니다. 저희는 이미 확보한 DB를 통해 신속하게 평판을 조회할 수 있지만, 후발 주자들은 이런 부분에서 매우 고전할 수밖에 없습니다.

마케팅을 거의 안 하신 것 같은데 고객사가 3,000개가 넘으셨어요. 고객사를 늘리기 위해 어떤 방식으로 영업을 하고 있나요?
지금까지는 대부분 인바운드● 영업팀에만 집중해 왔습니다. 인사 직군은 다른 직군보다도 당자끼리의 네트워크가 강한 편입니다. 처음에는 입소문으로 알음알음 퍼졌고 지금은 인사 담당자가 이직을 하면서 이직한 곳에 저희 서비스를 도입하는 경우도 많아졌습니다.

그동안은 바이럴로 확산되었지만 이제는 한계가 왔다고 생각됩니다. 저희가 더 큰 성장을 이루려면 지금보다 B2B 세일즈와 마케팅에 더 많은 노력과 자원을 쏟아야 합니다. 저희가 원하는 것은 폭발적인 성장입니다. 이를 위해서 지금은 조직을 재구성하고 있습니다.

상위 10대 대기업들도 고객사로 들어와 있나요?
물론입니다. 예전에는 대기업이 하나씩 늘어날 때마다 큰 이슈였는데, 이제는 꽤 많은 대기업 고객사가 있는 상황입니다. 대기업은 계열사도 많고 서로 소개하는 경우가 많다는 장점이 있습니다. 그 밖에도 중견기업, 중소기업, 스타트업도 고객사로 많이 보유하고 있습니다. 많은 사람들이 초기 단계에는 작은 시장부터 선점하는 전략을 추구하지만, 저희는 그 원칙을 무시하고 완전히 범용적인 전략으로 처음부터 모든 기업을 대상으로 서비스를 구축하고 사업을 해왔습니다. 이것이 스펙터의 중요한 전

● 인바운드inbound 마케팅은 제품이나 서비스에 흥미를 느낄만한 정보를 제공해서 소비자가 제품 혹은 서비스를 찾도록 하는 마케팅 전략을 말한다. 아웃바운드out-bound 마케팅과 반대되는 개념으로, 아웃바운드 마케팅은 기업이 고객을 찾아가 적극적으로 제품이나 서비스를 판매하는 마케팅 전략이다.

략이었습니다.

검증된 평판 조회 플랫폼을 만들기 위해 어떤 인력들이 필요한가요? 특별히 중요하게 생각하는 자질이 있나요?

저희는 일반적인 플랫폼 기업들과 거의 동일한 조직의 구조를 가지고 있습니다. 프로덕트 기획, 디자인, 프론트엔드, 백엔드 개념과 PO^{Product Owner} 직군이 모두 포함되어 있습니다.

다른 조직과 차별화되는 부분은 두 가지가 있는데, 첫 번째는 저희가 HR테크 회사이기 때문에 인재를 채용할 때 어떤 가치관을 갖고 있는지 많이 봅니다. 단순히 업무 수행 능력만이 아니라 성실성과 윤리적 가치관 등도 고려합니다. 이를 구분하기 위해 상사나 동료들에 대한 생각을 질문하기도 합니다. 제 경험상 좋은 동료는 사람에 대해 깊이 생각하며 가치를 두는 분들입니다. 저 역시 직원들을 동료로서 존중하는 마음을 가지고 대하려고 합니다.

두 번째는 데이터 분석에 인사이트를 가진 분들이 많이 필요합니다. 저희 회사는 데이터 사이언스와 밀접한 관련이 있기 때문에, 모든 업무와 의사결정에 데이터를 기반하고 있습니다. 그래서 모든 영역을 데이터화하고, 데이터 분석을 통해 인사이트를 도출하는 것이 주요 원칙 중 하나입니다. 현재 인력 구조도 데이터를 관리하고 분석하는 데 뛰어난 인사이트를 가진 분들이 많은 비중을 차지하고 있습니다.

인사 담당자들의 니즈를 파악하고 고객과의 접점을 늘리기 위해 하신 노력에는 어떤 것들이 있나요?

스펙터를 도입하는 과정에서 대면 미팅을 많이 진행합니다. 보통 B2B 기업은 규모가 크고 대기업일수록 대면 미팅을 선호하고 규모가 작은 경우 줌이나 콜로 대체하여 진행하기도 합니다. 개인적으로는 고객사의 니즈를 파악하기 위해 여전히 일주일에 한 번 이상 고객 미팅을 직접 가고 있습니다. 이렇게 하면 인사 담당자의 HR 관련 고민들을 들으며 성장할 수 있고, 그들에게 유익한 정보를 제공할 수 있기 때문입니다. 올해부터는 인사 담당자들과 다양한 네트워킹을 통해 더 활발하게 활동할 계획입니다.

인구가 점점 줄어들면서 사회적 문제가 되고 있는데요, 앞으로 채용 시장 또는 평판 조회 시장이 어떻게 바뀔까요?

지난 10년간 우리나라의 채용 시장은 굉장히 성장해 왔습니다. 데이터를 확인해 본 결과 지난 수십 년간 역성장을 경험한 적이 단 한 번도 없습니다.

최근 연 이직 수는 2021년 기준 1,100만 건에서 2022년에는 1,106만 건으로 늘어났으며, 평균 재직 기간은 1년 반 정도로 매우 짧아졌습니다. 이러한 추세로 인해 기업 입장에서는 채용에 드는 시간과 비용이 매우 증가하게 됩니다. 그리고 기존의 방식으로 사람을 뽑는 것은 충분하지 않다는 것을 깨닫게 되고 새롭고 다양한 채용 방식을 필요로 하게 됩니다. 따라서 이제는 인재 검증이 굉장히 중요한 요소가 되었습니다. 이러한 시장 니즈에 맞춰 탄생한 것이 바로 스펙터입니다.

아마도 스펙터를 통해 채용을 하는 회사들과 채용된 지원자들 모두 스펙터의 유용성을 잘 알고 있을 것입니다. 저희는 인재 검증 플랫폼이지만, 이는 마케팅 메시지일 뿐입니다. 저희의 비전은 결국 사람과 사람이 신뢰를 쌓는 지점에 녹아드는 것입니다. 사람들은 여전히 서로를 신뢰하고, 사회적 관계를 형성하며, 이 과정에서 저희는 좋은 사람들이 인정받고, 사람들이 상처받지 않도록 노력해 더 나은 세상을 만들고자 합니다.

향후 엑싯 전략(M&A, IPO 등)에 대해서도 말씀 부탁드립니다.
엑싯 전략은 모든 창업자들이 고민하고 있는 부분이겠지만 저희는 80억 명을 데이터화하는 비전을 가지고 일하고 있기 때문에 회사 매각이나 다른 좋은 제안이 올 때 거부할 확률이 높습니다. 물론 100%라는 것은 없습니다만, 저를 포함해 모든 멤버들이 글로벌 기업으로 성장해서 나스닥에 상장하는 것을 목표로 하고 있습니다. 현재 모든 전략이 이와 맞물려 진행되고 있습니다.

조금 민감할 수도 있는 얘기인데요, 첫 번째 창업의 결과가 좋지 않았던 것으로 알고 있습니다. 저라면 첫 번째 창업에 실패한 이후 어떻게든 직장을 구해서 고정적으로 급여를 받는 안정된 길로 가려고 노력했을 것 같은데, 포기하지 않고 재창업을 하게 된 원동력은 무엇인가요?

말씀하신 대로 첫 번째 사업이 잘되지 않았습니다. 법인 파산을 하게 되었고, 연대보증도 있었기 대문에 개인 부채도 고려해 개인 파산 절차를 진행하게 되었습니다. 이때 회생과 파산이 서로 다르다는 것도 처음 알게 되었습니다. 파산 관리인이 선임되어 제 모든 기록을 검토하는데 이 과정에서 대표이사가 외제차를 타는지, 해외여행을 많이 다녔는지, 골프를 많이 쳤는지 등 모든 소비 내역을 확인하게 됩니다. 이 과정을 겪으며 제가 어떻게 살아왔는지 되돌아보게 되었습니다. 저의 경우 가장 비싼 지출이 직원들과 삼겹살 먹으면서 회식한 비용이었습니다. 마지막 주주총회 때는 정말 힘들어서 울었고, 주주들도 함께 울었습니다.

파산 절차를 진행하는 것은 정말로 고통스러운 일이었습니다. 파산을 하게 되면 법원에서 파산 절차를 진행합니다. 이는 부채가 많아 상환할 능력이 없을 때 신청됩니다. 파산 절차에서는 채권자들과의 협상이 이루어지며, 사업의 성실성 등에 따라 채권자들이 돈을 받을 수도 받지 못할 수도 있습니다. 채권자들을 호출해 사업 성실 여부를 판단하고, 성실한 경우에는 돈을 받지 않지만 성실하지 않은 경우에는 법원에서 계속 추심하게 됩니다.

과거에는 대표이사의 연대 보증이 필수적이었던 시절도 있었기 때문에, 현금이 부족한 상황에서 개인 자금을 모두 투입해 회사를 운영할 정도로 힘들었던 기억이 있습니다. 하지만 부모님께는 손을 벌리지 않았고, 법원에서도 깔끔한 파산 처리가 되었으며, 주주들에게도 모든 과정이 투명하게 공유되어 좋은 결과를 얻을 수 있었습니다. 파산 절차를 마무리한 이후 재창업을 하기 전까지 고액의 연봉으로 스카웃을 받기도 하고 팀원 모두 데려가는 조건으로 취업 권유를 받기도 했습니다만 팀원들 모두가 재창업의 의지가 강했기 때문에 여기까지 올 수 있었습니다. 정말 감사하게 생각합니다.

개인적으로 오픈하기 어려운 얘기일 수도 있는데 파산에 대한 내용을 책에 써도 될까요?
지금은 괜찮습니다. 처음에는 이 얘기를 잘 공유하지 않았는데, 그 이유는 스펙터를 시작하는 단계에서 스펙터와 파산에 대한 이미지가 연계될까 우려되었기 때문입니다. 그러나 지금은 스펙터가 시장에서 어느 정도 자리를 잡았기 때문에 스펙터 이미지에 영향을 끼치지 않을 것이라는 확신이 있어 상관없습니다.

실패를 이겨내고 재기 창업하시는 분들한테 힘이 되는 롤모델이 되리라 생각됩니다. 진심으로 존경심이 드네요.
어려운 시기에는 물어볼 사람조차 없어 더 막막한 것 같아요. 이럴 때 실제로 비슷한 상황을 겪은 사람에게 듣는 조언과 피드백이 굉장히 큰 힘이 됩니다. 요즘 저의 파산 관련 이야기들이 점점 전해지고 있어서, 별로 친하지 않은 대표님께서 갑자기 전화가 오면 대부분 파산 관련 문의인 경우가 많아요. 그럴 때마다 제가 경험한 것들을 친절하게 말씀드리고 있습니다.

첫 번째 창업은 커머스 분야로 알고 있는데요, 두 번째 창업은 완전히 다른 시장인데도 동일한 멤버들과 창업했다는 게 놀랍기도 합니다.
사실 커머스와 HR 플랫폼은 많이 다른 영역입니다. 저희는 이전에 실패한 경험을 가진 사람들이라서 그런지 새로운 아이템을 만들기보다는, 잘 되는 비즈니스를 창업하고 싶다는 생각이 강했습니다. 그래서 시장에서 가장 필요한 비즈니스 모델을 찾기 위해 노력했고 지금의 서비스를 준비하게 되었습니다. 일반적으로 커머스 분야의 전문가가 해당 분야에서 아이템을 발굴하는 것이 일반적이지만, 한 번 실패를 경험한 사람들은 기존의 인더스트리를 쳐다보지 않는 경우가 많습니다. 저 역시 커머스 분야보다는 시장에서 문제점을 찾아내어 해결하고, 그것을 기반으로 새로운 서비스를 만드는 것에 집중하게 되었습니다. 이를 위해 여러 시장에서 문제점을 찾아 다녔습니다. 실제로 앱까지 만들었지만 런칭하지 않은 사업 아이템도 있습니다.

회사를 운영하는 데 있어서 절대 타협하지 못하는 경영 철학이나 원칙이 있나요?

제가 지켜온 원칙 중 하나는 명예를 매우 중요시한다는 것입니다. 이 개념이 추상적이긴 하지만 어릴 때부터 저는 명예를 아주 소중하게 생각해 왔습니다. 친구들과 함께 있을 때도 "양아치 짓은 하지 말자"라는 말을 자주 나눴는데, 약한 사람들을 괴롭히거나 문제를 일으키지 말자는 뜻입니다. 그리고 항상 겸손하고 당당하게 살아가자는 말도 자주 나누었습니다.

이런 생각은 제 인생의 중요한 원칙으로 이어졌습니다. 상황에 따라 다른 말로 표현되기도 하는데, 뜻하는 바는 같습니다. 지금은 어떤 조직에서 리더 역할을 맡게 된다면 직원들의 뒤통수를 치는 사람이 되지 않겠다는 원칙을 가지고 있습니다. 그렇기 때문에 회사를 운영할 때도 모든 것을 깔끔하게 처리하고 투명하게 공개해야 한다는 생각을 가지고 있습니다.

파산 절차를 투명하게 성실하게 진행한 것도 저에게 투자해 준 사람들에게 마지막 책임을 다하기 위한 것이었습니다. 이 원칙은 제 인생에서 아주 중요한 역할을 합니다.

과거 파산한 회사에 투자하셨던 분들 중에 스펙트에 또 투자하신 분이 있을까요?

많은 투자자 분들께서 재투자를 제안해 주셨지만, 여건상 받지 못하게 되어 죄송하게 생각합니다. 과거에 저희 회사에 투자를 하고 파산 과정을 지켜보신 분들께서 다시 투자를 해주신다는 것은 저에게 큰 의미가 있고 정말 감사하게 생각합니다. 지금도 개별적으로 찾아뵙고 대접하면서 죄송한 마음을 전하고 있습니다.

진짜 얘기하면 얘기할수록 대단하시네요. 앞으로 3년에서 5년 정도 뒤의 목표나 비전은 무엇인가요? 회사와 개인을 분리해서 말씀해 주셔도 좋습니다.

3년 뒤나 5년 뒤의 목표는 앞서 말씀드린 것과 같습니다. 저희 회사는 궁극적으로 80억 명을 대상으로 하는 기술을 제공할 것이고, 세계적으로도 동일한 평가 DB를 구축할 계획입니다.

제 개인적인 목표도 매우 명확합니다. 회사가 클수록 CEO 로서 필요한 역량이 달라져야 하기 때문에 저의 역량을 스펙터의 성장과 함께 지속적으로 키워나가야 한다고 생각합니다. 이것은 개인적인 목표일 뿐만 아니라, 저의 의무라고 생각합니다. 만약 제가 CEO로서 스펙터의 성장을 돕지 못한다면 물러나야 한다는 생각이 항상 있지만, 제가 할 수 있는 한 최선을 다해 스펙터와 함께 성장해 CEO 역할을 잘 수행할 수 있도록 노력할 것입니다.

대표님 이력을 살펴보니 고려대학교를 졸업하고 컨설팅 회사에서 근무하셨는데요, 만약 그쯤으로 다시 돌아간다고 하더라도 안정적인 직장을 뒤로하고 창업을 하실 건가요?

저는 대학생 때 경영학회 활동을 하면서 인생을 진지하게 생각하게 되었습니다. 학회에서는 들어가자마자 커리어 패스라는 세션을 진행하는데, 제 인생을 설계하는 데 큰 도움이 되었습니다. 한 달 가까이 고민을 했었는데, 제가 궁극적으로 하고 싶은 것은 이 세상에 긍정적인 영향력을 끼칠 수 있는 사람이 되는 것이었습니다. 이것이 제가 궁극적으로 정한 목표이며, 이를 위한 전 단계가 사업가로서 성장하는 것이었습니다. 그래서 창업을 하기 전에 가장 좋은 브리지 커리어가 컨설턴트라고 생각해서 컨설팅 회사에서 근무하면서 많은 것을 경험하고 창업을 했습니다. 대학생으로 돌아가서 다시 결정을 하더라도, 제 선택은 똑같을 것 같습니다. 저는 이런 목표가 제 인생을 이끌어가고 있다고 생각합니다.

마지막으로 후배 창업자에게 해주고 싶은 말이 있나요?
사업을 한다는 것이 모두가 기대하는 것처럼 행복한 일은 아닙니다. 저도 창업을 하면서 힘든 순간이 정말 많았습니다. 이런 경험을 통해 창업자로서의 길이 얼마나 어려운지 깨닫게 되었지만, 여전히 다시 태어나도 창업을 하겠다는 생각을 합니다. 그래서 저는 창업에 도전하고자 하는 후배들에게 많은 조언을 해주려고 노력합니다. 99%는 준비가 덜 된 상태에서 창업을 시도하기 때문에 그런 상태에서는 창업하지 말라고 조언합니다. 준비가 안 된 학생이나 예비 창업자들에게 창업을 독려하는 사회적 분위기는 문제가 있다고 생각합니다. '일단 도전하라'라는 말이 도전을 두려워 하지 말라는 뜻이지 준비 없이 도전하라는 말이 아닙니다. 이렇게 강경하게 말씀드리는 이유는, 도전할 준비가 안 된 사람들이 창업을 하면 그 후 수없이 고통스러운 일을 겪게 되고 그 과정에서 치러야 할 대가가 생각보다 가혹하기 때문입니다.

이제는 멘탈케어도
기술적으로

/

아토머스Atommerce

기업 개요

아토머스는 AI 기반 멘탈케어 스타트업으로 정신 건강 플랫폼 마인드카페를 운영하고 있다. 아토머스는 사용자들이 자신의 심리 상태를 더 잘 이해하고 적극적으로 관리할 수 있도록 돕는 것을 목표로 하며, 이를 위해 정신질환에 특화된 디지털 치료제를 개발함과 동시에 인공지능을 활용한 비대면 심리 상담을 고도화하는 데 주력하고 있다.

마인드카페는 비대면 전문 심리 상담이 가능한 익명 정신 건강 커뮤니티로 현재 100만 명의 회원을 확보했다. 또한 기업을 대상으로 제공되는 임직원 정신 건강 관리 프로그램을 통해 다수의 국내 대기업과 테크기업들을 확보하고 있다.

멘탈케어 시장은 코로나 기간을 기점으로 폭발적으로 성장하기 시작했으며 시장조사 업체 퀀털라인리서치가 발표한 바에 따르면 2021년부터 연평균 28.6%씩 성장해 2027년에는 약 200억 달러(약 25조 원) 규모로 성장할 전망이다.

아토머스는 2015년에 김규태 대표가 창업했고 2023년 8월 기준으로 직원 수는 약 100명, 누적 투자 금액은 340억 원 정도이다.

헬스케어 시장 개요

헬스케어 시장은 의료 및 건강 관련 산업을 말한다. 의료 서비스 제공업체, 제약회사, 의료 장비 제조업체, 의료 IT 기업 등의 플레이어들이 활동하며 다양한 제품과 서비스를 제공한다. 최근 인공지능, 빅데이터, IoT 등의 기술이 적용되면서 이를 통해 진료, 건강 모니터링, 예방, 치료 등 다양한 영역에서 혁신적인 서비스가 개발되는 등 디지털 헬스케어 시장이 활성화되고 있다.

전 세계적으로 기대 수명의 증가와 더불어 고령화 및 만성 질환의 증가 현상이 지속되며 헬스케어 시장은 계속해서 성장할 전망이다. 이에 따라 기존 기업들은 기존 제품과 서비스를 개선하고 새로운 기술과 서비스를 개발하는 등 다양한 노력을 기울이고 있다. 헬스케어 관련 스타트업들도 많이 등장하고 있으며, 혁신적인 아이디어와 기술력으로 헬스케어 시장에서 큰 성장 가능성을 보여주고 있다.

멘탈케어 시장 개요

헬스케어의 한 축을 담당하고 있는 멘탈케어는 정신 건강을 유지하고 치료하기 위해 제공되는 다양한 방법과 서비스를 말한다. 현대 사회에서 스트레스, 불안, 우울증 등 정신 건강 문제를 겪는 사람들이 많아지면서 멘탈케어에 대한 필요성이 대두되었다. 특히 코로나19를 기점으로 코로나 블루라는 말이 생겨날 정도로 우울증이나 불안 증세를 겪는 사람들이 늘어나면서 멘탈케어 시장이 급성장하고 있다.

멘탈케어는 개인적인 건강뿐만 아니라 직장이나 학교 등의 조직적인 면에서도 중요한 역할을 한다. 조직에서는 스트레스 관리, 워크 앤 라이프 밸런스, 정신 건강 지원과 같은 프로그램을 제공해 직원들의 건강과 생산성을 향상시키고, 장기적으로 비용 절감이나 추가 수익을 확보할 수 있다.

멘탈케어는 심리치료, 정신과 의사와의 상담, 스트레스 관리, 명상, 요가, 운동, 영양 관리 등 다양한 방법으로 이루어지며 이는 개인적인 건강 상태와 선호도에 따라 선택할 수 있다. 또한 최근에는 인공지능과 같은 첨단 기술을 활용해 개인의 멘탈 건강 상태를 정교하게 평가하고 추적하며, 상황에 맞는 조언과 지원을 제공하는 등 맞춤형 솔루션이 가능해졌다.

INTERVIEWEE

김규태 창업자 겸 대표이사

아토머스에 대해 간략히 소개해 주세요.

국내 최대 종합 정신 건강 플랫폼 마인드카페를 운영하고 있으며, 인공지능AI 기술에 기반한 심리 검사와 개인·그룹 상담, 코칭, 정신 건강 커뮤니티 등 다양한 기능을 제공합니다.

우울증, 불안장애 등에 대한 사람들의 인식 수준이 높아지고 약물 외 인지 치료 방식도 다양해지면서 멘탈케어 시장이 빠르게 커지고 있는 것 같습니다. 아토머스에서 해결하고 싶은 고객의 페인 포인트는 무엇인가요?

보건복지부 통계에 따르면 성인 8명 중 1명, 총 625만 명 이상의 인구가 중증 우울증을 앓고 있다고 합니다. 이는 현대인들이 심리적, 정신적으로 매우 취약해지고 있다는 것을 의미합니다. 적절한 시기에 전문가로부터 치료나 도움을 받지 못하면 우울증이 심화되어 자살로 이어질 수 있는 굉장히 심각한 사회 문제가 될 수 있습니다.

이러한 문제의 근원 중 하나는 조기 예방 차원에서 전문가로부터 지속적인 상담이나 케어를 받는 미국과 대조적으로 대한민국이나 유교권 안에 있는 아시아 국가는 상담받는 것을 꺼려하고 종교, 점, 사주팔자 등에 의존하려는 경향이 있기 때문입니다. 이는 더 과학적이고 집중적인 치료를 놓치게 되는 결과를 초래할 수 있습니다.

저희 회사는 이러한 문제를 해결하고 정신 건강 전문 서비스의 접근성을 높이기 위해 온라인 플랫폼 마인드카페를 론칭했습니다. 마인드카페는 시공간에 대한 제약이 없고 익명성이 보장되는 비대면 환경에서 전문가와 초기 상담을 진행할 수 있으며, 상담사와 좀 더 관계성을 형성한 이후에 동일한 전문가와 대면 상담까지 이어질 수 있도록 구성되어 있습니다. 향후에는 멘탈케어 플랫폼이 현대인들의 정신 건강을 위한 중요한 솔루션으로 자리 잡게 될 것이라고 생각합니다.

국내뿐만 아니라 해외에서도 멘탈케어 관련 서비스들이 각광을 받고 있는 것 같습니다. 다른 경쟁사 대비 아토머스만의 경쟁력과 차별화 포인트는 무엇인가요?

마인드카페는 네이버 카페에서 시작되었습니다. 저희가 3년 정도 운영했는데, 심리적으로 우울한 사람들이 모여 자신의 어려운 이야기를 공유하며 서로 위로하고 응원하는 공간이었습니다. 이후 사람들이 올린 질문에 전문가들이 무료로 답변을 제공하고, 이에 공감한 사람들이 추가적인 유료 상담을 신청하면서 비대면으로 진행하는 모델을 도입한 것입니다. 즉, 마케팅 비용 없이 유의미한 사용자 트래픽을 확보했으며 멘탈케어에 특화된 익명 커뮤니티의 경쟁력을 갖추고 있습니다. 이런 점들이 다른 서비스들과 차별화되는 점입니다.

3년 이상 무료로 서비스를 한다는 게 쉽지 않았을 텐데요, 전략적으로 무료로 운영하다가 유료화를 진행한 건가요?

창업 초기인 2016년에는 전문가 매칭 및 멘탈케어 플랫폼들이 이제 막 등장하는 시기였습니다. 처음부터 유료화하면 사용자들의 거부감을 느끼고 전환율이 떨어지기 때문에 무료로 커뮤니티를 구축하고 충분한 검증이 이루어지고 나서 유료 모델을 도입하는 것이 좋다고 판단했습니다.

유료화하는 과정에서 어려움은 없었나요?

마인드카페 어플리케이션

사업성이 어느 정도 검증된 이후에 개발자들을 채용해 자체 플랫폼을 구축하려고 했지만 개발자들이 자주 이탈하는 일이 발생했습니다. 펀딩도 받지 못하고 수익모델도 없어서 개발자들을 유지하는 것이 매우 어렵기도 했고요. 그래서 플랫폼을 구축한 이후 수익모델을 도입하는 데까지 2년 이상 걸렸습니다. 결과적으로 보면 저희가 전략적으로 의도한 부분도 있지만 개발이 원활하게 이루어지지 않아 예상보다 더 미뤄진 케이스입니다. 이때가 제 창업 인생에서 가장 뼈아픈 시기 중 하나였습니다.

과거 익명 커뮤니티 시장에서는 제너럴한 서비스를 제공하는 업체들이 많았습니다. 어떤 업체들은 수십억 단위의 투자를 받았고 저희보다 더 많은 사용자와 트래픽을 보유하고 있었습니다. 그래서 저희는 자체 플랫폼을 구축한 이후 빠르게 차별화된 서비스를 만들면서 수익모델을 구축해야 했습니다. 수익화가 지연되고 자금조달이 어려워 힘든 시기가 있었지만, 결국 저희만의 빠른 실행력과 노하우로 문제를 하나하나 극복해나갔습니다.

아토머스의 수익모델이나 비즈니스 구조에 대해 말씀 부탁드립니다.

수익모델은 공인된 자격을 갖춘 전문가와 사용자(내담자) 사이에서 발생하는 상담료에 대한 수수료를 받는 것입니다. 멘탈케어 시장은 정보의 비대칭성이 매우 높고 고객을 확보하기 위한 마케팅 비용도 매우 높은 편입니다. 하지만 저희 플랫폼이 모객을 독점적으로 진행하면서 상담사들이 받는 수수료율을 낮출 수 있습니다. 또한 상담사들은 편리하게 집에서 온라인으로 상담을 하면서도 추가 수익을 창출할 수 있습니다. 기존 상담 센터보다 수수료율은 낮지만 다수를 대상으로 상담이 가능하기 때문에 선호하는 분들이 많습니다.

앞으로는 비식별화되고 익명화된 여러 데이터를 학습시켜 상담사를 보조하는 인공지능을 강화할 예정입니다. 이렇게 강화된 인공지능 알고리즘은 한 명의 전문가가 내담자를 빠르게 파악하고 더 많은 내담자를 상담할 수 있게 기술적 효율성을 제공할 것입니다. 또한 심리 치료 목적의 인공지능 챗봇을 디지털 치료제로서 활용하기 위해 치료에 대한 효과성을 입증하고 있습니다.

챗GPT를 통해 상담하는 사람들이 늘어날 수 있는데요, 이런 경우 기존의 상담사나 정신의학과 전문의들의 시장 파이가 줄어들게 되지 않나요?

기존의 멘탈케어 서비스는 인건비를 포함해 많은 비용이 발생했습니다. 하지만 인공지능 기술의 발전으로 원가를 혁신적으로 낮출 수 있게 되었습니다. 이러한 이유로, 기존에 비싼 가격 때문에 상담을 받지 못했던 고객들도 저렴한 비용으로 받을 수 있게 되어 시장이 확대되는 부분이 생기게 됩니다. 인공지능이 상담사의 기능을 침범하는 것이 아니라 상담사가 인공지능을 활용해 더욱 효율적으로 운영할 수 있다고 생각합니다.

또한 인공지능이 나온다고 해서 상담사를 완전히 대체하는 것은 불가능하다고 생각합니다. 왜냐하면 사람은 영혼이 있는 누군가와 소통하고 싶다는 생각이 강하기 때문입니다. 인공지능 챗봇과 상담을 한다고 하더라도 결국 그 뒤에는 사람이 슈퍼바이징 하고 있다는 믿음이 있느냐 없느냐에 따라 완전히 다른 사용자 경험을 줄 수 있다고 생각합니다. 멘탈케어 시장은 인공지능이 사람을 대체하기 어렵기 때문에 인공지능이 더 많은 일들을 대체하면 할수록 전문가들이 더 많은 수익을 창출할 수 있다고 생각합니다. 사실 기계한테 정신 상담을 받고 싶어 하는 사람은 많지 않을 것입니다.

타다나 로톡 등 많은 스타트업이 기존의 기득권을 갖고 있는 집단과 마찰을 겪었습니다. 아토머스도 상담이 필요한 사람과 정신과 전문의를 매칭하는 플랫폼인데, 이와 유사한 이슈는 없었나요?

저희는 아직까지 전문가 집단으로부터 공격을 받은 적이 없고, 앞으로도 받을 가능성이 낮다고 생각합니다. 이유는 저희가 속해 있는 산업 분야가 기존의 로톡이나 타다의 경우처럼 이미 명확하게 형성된 시장이 아니라 이제 막 태동하는 시장이기 때문입니다. 또한 멘탈케어 시장은 이미 공급이 포화 상태이며 수요 우위의 시장입니다. 아토머스는 한정된 수요 안에서 서로 마케팅을 하면서 치킨 게임을 하는 개념이 아니라, 시장의 폭을 넓혀주는 역할을 하는 플랫폼으로서 전문가들의 공감을 더 많이 얻고 있다고 생각합니다. 실제로 저희가 다루는 분야는 국가 주도의 면허 사업이 아닌 민간 기관에서 발행하는 자격증 사업입니다. 변호사, 회계사, 변리사, 공인중개사 등과 같이 전문가의 수가 제한되어 있는 시장의 입장에서는 이미 그들이 나눠 먹고 있는 상황에 추가적으로 매출을 나눠야 하는 주체의 등장이 반가울 리 없습니다. 하지만 멘탈케어 시장은 아토머스를 통해 시장의 파이를 키우면 전문가들 입장에서 더 많은 추가 수익을 창출할 수 있는 기회가 되기 때문에 상생할 수 있는 구조를 만들 수 있습니다.

아토머스의 타깃 고객과 주요 마케팅 방법이 궁금합니다.
저희 서비스의 주 이용자는 20~30대 여성입니다. 따라서 여성들이 많이 모여있는 커뮤니티나 SNS 등을 적극 활용해 유입을 늘리고 있습니다. 주로 검색 광고와 같은 퍼포먼스 마케팅을 중심으로 진행하고 있습니다.

미국에서 대학을 졸업하고 바로 한국으로 와 창업하신 것으로 알고 있습니다. 일반인들은 접하기 어려운 멘탈케어 분야를 창업한 특별한 계기가 있나요?
한 가지 원인으로 단정하기는 어렵지만 일단 제 가족이나 지인들 중에 정신과 의사들이 유독 많았습니다. 그래서인지 상대적으로 정신 건강 분야의 문제에 더 관심이 생겼던 것 같습니다.
한국에 비해 멘탈케어 서비스가 발전한 미국에서 학창시절을 경험했다는 점도 영향이 있었던 것 같습니다. 미국 학교에서는 카운셀링 센터를 통해 정신 건강을 위한 다양한 프로그램에 참여할 수 있는데, 처음에는 추상적이고 즉각적인 효과를 느끼지 못할 수 있지만 한번 받아보면 분명히 남는 가치가 있다는 것을 느낄 수 있습니다.

또 다른 원인으로는 그 당시 시장을 잘 볼 줄 모르고, 어리고 순진한 눈으로 멋있어 보이는 추상적인 아이디어에 매료된 덕분이라고 생각합니다. 지금이라면 시장 분석을 통해 명확한 사이즈와 사례, 판매 전략 등을 분석하고 시작했을 것 같은데 당시에는 제가 마치 예술가인냥 기존에 없던 창조적인 사업 아이템이 좋아 보였습니다. 그때는 멘탈과 같은 추상적인 개념이 상품화되고 가치화되는 것이 매력적으로 느껴졌는데, 지금은 그런 아이디어만으로는 부족하다는 것을 깨달았습니다. 예전에는 남들이 하지 않은 것을 해야 성공할 수 있다는 느낌이 있었지만, 이제는 이미 많이 투자받고 있는 분야 중에 비어 있는 곳을 찾아 투자받는 게 맞는 선택인 것 같습니다. 해외에도 많은 멘탈케어 스타트업이 있지만, 저희는 비대면 시대로 인해 시기적으로 운이 좋게 작용한 면도 있는 것 같습니다.

우리나라는 아직까지 정신과 상담에 대한 인식이 낙후되어 있어서 정신과 치료를 받는 것에 대한 약간의 거부감이 있는 게 현실입니다. 심지어 정신과 상담을 받으면 기록에 남아 회사에 취업하거나 이직할 때 불이익 있지 않을까 염려하는 사람들도 많습니다. 이런 인식들을 이겨내고 대응하시는 게 힘들었을 것 같습니다.

사업을 하다 보니 많은 운이 관여한다는 것을 알게 되었습니다. 누구를 만나게 될지, 누가 도움을 줄지, 누가 투자를 해줄지 등은 확률적인 요소가 너무도 많습니다. 물론 제 실력이 좋으면 잘될 확률도 높아지겠지만, 사업에서 매크로한 흐름은 제가 제어할 수 없는 부분이라고 생각합니다. 코로나19로 비대면화가 급속도로 확대되고 경제적·사회적 어려움이 장기화되면서, 멘탈케어의 필요성과 수요가 늘어나고 관련 콘텐츠도 많이 대중화되고 있습니다. 심리 상담도 음성적인 영역이 아니라 이제는 예능이나 리얼리티 프로그램 등과 같은 대중화된 콘텐츠로 만들어지고 있습니다. 예전에는 〈우리 아이가 달라졌어요〉와 같은 어린이를 대상으로 한 프로그램만 있었지만, 지금은 성인을 대상으로 상담하는 프로그램들이 많아졌습니다. 이러한 변화는 우리 사회에서 심리적인 부분에 대한 이해와 인식 변화로 이어지고 있습니다. 따라서 이러한 흐름이 지속되고 멘탈케어 시장이 어느 정도 규모가 커지면 B2C 시장에서도 폭발적인 성장이 일어날 것으로 보입니다. B2B 맞춤 서비스 역시 충분히 개발되어 상용되고 있습니다. 인사팀에서도 멘탈케어 서비스가 돈을 낼 만큼 가치가 있다는 것에 공감해 예산을 할당하고 종합 서비스를 도입하고 있습니다.

코로나19 특수를 받았던 업체들이 코로나가 종식되면서 점점 힘들어지는 케이스도 있었는데 그런 영향은 없었나요?

저희 서비스는 지속적인 개선이 이루어지고 있습니다. 예를 들어 최근 도입한 상담 서비스는 즉시성을 극대화해 예약 없이 상담사와 할증된 가격으로 즉시 상담이 가능하도록 만들었는데 수요와 공급이 계속해서 맞물리면서 활성화되고 있습니다. 이처럼 사용자 경험을 높이고 서비스의 속도와 퀄리티를 높이면서 사용자들의 니즈를 맞추기 위해 지속적으로 노력하고 있습니다.

사용자 경험을 극대화하기 위해 오프라인 센터도 계속 늘려나가고 있었습니다. 현재 오프라인으로 운영 중인 상담센터가 3곳이며, 정신과 병원도 함께 운영하고 있습니다. 이제 프랜차이즈화와 직영화를 동시에 진행하고 있는 시점에 와있습니다. 2023년에는 10개 이상의 직영 매장이 추가로 오픈될 예정이며, 전체 매출 측면에서 큰 성장이 예상됩니다. 또한 멘탈케어는 비대면과 대면을 병행하는 하이브리드 방식이 가장 좋은 사용자 경험을 주기 때문에, 오프라인 거점 구축이 완료되면 큰 성장이 예상됩니다.

알려진 바로는 그동안 340억 원 정도의 투자를 받으셨습니다. 향후 투자 유치 및 자금 사용처가 궁금합니다.

왜 돈은 써도 써도 계속 부족한 걸까요? 처음에는 가볍게 시작했지만 점점 무겁게 느껴지고 있습니다. 저희는 돈을 버는 3개의 사업과 돈을 까먹고 있는 3개의 사업이 있습니다. 이 6개 사업을 유지하고 확장하기 위해 투자금이 필요합니다.

돈을 버는 첫 번째 사업은 오프라인 센터입니다. 오프라인 센터를 구축하면서 비용이 엄청나게 증가하게 됩니다. 다행히도 오프라인 센터는 오픈과 동시에 3개월 안에 직영 센터 기준으로 수익이 발생해 이미 이익이 나고 있습니다. 이를 바탕으로 경제력과 인구 밀집도가 일정 수준 이상인 대도시에 30개 정도 스팟을 확보할 계획입니다. 모든 지역에 직영점을 낼 수는 없기 때문에 프랜차이즈 가맹 사업도 병행해 가맹점주들과 상생할 수 있는 구조를 만들 계획입니다. 저희는 많은 트래픽이 발생하는 플랫폼도 보유하고 있고 B2B 영업을 본사에서 주도해 제공하기 때문에 다른 프랜차이즈보다 우위에 있다고 생각합니다. 시장에는 이미 약 1만 개의 자영업자들이 상담 센터를 운영하고 있으며, 자영업자들도 이미 돈을 벌어들이고 있는 상황입니다. 따라서 저희도 시장에 진입하면 수익을 낼 수 있는 구조입니다.

두 번째 사업은 EAP^{Employee Assistance Program}라고 하는 B2B 대상 사업입니다. EAP는 근로자 지원 프로그램으로 애사심과 생산성을 향상시키고 이직률과 관리자 스트레스를 낮출 수 있습니다. 온오프라인 심리 상담과 코칭, 그룹 프로그램을 중심으로 집단 심리 검사, 워크숍, 강연 등의 서비스를 제공합니다. 이미 매출이 100억 원 내외인 전문 회사와 협약해 기업에게 제공하고 있습니다. 이쪽 사업도 저희가 플랫폼을 기반으로 빠르게 시장에 침투하고 있으며, 최근 삼성전자, LG화학, 현대중공업, 네이버 등 대형 기업들과 계약도 체결했습니다. B2B 사업부는 마케팅 비용이 거의 들지 않고, 인건비가 전부인 구조로 영업이익이 나는 구조입니다.

세 번째 사업은 커머스 사업으로 휴먼 코칭 외에 내담자들에게 건강 기능식품을 판매하는 것입니다. 내담자들은 수면장애, 스트레스, 기억력 저하 등의 정신질환 증상을 호소하기 때문에 여기에 적합한 제품을 출시하려고 합니다. 아로마, 디퓨저, 향초, 꽃차 만들기 키트 등 스트레스의 심신 안정에 도움이 되는 상품을 준비하고 있습니다. 이 부분은 마케팅과 브랜딩만 잘된다면 수익이 나는 구조이며, ROAS^{Return On Ad Spending}가 좋은 사업입니다.

돈을 까먹고 있는 첫 번째 사업은 B2C 온라인 심리 전담 서비스입니다. 저희가 만들고 있는 온라인 심리 전담 서비스는 사용자의 생애 첫 심리 상담 경험에 가장 적합한 서비스입니다. 커뮤니티나 심리 검사 등의 무료 서비스를 제공하고, 이후에 온라인 심리 상담을 유료화하고자 합니다. 이 사업은 저희가 새로운 시장을 개척하고 있는 상황이기 때문에 많은 사람들에게 인식시켜야 하며, 표준을 만들어야 하고, 마케팅 비용도 많이 듭니다. 그러나 제품이 패키지화되어 판매되면, 영양제 등과 함께 제공될 수 있기 때문에 ROAS가 높아질 수 있습니다. 전체 멘탈케어 시장을 고려한다면, 심리상담을 통해 얻은 경험과 데이터로 신약 개발 영역까지 확장할 수 있습니다. 이러한 밸류체인에 가장 앞단을 점유하게 된다면, 오프라인 상담 센터나 정신과 의원 등의 커머스나 EMR전자의무기록, 약 구매, 신약 개발, 그리고 데이터 분석 등의 확장은 시간 문제일 것입니다.

두 번째는 정신질환 분야의 R&D에 대한 투자입니다. AI를 포함한 디지털 치료제에 대한 R&D는 매출을 즉시 내지는 못할 것이므로, 이 부분에서는 자금이 많이 필요할 것으로 예상됩니다.

마지막으로 세 번째는 해외 확장입니다. 현재 일본에서 익명의 커뮤니티를 론칭했으며 수익모델 없이 진행 중입니다. 좀 더 큰 꿈을 위해 해외 확장을 시도하고 있습니다.

벌써 160만 명의 사용자를 확보하고 해외 진출도 시작하셨는데요, 2023년을 포함해 향후 주요 KPI나 목표가 무엇인지 말씀 부탁드립니다.

최근 3년 동안 매년 평균 매출이 3배씩 증가해서 2022년까지 이어졌습니다. 2023년에는 세 자릿수 매출이 충분히 가능하다고 보고 있습니다. 하지만 결국은 온라인과 오프라인의 통합, 사용자 경험을 최적화하기 위한 데이터 분석, 상담사와 의사 간 협력, 그리고 의료 분야와의 연계가 가장 중요한 목표입니다.

멘탈케어라는 특수한 영역이기 때문에 상담에 대한 불만이나 부작용도 있을 수 있습니다. 앞으로 약을 개발한다거나 임상 실험을 할 때도 위험 요인이 많아 보이는데요, 이런 리스크에 대한 대응책은 있나요?

저희는 정신 건강 데이터가 매우 민감한 데이터임을 인지하고 있습니다. 그러므로 보안에 대한 기술과 사전 예방에 굉장히 철저하게 투자하고 있습니다. 최근에는 동형 암호라는 기술을 사용하는 보안 회사와 협력해 보안성을 높였습니다. 또한 해킹 방지를 위한 노력뿐만 아니라 데이터 열람에 대한 보안 역시 강화하고 있습니다. 저희는 플랫폼의 안전성과 신뢰도를 구축하기 위해 계속 고민하고 있으며, 상담사나 정신과 의사들의 퀄리티 컨트롤에 대해서도 주도적으로 룰을 만들고 모니터링하는 역할을 수행하고 있습니다. 전문가의 자격을 검증하기 위해 매우 엄격한 기준을 적용해 단순 매칭만 시켜주는 플랫폼이 아니라 높은 수준의 퀄리티를 제공하고자 노력하고 있습니다. 물론 자격이 된다고 해서 저희 플랫폼에 바로 전문가로 등록되는 것은 아닙니다. 저희는 국내 최대 규모의 정신 건강 연구소를 운영하고 있으며 여기에 근무하는 심리학 박사들이 전문가를 직접 면접해 선발하고 있습니다. 선발된 전문가들은 만족도와 클레임 비율 등을 고려해 인센티브를 차등 지급하며 윤리적, 법리적 문제가 발생하면 적극적으로 대처하고 있습니다.

보유한 기술력, 플랫폼, B2B 영업력을 이용해서 헬스케어 전체 영역으로도 확대가 가능해 보이는데요, 앞으로의 사업 확장 계획에 대해 말씀 부탁드립니다.

저희는 멘탈케어 시장이 매우 크고 확장 가능성이 무궁무진하다고 분석하고 있습니다. 이 시장에서 슈퍼 앱이 되기 위해 저희가 해야 할 일이 많다고 생각합니다. 심리 상담 영역을 넘어서 의료 원격진료나, 의사가 처방할 수 있는 먹는 약을 포함해 디지털 치료제와 전자약과 같은 의료기기 영역까지도 멘탈케어에 특화된 소프트웨어 기반의 플랫폼을 통해 확장이 가능합니다. 이는 의료와 제약 분야까지도 확장 가능한 영역입니다.

또한 현재는 주로 성인들을 대상으로 서비스를 하고 있지만, 오프라인 거점을 확보하면서 아동 ADHD나 발달 치료, 노인 우울증이나 경도 인지 장애인들까지 생애 전주기 영역으로 확장할 것입니다. 이러한 확장이 가능하면 충분한 사이즈의 시장 규모가 될 것입니다. 추가로 인공지능이나 디지털 치료제 등을 통해 멘탈케어 플랫폼을 더욱 강화하면서 국내외 지역 확장을 하고자 합니다. 우선 일본 시장에서 1등을 하고 아시아 1등으로 거듭나는 것을 목표로 하고 있습니다.

미국 쪽은 이미 멘탈케어 시장이 엄청 커져 있고 유니콘 스타트업들도 많은 것으로 알고 있습니다. 하지만 APEC^{아시아태평양경제협력체} 쪽은 아직 깃발을 꽂은 업체가 없는 것 같더라고요. 일본을 먼저 타깃으로 한 특별한 이유가 있나요?

한국과 일본을 포함해 대규모 투자를 유치한 멘탈케어 회사는 저희가 유일합니다. 시장 기회가 많기 때문에 저희가 보유한 기술력, 경험, 자본력을 바탕으로 빠르게 확장할 수 있다고 생각합니다. 한국과 일본은 OECD 자살률 1, 2위를 다투고 있기 실정이라 저희와 같은 멘탈케어 서비스가 절실히 필요합니다. 또한 일본은 무형의 콘텐츠에 돈을 많이 지불하는 문화적 성향이 있어 저희가 첫 번째로 진출하기에 적합하다고 판단했습니다.

반면에 중국은 독립적인 마켓으로 너무 많은 리스크가 있으며, 북미 시장은 이미 더 성숙하고 투자 펀딩도 많이 받은 업체가 많아 경쟁이 심화된 시장입니다. 그렇다면 동남아시아가 남은 시장인데 사실 저희 비즈니스는 선진국형 비즈니스라서 인당 GDP가 일정 수준 이상인 국가들에 적합합니다. 다른 아시아 국가들은 시장 사이즈나 성숙도를 고려할 때 아직은 매력적이지 않습니다. 하지만 동남아시아 국가들은 전 세계에서 가장 빠르게 성장하고 있는 시장이기 때문에 2~3년 후에는 한국이나 일본에서 확보한 기술과 플랫폼으로 동남아시아 진출해 폭발적인 성장을 만들어 낼 수 있다고 생각합니다.

플랫폼 개발부터 신약 개발까지 사업 분야가 다채로운 만큼 역량 있는 인재 확보가 중요해 보입니다. 현재 인력 구성은 어떻게 되는지 궁금합니다.

직원 수는 현재 100명 내외인데, 이 중 약 30명 정도가 IT 엔지니어이고 30명 정도가 심리학자와 정신과 의사들로 구성되어 있습니다. 저희는 월 구독제 기반의 심리 상담 프로그램을 운영하고 있으며, 상담 프로그램 직원을 직접 고용하는 제도를 시행하고 있습니다. 또한 플랫폼을 고도화하기 위해 계속해서 IT 인력에 대한 투자를 계획하고 있습니다.

삼성전자나 LG 등 컨택 포인트를 찾기 쉽지 않은 대기업을 고객사로 확보하셨습니다. B2B 영업은 아웃바운드 영업 조직에서 컨택하는 방식이 있고, 인바운드나 소개로 들어오는 케이스도 있는데요, 주로 어떤 방식으로 영업을 하시나요?

감사하게도 지금까지 계약한 대기업들은 대부분 인바운드 영업으로 이루어졌습니다. 사실 스타트업에서는 상상하기 어려운 일이죠. 대기업은 당연하게도 공신력 있고 검증된 믿을 만한 업체를 선호합니다. 저희는 온라인과 오프라인을 통합한 서비스를 제공하면서 지속적인 R&D 투자와 품질 관리가 이루어지기 때문에 대기업들이 선호하는 경향이 있습니다. 결국 저희 회사가 업계 선두이고 대기업의 격에 맞는 회사가 거의 없기 때문에 저희를 많이 찾아주신다고 생각하고 있습니다.

계약을 따는 것도 중요하지만 더 중요한 것은 계약 이후 얼마나 많은 임직원들이 서비스를 사용하느냐 입니다. 일부 운영비는 받지만 사용자가 많아야 그만큼 수익이 창출되는 구조이기 때문에 많은 회사와 계약을 해도 임직원들이 사용하지 않으면 의미가 없습니다. 따라서 임직원들이 저희 서비스를 더 신뢰하고, 거부감을 갖지 않고 사용할 수 있는 제도를 만들어야 합니다.

멘탈케어에 대한 인식 개선 역시 저희 회사가 해결해야 할 미션 중 하나라고 생각합니다. 예를 들어 대기업에서는 회사 복지 차원에서 멘탈케어 솔루션을 도입했는데, 이 서비스를 이용할 경우 승진이나 평가 등에서 불이익을 받을까 봐 우려되어 직원들이 이용하지 않을 수도 있습니다. 그래서 저희는 단순히 멘탈케어를 떠나 사용자들이 좀 더 편하게 접근할 수 있도록 다양한 콘텐츠나 프로그램으로 확장하고 있습니다. 이에 대한 일환으로 심리 상담뿐만 아니라 비즈니스 퍼포먼스를 올리는 전문

코칭 상담 프로그램도 추가했습니다.

대표님과 대화를 하다 보니, 멘탈케어에 관련된 보험을 가입해 주거나 손해배상을 책임지는 등의 파격적인 프로모션도 좋을 것 같다는 생각이 듭니다. 예를 들어 회사의 복지 프로그램을 이용해서 정신 상담을 받았는데 그 상담 내용이 회사 인사팀에 들어가면 배상을 해주는 거예요. 보험사와 협의해서 특정 보험을 만드는 거죠. 요즘엔 펫보험처럼 어느 정도 사이즈가 나오면 새로운 상품을 만들 수 있거든요.

너무 좋은 아이디어입니다. 고려해 보겠습니다. 감사합니다

멘탈 시장이나 바이오테크 관련 시장이 계속 커지고 있는데요, 앞으로의 트렌드는 어떻게 될까요?

인공지능이나 메타버스와 같은 키워드가 어느 날 갑자기 나타났다가 지나가는 유행이라고 생각하지 않습니다. 기술의 발전은 이미 확정된 것이며, 기술이 더욱 발전하고 인간의 많은 기능들을 대체하면 할수록 인간은 더 소외되고 고독해지고 외로워질 가능성이 높아집니다. 따라서 온라인에서의 관계는 더욱 소중해질 것이며 스스로에 대한 철학적 사고를 할 수 있는 시간이 더 많아질 것입니다. 이는 전문적인 멘탈케어 시장이 점점 더 수요가 커질 수밖에 없는 이유가 될 것입니다. 단기적으로는

B2B 시장이 크게 열리고 있으며 장기적으로 B2C 시장이 느리지만 굉장히 거대한 파도를 일으킬 것으로 예상됩니다. 한국도 고령화를 넘어 초고령화가 되면서 독거노인이 많아지고 우울한 사람들도 점점 늘어나고 있기 때문에 이 시장은 계속 커질 수밖에 없습니다.

타깃 고객의 니즈를 정확히 파악하는 것이 중요할 것 같습니다. 우울하거나 정신적으로 약간 어려움을 겪고 있는 분들의 페인 포인트를 이해하기 위해 어떤 노력을 하고 있나요? B2B 고객과 B2C 고객을 분리해서 말씀해 주셔도 좋습니다.

가장 중요한 포인트는 사용자들의 이야기를 많이 듣는 것이라고 생각합니다. 이때 저희 서비스를 이용해 본 사용자와 아직 이용해 보지 않은 예비 사용자를 구분해서 접근할 필요가 있습니다. 이용 경험이 없는 예비 사용자들은 제품에 대한 추상적인 이해만 있기 때문에 걱정되는 점들에 대해 말씀하시는데 막상 서비스를 이용해 보면 대부분의 걱정거리가 해결될 수 있기 때문에 서비스 이용을 막는 불편한 점들을 찾아 개선하고 마케팅에 활용하는 것이 매우 중요한 포인트입니다.

서비스를 이미 경험한 사용자들의 의견은 사용자 제품에 반영할 수 있는 많은 질적 요소들을 제공합니다. 사용자들이 어떤 가치를 느끼고, 어떤 불편함을 겪고 있는지 파악하는 것은 매우 중요합니다. 이는 제품의 시작이며, 이를 통해 저희 제품의 가치를 잘 표현하고, 문제를 해결해 줄 수 있는 포인트를 어필하는 것이 중요합니다.

향후 엑싯 전략(M&A, IPO 등)에 대해서도 말씀 부탁드립니다. 전략이라고 말하기는 좀 애매하지만 가능성이 있는 시나리오들을 나열한 뒤 제일 좋은 시나리오와 최악의 시나리오를 판단해 보고 있습니다. 제일 좋은 시나리오는 아시아 넘버원 멘탈케어 회사를 넘어 전 세계적으로 유명한 멘탈케어 회사가 되어 엄청난 이익을 내는 것이지만, 이것은 현실적으로는 어려운 일이라고 생각합니다. 그래서 기존 유니콘 스타트업들의 엑싯 과정을 보면서 저희에게 가장 좋은 전략이 무엇인지 고민하고 있습니다. 서구권과 아시아권은 멘탈케어에 접근하는 방식이나 정서가 꽤 다릅니다. 아시아에서는 권위적인 지시나 가르침으로 멘탈케어를 하는 것이 일반적이지만, 서구권에서는 스스로 자각하게 만들며 개인의 가치관이나 인식 기반으로 접근하는 경우가 많습니다. 우리나라에서는 가족이나 관계 기반으로 접근하는 경우가 많습니다. 서구권에는 이미 정신 건강 치료제나 중개 플랫폼 분야에서 10개 이상의 유니콘 기업이 존재하고 있습니다. 그래서 저희는 우선 우리나라와 일본에서 시장 점유율 1위를 하는 회사가 되고자 하며 추후 미국의 유니콘 기업에서 인수 제안이 온다면 긍정적으로 검토해 볼 계획입니다. 접근 방식은 다르지만 멘탈케어의 기반이 되는 이론이나 인공지능, 빅데이터 등과 같은 기술은 대부분 공통되기 때문에 지역적 확장과 연구개발에서의 시너지 효과를 기대할 수 있기 때문입니다. 어찌 보면 이런 방향성이 코스닥 상장보다 더 나은 개념일 수 있습니다. 의료 제약 회사 및 대기업 등의 전략적인 M&A는 저희가 컨트롤할 수 없는 부분이기 때문에 논외로 두고, 한국 코스닥 상장은 플랜B 또는 C로 준비를 해야 할 것입니다. 이에 대한 준비를 본격적으로 하기 위해 주관사를 선정하고 계획을 세워 나갈 예정입니다.

미국 UCLA에서 국제학을 전공하셨어요. 대기업이나 컨설팅 회사에 취업해 높은 수준의 연봉을 받고 안정적인 삶을 살 수도 있었을 텐데, 그럼에도 불구하고 새로운 영역에서 창업을 하게 된 창업 동기나 열정의 원천이 궁금합니다.

저는 어려서부터 스스로를 입증하고 인정받고 싶은 욕구가 강했고 비효율적인 것들을 구조적으로 개선하는 것을 좋아했습니다. 어찌 보면 이런 기질이 기업가 정신entrepreneurship과 상통하는 면이 많은 것 같습니다. 또한 제가 한 살이라도 어릴 때 창업을 해야 더 큰 성장과 경험을 얻을 수 있다는 믿음이 있었습니다. 물론 진정성 있게 최선을 다하고 밀도 있는 경험을 해야만

173

실패하더라도 압축적인 성장이 가능하겠죠. 이를 전제로 할 때 저는 대학 졸업 후 창업을 하는 것이 전체적으로 가장 리스크가 적은 선택이라고 생각했습니다. 일반적인 생각과 다를 수 있지만 금전적 이유나 남들에게 보여주기 위해 좋은 회사에 취업하는 것은 큰 의미가 없다고 생각했습니다. 밀도 있는 경험을 통해 최대한의 성장을 추구하는 것이 제 인생의 가장 큰 목표이자 가치입니다.

벌써 직원이 100명 정도가 되었습니다. 경영자로서의 역량도 계속 키워가실 텐데 회사를 운영함에 있어서 가장 중요하게 생각하는 철학이나 타협하지 않은 포인트가 있나요?
저는 진정성 있는 목소리로 저 자신을 표현하고자 창업을 했습니다. 하지만 이 과정에서 다른 사람들이 원하는 이야기를 해야 하는 상황도 많았습니다. 아직까지는 타협하지 않고 최대한 자신을 유지하려 노력하고 있습니다만 외부나 내부에서 타협을 해야 하는 상황이 많은 편입니다. 직원들이 좋아하는 것은 민주적이고 자유롭게 의견을 제시할 수 있고 권한이 부여되며 복지가 제공되는 것입니다. 많은 기업들이 이러한 내용으로 홍보기사를 내기도 합니다. 넷플릭스의 '규칙 없음No, Rules'이 대표적인 사례인데 사실 그건 넷플릭스가 된 다음의 얘기라고 생각합니다. 사람들은 보통 이기적인 성향도 조금씩 가지고 있기 때문에, 각자의 이기심을 집단의 이익으로 이어지도록 유도하는 것이 중요하다고 생각합니다. 이를 위해 상대방도 수용할 수 있는 말의 언어로 전환하는 것이 필요합니다. 게다가 HR이나 IR 분야에서는, 특히 한국 사회에서는 보다 짧고 간결한 스토리텔링이 필요합니다. 사람들이 듣기 좋아하는 이야기나 감동적인 스토리로 전달하는 것도 좋지만 잘못하면 더 큰 혼란을 초래할 수 있습니다. 사업 목적이나 HR 철학과 같은 내용은 간결하게 전달하는 것이 중요하며 이때에도 언어의 전환 능력이 필요합니다. 이것은 상황에 따라 다르며, 기술적인 스킬과 더불어 실제 적용해 보며 배워나가야 할 부분입니다.

직원 채용 기준이 궁금합니다. 어떤 유형의 사람을 선호하나요? 반대로 절대 채용하지 않는 유형도 있나요?

이 유형은 시기마다 조금씩 달라진 것 같습니다. 초기에는 전문성보다는 열정, 태도, 진정성 등과 같은 태도가 중요했습니다. 멀티 플레이어와 제너럴리스트가 필요했던 시기였죠. 하지만 이제는 영역마다 조금씩 차이가 있긴 하지만 전문성이 더 중요해졌습니다. 전문성이 일정 수준 이상 없으면 오히려 방해가 되는 경우가 많아서, 문제 해결사problem solver의 능력이 없으면 버틸 수 없습니다. 회사에서는 성과를 객관적으로 평가할 수 있는 시스템이 구축되었고 조직의 문화가 집단 지성으로 작용해 역량이나 태도가 좋지 않는 사람이 오면 걸러낼 수 있게 되었습니다. 이제는 옳은 방향으로 솔루션을 제공하는 사람이 더 필요한 시기가 되었다고 생각합니다.

그리고 면접을 볼 때 이전 직장을 욕하는 사람은 거의 뽑지 않습니다. 일반적으로 면접에서 이직을 하려는 이유를 물어보면 세 가지 유형의 답변이 나옵니다. 첫 번째 유형은 자신의 상황, 컨디션, 보상 등과 같은 개인적인 이유로 이직을 하는 경우입니다. 두 번째 유형은 전 직장의 상사나 조직을 비판하며 나쁜 경험을 이유로 이직하는 경우입니다. 이런 태도는 좋지 않은 이미지를 심어줄 수 있습니다. 세 번째 유형은 자신의 부족한 점을 인정하면서 더 성장하기 위해 이직을 하는 경우인데, 이런 태도는 신뢰성을 높여줄 수 있습니다. 어떤 면접관들은 실무적인 질문에 대한 답변을 더 중요하게 여길 수 있습니다. 그러나 개인적으로 얼마나 성장할 수 있는가에 대한 잣대로 본다면, 자신의 부족한 점을 인정하는 자세가 보다 더 중요하다고 생각합니다. 이전에 있었던 시행착오를 인정하고 개선할 방안을 제시하는 것이 더욱 신뢰성 있는 이미지를 심어줄 수 있습니다. 완벽한 인간은 없고 결국 더 나은 방향으로 나아가는 것이 중요합니다.

앞으로 3년에서 5년 정도 뒤의 목표나 비전은 무엇인가요? 회사와 개인을 분리해서 말씀해 주셔도 좋습니다.

제가 회사에 없더라도 있을 때와 같은 수준의 업무 성과를 유지할 수 있도록 안정적인 조직을 만드는 것이 목표입니다. 2027년에 세계 일주를 떠나는 것이 꿈이기 때문이에요. 1년 동안 배낭 하나와 노트북 하나만 챙기고 전 세계를 자유롭게 돌아다닐 계획입니다. 그때가 되면 제가 창업한 과정을 돌아보며 저 자신에 대한 성찰을 해볼 예정입니다. 지금은 목표 지향적 삶을 살고 있어서 과거를 돌아볼 수 있는 시간적 여유가 없고 사치스러운 것 같아서 이 모든 것을 미루고 있습니다. 1년 동안 나 자신을 되돌아보고 글도 써보고, 그리고 앞으로의 삶을 어떻게 살 것인지에 대한 고민을 해보는 것이 여행의 목표입니다. 지금은 제가 회사의 모든 방향과 전략을 결정하고 실무 하나하나를 챙기고 있지만 앞으로는 조금씩 권한을 나누며 구조적으로 개선할 계획입니다. 제가 회사에 없어도 동일한 수준의 성과를 낸다는 것은 그사이에 엄청난 실무적인 매뉴얼과 시스템, 프로세스, 조직 체계 등을 모두 구축했다는 것을 의미합니다.

대표님이 믿을 수 있고 대표님보다 똑똑한 사람을 주변에 많이 두셔야겠네요. 만약 UCLA를 졸업한 시점으로 돌아간다면 그래도 다시 창업을 하실 건가요?

무조건 다시 창업을 할 것 같아요. 왜냐하면 제 경험상 하고 나서 후회하는 고통보다 안 하고 후회하는 고통이 더 크기 때문입니다. 창업할 때는 어떤 나이든, 경험이 적든 많든, 스킬과 속도의 차이는 있겠지만 본질적으로 가져야 할 고통은 늘 존재한다고 생각합니다. 로또 당첨된 듯 모든 일이 술술 잘 풀리는 사업은 거의 없다고 생각해요. 현재의 제가 가진 경력과 경험, 스킬로 창업했다면 지금보다 빨리 성공했을 것 같지만, 원칙적으로 창업가로서 성숙해지기 위해 필요한 절대적인 시간은 필요했을 것입니다. 결론적으로 몇 년의 커리어와 경험 후에 창업을 하는 것보다 조금 더 시간이 걸리더라도 어릴 때 창업하는 것이 전체적으로 봤을 때 더 빠르게 성장할 수 있는 길이라고 생각합니다. 창업에는 언제나 어려움과 고통이 따르기 때문에 커리어를 쌓지 않고 창업한 것에 대한 후회는 없습니다.

또한 창업가는 시장에 대한 감각과 통찰력, 고객의 인식을 파악하는 능력 등 본질적인 역량을 가져야 합니다. 결국 사람에 대한 이해력이 중요한데, 개인적으로는 창업한 뒤 사람을 이해하는 능력과 이를 조직적으로 표현하는 방법을 알아내는 데 집중했습니다. 이런 능력은 어떤 직장에서 익숙해진 것과는 별개로, 밀도 높게 사람에 대해 연구하고 시도하는 경험에서 출발한다고 생각합니다.

마지막으로 후배 창업자에게 해주고 싶은 말이 있나요?

제가 창업을 하게 된 이유는 인생은 한 번뿐이기 때문입니다. 물론 사업이 실패할 수도 있지만 '선택으로 인한 실패'가 '하지 않은 후회'보다 나은 선택이라고 믿습니다. 더 큰 보상을 위해 고통을 기꺼이 감수할 수 있다면 창업을 해야 한다고 생각합니다. 하지만 성공이 반드시 노력에 상응하는 것은 아니기 때문에, 창업에 실패하더라도 '해봤기 때문에 후회는 없다'라는 생각으로 해야 합니다. 엄청난 고통이 따르겠지만 아무것도 해보지 않고 후회하는 것보다는 덜 고통스러울 것입니다.

아시아 최고의
상업용 부동산 기업

/

알스퀘어 **RSQUARE**

기업 개요

국내 최고의 프롭테크 기업인 알스퀘어는 오피스 중개로 시작해 인테리어, 리모델링, 매입·매각 자문 등 상업용 부동산과 관련된 원스톱one-stop 서비스를 제공한다. 국내외 30만 곳 이상의 업무·상업용 빌딩을 직접 방문해 구축한 DB를 주기적으로 업데이트하며 허위 매물이 없도록 철저하게 관리하는 것으로 유명하다. 사무실 임대차, 물류창고 임대차, 리테일 임대차, 임대 관리, 매입, 매각, 부동산 시장 리서치 및 자문 서비스 등 상업용 부동산 관련 모든 서비스를 제공한다.

알스퀘어는 2012년에 이용균 대표가 취임하여 매년 폭발적인 성장을 해오고 있으며 2023년 7월 기준으로 직원 수는 약 598명, 누적 투자 금액은 약 1,140억 원 수준이다.

프롭테크 시장 개요

프롭테크란 부동산property과 기술technology의 합성어로 빅데이터, 인공지능, VR, AR 등의 ICT 기술이 부동산 시장과 결합된 새로운 형태의 서비스를 의미한다. 프롭테크의 사업 영역은 초기의 부동산 정보제공 플랫폼에서 부동산 개발, 설계 시공, 건설과 같은 부동산 시장 전반에 걸쳐 확장되고 있다.

프롭테크는 부동산 매매 시스템의 불투명성, 부동산 정보의 부족, 부동산 관련 서류 작업의 번거로움, 부동산 투자의 위험성 등 부동산 시장에서 발생하는 다양한 문제들을 해결하고 부동산 시장을 더 효율적이고 투명하게 만드는 데 일조한다. 부동산 중개 플랫폼으로 시작한 프롭테크는 부동산 데이터를 분석해 가격 변동을 예측하거나 부동산 거래 과정을 블록체인 기술로 관리해 거래의 신뢰성을 높이는 등 다양한 영역으로 확장하고 있다.

글로벌 시장조사기관 스타티스타Statista에 따르면 전 세계 프롭테크 시장 규모는 2013년의 4억 7,500만 달러(약 5,800억 원)에서 2020년 72억 8,400만 달러(약 8조 9,800억 원)로 7년간 약 17배 이상 성장했다. 프롭테크는 부동산 시장을 혁신적으로 변화시키고 있으며, 미래에는 부동산 시장에서 더 중요한 역할을 할 것으로 기대된다.

INTERVIEWEE

이용균 대표이사

알스퀘어에 대해 간략히 소개해 주세요.

사무용 건물을 주축으로 한 상업용 부동산 데이터 전문 회사로, 사무공간의 임대차부터 자산 관리, 매입, 매각, 데이터 애널리틱스, 인테리어, 리모델링까지 부동산 생애 주기에 걸친 모든 서비스를 제공하고 있습니다.

부동산 중개 플랫폼들이 주거용 부동산을 다루는 것과 달리 알스퀘어는 상업용 부동산 시장을 공략하셨습니다. 이런 아이디어는 고객 페인 포인트에서 나온 것인가요?

상업용 부동산 시장은 폐쇄적이며 정보의 비대칭성이 매우 심

알스퀘어 사업 영역

한 영역입니다. 기관 투자자나 업계 큰손들만이 시장 정보에 접근할 수 있어 일반인은 정보를 구하기 쉽지 않습니다. 이에 고객들은 비싼 수수료를 내고도 제대로 된 정보를 얻을 수 없는 문제가 발생합니다. 이러한 시장의 문제를 해결하고자 IT 기술을 기반으로 상업용 부동산 시장의 비효율성을 점진적으로 개선하면서, 고객들이 필요로 하는 정보를 제공하고자 한 것이 알스퀘어의 시작입니다.

알스퀘어는 기존의 것을 없애는 것이 아니라, 개선하고 더

185

나은 방향으로 나아가는 방식으로 사업을 진행합니다. 또한 그동안 회사가 모은 방대한 데이터를 활용해 인테리어, 부동산 컨설팅, 가구 및 가전제품 판매 등과 같이 수익을 창출하는 비즈니스 모델도 지속적으로 개발하고 있습니다. 향후에는 데이터 분석 도구를 개발해 상업용 부동산 분야에서 기업들이 합리적인 결정을 내릴 수 있도록 지원할 예정입니다.

알스퀘어 소개 자료를 보면 '딥 앤 유니크 데이터deep & unique data'라는 용어가 자주 나오는데 구체적으로 어떤 의미인가요? 또한 이를 확보하기 위해 어떤 노력을 하셨는지 설명 부탁드립니다.

저희는 오프라인에 흩어져 있는 부동산 정보를 수집해 체계적인 데이터베이스DB를 만들었습니다. 대부분의 프롭테크 회사들은 광고를 통해 소비자를 유입시키는 트래픽 기반의 비즈니스이며, 매물 정보는 정부에서 제공하는 공공데이터나 다른 부동산 업체에서 가져오는 경우가 많습니다. 반면 알스퀘어는 10년 넘게 전수 조사를 통해 가치 있는 정보를 수집해 방대한 양의 DB를 구축했습니다. 현재 국내외 상업용 빌딩 데이터가 약 30만 개 정도가 됩니다. 저희가 확보한 데이터는 단순히 건축물대장이나 토지대장을 확인하면 알 수 있는 정보가 아니라 건물주가 어떤 업종의 임차인을 선호하고 어떤 분야에 관심이 많은지,

해당 건물의 숨겨진 계약 조건은 무엇인지 등 디테일한 부분까지 포함하고 있습니다. 그런 의미에서 딥 앤 유니크라는 말을 사용하고 있습니다. 저희는 이러한 데이터를 활용해 경쟁사가 흉내 낼 수 없는 높은 수준의 예측이 가능합니다. 오프라인 기반의 정보를 모아 디지털라이징하고 있으며 빠른 실행력을 갖춘 부동산 전문가들과 테크 분야의 전문가들이 함께 균형을 이루어 성장하고 있습니다.

상업용 부동산 데이터를 확보하려면 결국 임대인이나 건물주 또는 건물 관리소장 등을 만나고 설득하는 것이 가장 어렵고 중요한 일일 텐데요, 경쟁사들이 따라올 수 없는 알스퀘어만의 노하우가 있다면 어떤 것이 있을까요?

부동산 정보는 수집, 관리, 업데이트 순서로 순환됩니다. 첫 단계인 정보 수집은 직접 현장에 나가서 정보를 수집하는 작업을 말합니다. 수집한 정보를 정확하게 검증하고 혹시 누락된 정보가 있다면 다시 방문해 재수집하기도 합니다. 수년간 훈련된 정보 수집 인력과 수집된 정보를 처리하는 IT 역량이 바로 알스퀘어의 차별화 시스템입니다.

인적 역량 측면부터 말씀드리면, 부동산 정보를 수집하기 위해서는 임대인이나 건물관리인의 얼굴도 모르는 상황에서 연락하고 만나고 설득해야 한다는 어려움에 직면합니다. 그래서 저희는 힘든 상황에서도 인내심을 가지고 고객과 끊임없이 커뮤니케이션할 수 있는 인재를 채용합니다. 화려한 학력과 경력보다는 이러한 역량을 중요시합니다. 또한 회사는 업무가 힘들더라도 서로를 믿고 의지할 수 있도록 다양한 복지 혜택을 제공하며, 자체 개발한 IT 시스템을 통해 오프라인 환경에서도 정보 수집을 효율적으로 할 수 있도록 지원합니다. 내부 정보 수집 앱과 본사 관리 시스템을 구축해 정보 수집과 관리를 중앙에서 통제할 수 있습니다. 이를 통해 정보 수집 인력들의 작업을 지원하고, 수집된 정보의 검증과 개인적인 성과에 대한 투명성을 유지합니다.

현재 수익모델이 상업용 부동산 중개 수수료와 인테리어 사업인 건가요? 각각에 대해 자세히 설명 부탁드립니다.

상업용 임대차 중개 수수료는 임대인 사이드와 임차인 사이드가 있습니다. 물론 기존 임대인과의 관계나 계약 내용에 따라 달라지고 컨설팅을 하게 되는 경우 별도의 수수료도 발생합니다. 전체 평균을 보면 경쟁사나 일반적인 법정 수수료보다 낮은 수수료를 받고 있는데 이 또한 저희의 경쟁력이라고 생각합니다. 저희는 수수료를 낮게 받더라도 DB에 기반해 거래를 빠르고 효율적으로 많이 완성시킨다는 목표를 갖고 있습니다. 부동산 정보 수집부터 계약까지 매우 효율화되어 있기 때문에 소요

되는 시간을 절약할 수 있고 타사보다 매출을 많이 올릴 수 있습니다. 상업용 부동산 중개 비즈니스가 자리를 잡으면서 고객들의 요구에 따라 인테리어 사업을 시작했고 현재는 오피스뿐만 아니라 리테일, 물류센터 등으로 확장되고 있습니다. 인테리어 사업은 턴키성으로 전체 인테리어 공사를 수주해 설계, 공사, 유지보수까지 진행하고, 고객이 원하는 경우 가구나 가전제품도 함께 진행하기도 합니다.

이 밖에 추가로 확장 예정인 수익모델도 있나요?

향후에는 코스타그룹CoStarGroup처럼 데이터 분석 사업을 강화하려고 합니다. 코스타그룹은 전 세계 최대의 상업용 부동산 데이터 및 시장 리스팅 플랫폼의 선두 기업으로 사무실, 소매, 의료, 산업, 데이터 센터 등 다양한 분야에 걸쳐 500만 개 이상의 상업용 부동산에 대한 심층 분석 정보를 제공합니다. 저희도 코스타그룹을 벤치마킹해 부동산 관련 고급 정보나 데이터를 구독 형태로 제공하고 투자 판단이나 부동산에 관련된 의사결정을 돕는 역할을 하고자 합니다. 로테크low tech 분야에서 하이테크high tech 분야로, 저부가가치에서 고부가가치 사업으로 전환하고자 하며 이때 가장 큰 힘은 데이터에 있다고 생각합니다.

프롭테크 기업 중 직방을 제외하고 가장 큰 규모의 투자 유치를 받은 것으로 알고 있습니다. 알스퀘어는 수익률이 높고 계속 성장하고 있는데 지분을 할애하면서까지 시리즈 C 투자유치를 받은 이유는 무엇인가요?

저희는 다행히 투자 상황이 안 좋아지기 직전에 투자를 받았고 향후 2~3년은 투자를 받지 않아도 되는 상황입니다. 사실 2022년에 BEP를 이미 넘겼기 때문에 자생이 가능한 상황이지만 신규 사업이나 해외 진출 등을 위해 투자를 받았습니다. 2023년에는 신사업을 위해 어느 정도 손실이 나는 것에 대해서도 주주들과 이야기가 된 상황입니다. 그동안은 유기적인 성장을 이뤄왔지만 이제는 상대적으로 밸류가 낮아진 기업들을 M&A 해 비유기적인 성장을 하려고 합니다. 해외사업도 이미 BEP를 넘긴 상황입니다. 베트남과 싱가포르는 이미 주요 도심의 부동산 데이터를 확보했고 2023년에는 태국과 인도네시아, 말레이시아까지 완료할 예정입니다. IPO는 최소 2년 정도가 걸릴 것으로 예상되며 관련 준비는 어느 정도 끝난 상황입니다. 매출은 2021년에 972억 원, 2022년은 1,840억 원 정도입니다.

우리나라 도시화율이 92%인 반면 베트남은 아직 도시화율이 36% 수준이라고 합니다. 이는 앞으로 성장 가능성이 크다는 의미이기도 하지만, 단기간에 수익을 올리기에는 작은 시장이라는 의미이기도 한데요, 이에 대해 어떻게 생각하시나요?

사업을 추진할 때는 절대적인 측면과 상대적인 측면을 모두 고려해야 합니다. 해외 시장 공략 전략의 기본 틀은 한국과 유사합니다. 한국의 사업 모델을 해외에도 동일하게 적용할 수 있다고 판단해 시작했습니다. 실제로 베트남에서도 한국에서 진행한 방식과 동일하게 추진하고 있으며, 내부 조직 구조와 운영 방식도 한국과 유사합니다. 하지만 국내 대비 현저히 낮은 베트남의 도시화율은 정보 수집 및 업데이트의 효율과 세일즈 인력의 생산성이 낮아지는 리스크 요인이 됩니다. 경쟁사들도 정보를 효율적으로 수집하지 못하고, DB 활용도가 낮으며 세일즈 인력의 생산성도 떨어집니다. 이는 신규 경쟁자의 진입 장벽이 높고 기존 플레이어들도 경쟁력 확보가 어려움을 의미합니다. 반면, 도시화율이 높은 나라에서는 대부분의 시장 플레이어들이 비슷한 수준의 데이터를 갖추고 있기 때문에 높은 수준의 경쟁이 요구됩니다. 이는 모든 정보들이 투명하게 공유되어 있고 이미 시장이 효율적으로 운영된다는 뜻입니다. 이 경우 알스퀘어가 IT 시스템과 분업화·체계화를 통해 가져올 수 있는 효익은 상대적으로 적습니다.

시장 구조가 복잡하고 정보의 양이 부족한 시장에서는 초기 진입이 어렵지만 알스퀘어는 전수조사를 통해 데이터를 확보하기 때문에 경쟁사들이 진입하기 어려운 허들을 만들 수 있습니다. 동남아 시장은 한국 대비 규모가 작다고 볼 수 있지만, 대다수의 프라임급 건물들은 한국의 핵심 상권과 비슷하거나 더 높은 임대료 수준을 유지하고 있습니다. 대형 건물 수가 적고 기업 수 및 규모가 작아서 시장 파이가 크지 않은 대신 한국 대비 세일즈 및 정보 수집 인건비 수준이 매우 낮아서 높은 수익률을 추구할 수 있습니다.

추후 해외 시장 공략을 위한 전략에는 어떤 것들이 있나요?
해외 진출을 하기 위해 차별화 전략을 고민하고 있는데 핵심은 어느 국가나 제공하는 표준화된 데이터 서비스 사업입니다. 해외에서는 인적 역량이 성공에 큰 비중을 차지하는데 언어, 문화적 장벽으로 검증된 인력을 확보하기 어렵습니다. 따라서 보유하고 있는 표준화된 데이터를 활용해 동남아 여러 국가에 데이터 분석 도구 등을 동시에 제공하는 모델을 시도하고 있습니다. 또한 동남아 주요 국가는 중국 화교 네트워크를 통해 부동산 거래 및 서비스 확장이 가능하다는 판단을 하고 있기 때문에 해외 현지 주요 기업 및 화교 네트워크를 활용해 서비스를 제공하는 것도 고려하고 있습니다.

국내 프롭테크 기업 중 처음으로 UNGC^{유엔글로벌콤팩트}에 가입하셨는데, 이는 ESG 경영 강화를 위한 결정인가요?

ESG는 지속 가능한 성장을 위한 핵심 가치입니다. 저희는 사회적 책임과 지속 가능한 환경을 고려한 경영을 추구하고 있습니다. 이전에는 대기업의 전유물이었던 ESG를 회사의 핵심 경영 활동으로 내걸어 사회에 기여하고자 합니다. 당사가 UNGC에 가입한 이유도 국내뿐 아니라 아시아 프롭테크 대표 기업으로 성장하면서 세계적 기준에 맞는 경영 활동 사례를 제시하기 위함입니다. 저희는 실질적인 방법으로 사회적 책임감을 가지고 기업과 시민 의식 향상에 동참하고자 노력하고 있습니다. 자회사 알스퀘어 디자인은 안전보건, 환경, 품질 경영 시스템 인증을 받아 적극적인 ESG 경영을 실천하고 있습니다. 경영진은 준법 경영을 바탕으로 안전보건 경영 의지를 지속적으로 표명하며, 체계적인 안전 관리로 무재해 달성을 추진하고 있습니다. 또한 관련 조직을 신설해 효율적인 안전보건 경영 시스템을 이행하도록 최선을 다하고 있습니다.

20대 후반에 사업을 시작하셨네요. 원래부터 창업이 꿈이었나요?

사실 저는 창업에 대한 생각이 없었어요. 외국계 컨설팅업체 부즈앤컴퍼니에서 약 6년 정도 근무하다가 MBA 유학을 준비하던 중 좀 더 다양한 경험을 쌓아야 할 필요를 느끼고 평소 친하게 지내던 선배의 회사에 다니게 되었는데 그곳에서 우연히 창업의 기회를 얻게 되었습니다. 그 선배는 미국 하버드 대학교에서 MBA를 휴학하고 한국에서 B2C 모델의 주거용 부동산 플랫폼 사업을 운영하고 있었습니다. 선배는 제 MBA 지원 과정을 도와주기로 했고, 대신 저는 선배의 부동산 플랫폼 회사를 도와주기로 했었죠. 그런데 선배가 사업에 실패하고 미국으로 돌아가기로 결정하면서, 제가 그 회사를 이어받게 된 것입니다. 지난 10년간 회사를 운영해보니 가장 큰 자산은 창업 이전에 근무했던 컨설팅 회사에서의 경험이었습니다. 다양한 프로젝트를 통해 의사결정 및 문제 해결 방법, 책임감, 태도 등 경영과 관련한 많은 것들을 배웠습니다. 이러한 경험 덕분에 회사를 운영하면서도 성장하고 생존할 수 있었습니다. 저는 이 경험을 통해 '일을 대하는 자세와 방식'을 배울 수 있었으며, 다시 태어나도 컨설팅 관련 일을 하고 싶을 만큼, 제 자식에게도 추천할 만큼 소중한 경험으로 남아 있습니다.

기존 주거용 부동산 플랫폼 사업을 그대로 이어받지 않고 과감하게 로테크 영역, 그것도 B2B 상업용 부동산 시장에 도전하셨습니다. 맨땅에 헤딩하며 발로 뛰는 영역임에도 뛰어들게 된 계기가 있나요?

솔직히 말씀드리면 특별한 계기는 없었습니다. 개인적인 성향과 과거 경험, 그리고 몇 가지 상황과 근거를 바탕으로 B2B 상업용 부동산 시장에 뛰어들기로 결정했습니다. 스타트업을 시작할 때 목표는 '대박을 치기 위해 큰돈을 벌겠다'가 아니라 '망하지 않는 회사를 만들겠다'였습니다. 그래서 온라인 기반의 플랫폼 사업보다는 리스크가 적고 이미 검증된 시장인 오프라인 기반의 B2B 부동산 사업을 선택했습니다. 제대로 방향을 설정한다면 열심히 노력하는 만큼 좋은 결과가 나올 것으로 생각했습니다. 컨설팅 회사에서 근무할 때도 B2B 회사 프로젝트를 절반 이상 다루었습니다. 국내 선도 정유회사의 비용 절감 및 오퍼레이션 최적화, 국내 선도 전자회사의 B2B 부문 시장 진입 전략, 국내 선도 제철회사의 마케팅 전략 등 다양한 B2B 회사 관련 주제를 다루며 B2B 사업의 특성을 어느 정도 이해하고 있었기 때문에 부동산 분야에서도 B2B 사업을 선택하는 것이 어렵지 않았습니다.

또한 시장 상황도 B2B를 선택하는 데 영향을 미쳤습니다. 이전 대표가 투자 유치 과정에서 받았던 가장 많은 질문은 "빅테크가 하면 어떻게 할 것인가?"와 "다른 IT 업체와 어떻게 차별화할 것인가?"였습니다. 2010년 전후에 대형 포털이 부동산 시장에 진출했으며, 웹 기반 B2C 부동산 산업 전반에서 시장 지배력을 확보했습니다. 그래서 저희는 니치 시장을 찾게 되었으며, 그중에서도 시장 규모가 크고 잘하면 두 자릿수 수익률을 예상할 수 있는 B2B 부동산 사업을 선택했습니다. 개인적으

195

로는 시장 변화를 빠르게 포착해 적극적으로 대처하는 사업보다는 농업적 근면성을 바탕으로 차근차근 사업을 할 수 있는 분야, 둔감하게 변하는 시장, 꾸준히 성장하는 산업을 선호하는 편입니다. 그러다 보니 B2C보다는 B2B가 적성에 더 맞다고 판단했습니다.

대표님이 회사를 경영함에 있어서 절대로 타협할 수 없는 가장 중요한 철학이 있다면 무엇인가요?

B2B에서 가장 중요한 지표는 고객 만족도, 재구매율, 고객 추천지수NPS, Net Promoter Score입니다. 따라서 중단기적으로는 손해를 보더라도 고객만족도를 높이는 것이 회사 성장에 도움이 됩니다. B2B 부동산은 서비스 이용 주기가 길고, 광고나 프로모션으로는 리드 발굴lead generation이 제한적이므로 주변 기업들의 추천과 의견에 영향을 많이 받습니다. 따라서 꾸준히 고객만족도를 높이고 유지하기 위한 노력이 필요합니다. 저희는 고객만족도를 높이고 페인 포인트를 해결하기 위해 전국 단위의 전수조사 방식을 채택하고, 수수료를 낮췄습니다.

또한 B2B 부동산업에서는 사람의 역할과 비중이 크기 때문에 균일한 서비스 제공이 어렵습니다. 따라서 세일즈 인력들이 모두 동일한 수준의 서비스를 제공하기 위해 교육과 지속적인 투자가 필요합니다. 서비스 관리 시스템과 고객 만족도 체크를 위한 주기적인 소통도 중요합니다.

알스퀘어 유튜브 채널을 보면 사람을 가장 중요하게 생각한다는 내용이 많이 나옵니다. 가장 일반적이면서 좋은 가치이지만 지키기 가장 어려운 말이기도 합니다. 알스퀘어만의 조직 관리, 인사 철학, 채용 방식 등이 있다면 소개 부탁드립니다.
프론트 오피스는 고객을 직접 상대하는 부서로, 재무적 성과를 우선시하지 않습니다. 2년 정도의 시간을 주고 성과를 창출할 수 있도록 지원합니다. 성과보다 중요한 것은 과정으로, 과정이 좋으면 언제든지 좋은 성과를 얻을 수 있습니다. 때로는 시장 상황이나 산업 특성으로 인해 성과 창출이 단기간 내에 어려운 경우가 있습니다. 그래서 중간 관리자는 재무적 지표 외에도 조직을 셋업하고 운영하는 과정에 대한 검증과 관리를 합니다.

최근에는 다양한 신사업을 전개하다 보니 경력직을 채용하는 경우가 많습니다. 학력과 경력이 뛰어난 사람이라 하더라도, 같이 일하기 어렵거나 성과를 내지 못하는 경우가 있습니다. 그래서 기업은 후보자의 장단점과 당사와의 적합성을 검증하기 위해, 해당 후보자와 함께 일해본 사람들로부터 레퍼런스 체크 reference check를 진행합니다. 면접에서는 잘 보였지만 레퍼런스가 좋지 않은 경우에는 채용을 하지 않습니다.

2015년도에 처음 대표님을 뵈었을 때 체육복 차림이셨는데요, 새벽에 매물을 보고 오셨다는 말씀이 정말 인상 깊게 남았었습니다. 이후 알스퀘어 회사에 방문했을 때 회사 출입구 쪽에 자리잡고 서서 일하시는 모습에 또 한번 깊은 인상을 받았습니다. 요즘 대표님의 업무 방식은 어떠한가요? 주요 관심 분야, 가장 많은 시간과 리소스를 투자하는 일이 무엇인지도 궁금합니다.

요즘에는 회의실을 빌려서 개인적인 작업을 하기도 합니다. 많은 직원들이 제가 밖에서 근무하는 것을 불편해하기도 하고 수시로 면담을 하거나 조용히 얘기를 나눠야 할 때가 많아졌기 때문입니다. 최근 중요한 것은 혁신적인 사업과 기존 전통 사업 간의 균형입니다. 특히 자금 시장이 경색되고 투자 시장이 냉각기에 접어든 요즘 무엇보다 '생존'과 '수익'이 중요합니다. 알스퀘어는 검증된 시장에서 수익을 창출할 수 있는 사업에 대해 가중치를 두고 운영하고 있습니다.

회사 내부 소통은 가장 중요한 문제 중 하나입니다. 회사가 빠르게 성장하면서 많은 부서와 사람들이 추가되었기 때문에 서로를 모르는 경우가 많습니다. 그래서 커뮤니케이션 코스트를 줄이고 비효율을 방지하기 위해 서로를 알아가는 시간과 자주 소통할 수 있는 구조를 만들기 위해 노력하고 있습니다. 알스퀘어의 경쟁력 중 하나는 업무의 분업화·체계화로 인한 효율성 향상입니다. 하지만 이로 인해 정보의 단절과 업무 활동에 대한 맥락을 이해하기 어렵다는 문제가 발생하기도 합니다. 따라서 서로가 소통하면서 풀어나가야 할 일들에 대해 가감 없이 공유할 수 있는 최적의 구조를 만들고자 노력하고 있습니다.

앞으로 3년에서 5년 정도 뒤의 목표나 비전은 무엇인가요? 회사와 개인을 분리해서 말씀해 주서도 좋습니다.

저희 회사의 목표는 아시아 지역에서 데이터 기반의 B2B 부동산 선도 기업이 되는 것입니다. 부동산은 지역적인 특성이 많아서 해외 확장이 어렵지만, 저희는 한국 및 아시아 국가에서 동남아를 대상으로 부동산 서비스를 제공하는 최초의 기업이 될 것입니다. 또한 동남아 B2B 부동산 시장의 공통된 문제인 정보 비대칭 문제를 IT 기술과 체계적인 시스템을 활용해 해결할 것입니다. 미국 등 선진국에서는 B2B 부동산 데이터 회사들이 급성장하고 있습니다. 알스퀘어는 자사가 수집한 데이터와 시스템을 활용해 부동산 관련 의사결정을 쉽고 빠르게 돕는 부가가치를 창출할 것입니다. 엑싯은 현재 급한 문제는 아니며, 회사의 재무 성과를 높여 건강한 성장을 이어나가는 데 집중하고 있습니다. 물론 좋은 성과가 나오면 인수 제안을 받을 수 있고, 상장도 가능합니다. 하지만 지금 당장의 목표는 외부 요인에 영향을 적게 받고 회사를 건강하게 성장시키는 것입니다.

제 개인적인 목표는 가정을 꾸리는 것입니다. 30살 때 처음 사업을 시작했고 이제는 40대에 접어들었습니다. 이제는 개인적인 이유와 부모님 그리고 국가를 위해서라도 결혼을 생각하고 있습니다. 이전에는 일이 최우선이었지만 이제는 일과 가정의 균형을 맞추고 주변을 더 많이 돌아보며 일을 진행하고자 합니다. 또한 건강을 돌보고 유지하는 것도 중요하다고 생각합니다. 지난 10여 년 동안 몸이 안 좋은 부분이 많았는데 너무 바빠서 제대로 된 치료를 받지 못했습니다. 이제는 꾸준히 운동하고 건강 관리에 신경 쓰려고 합니다. 제 사업 목표는 경제적 자유를 확보하는 것이었습니다. 사실 이미 어느 정도 달성했기 때문에 추가적인 욕심은 크지 않습니다. 보편적인 가치를 추구하고 사회와 국가를 위해 기여하고 싶습니다. 여건이 되면 보건, 교육, 환경 등 3가지 분야에 기여해 후세들이 건강한 환경에서 자랄 수 있도록 하고 싶습니다.

다시 창업 이전으로 돌아간다고 해도 안정적인 컨설턴트의 삶을 뒤로하고 창업자의 길을 걸으실 건가요?
백 세 시대가 되면서 일생에 한 번은 창업할 수밖에 없는 시대가 도래했다고 생각합니다. 평생직장이라는 개념도 사라졌죠. 그래서 과거로 돌아가도 창업을 할 것입니다. 창업은 어렵고 힘든 길이지만 가치가 있다고 생각합니다. 사업을 하면서 아쉬운 부분이 있다면 산업 영역business domain에 대한 고려가 필요하다는 것입니다. 투자한 노력과 오프라인에서의 고생 대비 성과가 미약하기 때문입니다. 시장 구조를 바꾸는 것은 쉽지 않으며 오랜 시간이 걸릴 수 있습니다. 가끔은 그동안 너무 우직하게 소처럼 일한 게 아닌가 생각이 되어 과거로 돌아간다면 이러한 부분을 고려해 더 스마트하게 의사 결정하고 효율적으로 회사를 운영할 것입니다.

마지막으로 후배 창업자에게 해주고 싶은 말이 있나요?
스타트업 업계는 과거 10년 동안 유례없는 호황을 맞았으며 그만큼 투자 유치도 상대적으로 쉬웠습니다. 수익이 없더라도 트래픽이 많으면 투자를 받을 수 있었습니다. 그러나 시황이 변하면서 투자 시장이 매우 보수적으로 바뀌었습니다. 이제는 사업 초기부터 수익 구조를 고려하면서 사업을 추진해야 합니다. 사업을 하면서 '왜'라는 질문을 끊임없이 하면서 사업의 논리를 단단하게 만드는 것이 중요합니다.

중고 휴대폰 불법 거래를
기술로 차단하다

/

업스테어스 **upstairs**

기업 개요

업스테어스에서 운영하는 폰가비FONGABI는 중고 휴대폰 견적 비교 및 거래 플랫폼이다. 사용자는 전국 어디에서든 중고 휴대폰을 쉽고 빠르게 거래할 수 있다. 휴대폰을 판매하려는 이용자가 중고 휴대폰의 사진과 용량, 파손 정도, 거래 시점 등을 등록하면 전문 딜러로부터 최대 7개의 매입 견적을 받아볼 수 있다. 등록된 견적을 확인하고 업체를 선정하게 되면 딜러가 직접 방문해 중고 휴대폰 상태를 검수하고 현장에서 매입 금액에 대한 지불까지 마친다. 반대로 중고 휴대폰을 구매하고 싶은 이용자는 폰가비에서 원하는 중고 휴대폰 모델을 검색하고, 해당 모델의 가격 비교와 상태를 확인한 후 구매할 수 있다.

폰가비는 구매자와 판매자 간 거래의 안전성을 보장하기 위해 거래 대금 보호 서비스를 제공하고 있으며, 이용자들이 안심하고 거래할 수 있도록 블랑코 데이터 삭제 솔루션을 도입해 중고 휴대폰 거래 시 개인정보 유출의 위험을 차단하고 있다. 이처럼 폰가비는 정확한 시세와 안심 거래 기능을 제공하며 2021년 21억 원의 매출액을 달성했고, 2022년에는 매출액 100억 원을 돌파하며 지속적인 성장세를 보이고 있다.

업스테어스는 2018년에 장영석 대표가 창업했고 2023년 9월 기준으로 직원 수는 28명, 누적 투자 금액은 82억 원이다.

중고 휴대폰 시장 개요

2022년 기준으로 국내 중고 휴대폰 시장 규모는 대략 1,000만 대이며 거래금액은 2조 원 정도로 추산된다. 연간 휴대폰 판매량 약 1,800만 대 가운데 60%가량이 중고 휴대폰으로 유통되는 셈이다. 해당 시장은 최근 점점 커지는 자급제폰 수요 및 길어지는 디바이스 수명에 맞춰 지속 성장할 것으로 예상된다.

중고 휴대폰 거래 방식은 온라인과 오프라인 두 가지가 있다. 해외 온라인 기업으로는 이베이eBay, 크레이그리스트Craigslist, 스와파Swappa, 가젤Gazelle 등이 있고 국내 온라인 기업으로는 폰가비가 대표적이다. 중고 휴대폰을 구매할 때는 제품의 상태(깨짐, 기스, 변색 등)와 불량 유무, 가격의 적정성, 잠금 해제 여부, 데이터 유출 위험 등에 대해 꼼꼼히 살펴봐야 한다. 또한 거래에 대한 안전성과 신뢰성을 보장하기 위해 신뢰성 있는 판매자를 찾아내는 것이 무엇보다 중요하다.

INTERVIEWEE

장영석 창업자 겸 대표이사

업스테어스어에 대해 간략히 소개해 주세요.

중고 휴대폰 판매, 구매, 시세 조회까지 한 번에 할 수 있는 중고 휴대폰 중개 플랫폼 폰가비를 운영하는 회사입니다.

업스테어스에서 가장 해결하고 싶은 고객의 페인 포인트는 무엇이었나요? 그리고 폰가비 서비스를 통해 사회와 시장에 어떤 가치를 창출하고 싶은가요?

중고 휴대폰의 상품 가치는 시간이 지남에 따라 변동하며, 업체별 유통 가격의 차이가 큽니다. 이러한 상황은 중고 휴대폰 구매 고객에게 많은 시간과 비용을 유발합니다. 고객들은 업체를 찾는 것이 어려울 뿐만 아니라, 허위 매물 등의 불법 거래 위험에 노출되기도 하며, 최종 구매 금액의 차이로 손실 분쟁을 겪을 수 있습니다. 폰가비는 확보된 중고 휴대폰 거래 데이터를 분석해, 업체의 신뢰도를 평가하고 거래할 수 있는 플랫폼을 개발하고 있습니다. 이를 통해 대표적인 레몬마켓●으로 꼽히는 중고 휴대폰 업계의 투명성을 확보하고, 중고 휴대폰 양성화 사업에 기여하고자 합니다.

최근 몇 년 사이 민팃, 하이폰마켓 등과 같이 중고 휴대폰을 거래하는 서비스들이 많이 등장했습니다. 폰가비가 출시되기 전에도 이미 전국에 중고 휴대폰 거래 업체들이 많이 있었는데요, 다른 경쟁사 또는 기존의 중고거래 플랫폼과 비교했을 때 폰가비만의 경쟁력이나 차별화 포인트는 무엇인가요?

폰가비는 온라인 비대면 거래에 집중함으로써 오프라인 중심의

● 레몬마켓lemon market은 재화나 서비스의 품질을 구매자가 알기 어렵기 때문에, 불량품이 많이 유통되는 시장을 말한다. 예를 들어 중고 자동차나 중고 휴대폰처럼 구입해 보지 않으면 실제 품질을 알 수 없는 재화가 거래되는 시장이 대표적이다. 미국에서 레몬lemon은 과일 이외에 '불쾌한 것' '불량품'이라는 뜻의 속어로도 쓰인다. 이는 폴크스바겐Volkswagen의 비틀Beetle 차량 가운데 유독 1965년에 생산된 레몬 색깔 차량에서 잦은 고장이 발생해 중고차 시장으로 많이 유입된 것에서 유래된 것으로, 이때부터 미국에서 결함 있는 중고차를 지칭할 때 레몬이라고 부르기 시작했다.

경쟁사들과 차별화 전략을 추구하고 있습니다. 경쟁사인 민팃은 SK네트웍스의 정보통신 리사이클 브랜드로 비대면 무인 중고 휴대폰 ATM 서비스입니다. 이 서비스는 대형마트 등에 중고 휴대폰 수거 기기를 설치해 오프라인 접근성을 높이고, 특정 단말기의 시세 조회, 판매, 기부 기능을 제공합니다. 중고 휴대폰을 수거 기기에 넣으면, 기기가 중고 휴대폰의 상태를 인식해 등급별로 고정된 가격을 고객에게 제시합니다. 이 방식으로 2022년 기준 100만 대 이상의 거래량을 확보했습니다. 또 다른 경쟁사인 소녀폰과 노란마켓은 전국에 중고 휴대폰 가맹점을 운영하며, 실시간으로 매입 현황을 공개하고 인근 매장 방문 거래를 지원합니다.

폰가비는 오프라인 직접 판매를 기반으로 하는 경쟁사의 장단점을 파악해 장점을 키우고 단점을 보완하는 방식으로 운영하고 있습니다. 온라인 기반의 비대면 거래에 집중해 가격 비교 및 중개라는 특장점을 극대화하며 시공간의 제약을 받지 않는 서비스 경쟁력을 강화했으며, 효율적으로 순환되는 중고 휴대폰 마켓 플레이스를 구축했습니다. 기존에는 사용자가 중고 휴대폰을 팔거나 구매하기 위해서 직접 발품을 팔아 여기저기 돌아다녀야만 했습니다. 반면 폰가비를 이용하는 사용자는 자신이 소유한 중고 휴대폰의 외관 사진과 내부 기능 상태를 업로드하면, 24시간 이내에 최대 7개의 판매 제안을 받을 수 있습

폰가비와 민팃 업체 비교

	FONGABI	MINTIT
거래방식	온라인 + 오프라인 (택배, 출장, 방문)	오프라인 (ATM 유지 · 보수 필요)
예상 연간 거래량 (2022년)	10만 대	100만 대
가격	상태 및 옵션별 제안 가격	등급별 고정 가격 (A, B, C, D)
가격조정	상태 확인 '후' 가격 조정	'선' 차감 반영된 고정가격
진행방식	직매입 + 중개 (가격 비교)	직매입
지원 단말기	300개 내외	100개 내외
태블릿 매입 지원	매입 가능	매입 불가

니다. 고객은 가장 마음에 드는 제안을 선택해 거래를 예약하면 됩니다.

또한 폰가비는 중고 휴대폰 등급을 표준화해 각 등급별로 명확한 기준을 제시하고 있습니다. 업체 간 가격 경쟁을 통해 고품질의 중고 휴대폰을 합리적인 가격에 공급할 수 있으며, 직거래 구조로 비효율을 없애고 중간 이윤이 발생하는 단계를 줄여 판매자는 최고가에 중고 휴대폰을 판매하고, 구매자는 동일 등급에서 가격을 비교해 저렴하게 중고 휴대폰을 구매할 수 있습니다.

중고 휴대폰 사업의 고질적인 문제 중 하나가 거래 사기인데요, 이에 대해 어떻게 대처하고 있나요? 또 고객의 신뢰를 얻기 위해 어떤 노력을 하고 있는지 말씀 부탁드립니다.

저는 이전에 '번개장터'라는 중고거래 플랫폼을 공동창업해 국내 빅3 중고 플랫폼으로 키운 경험이 있습니다. 저는 대학에서 컴퓨터공학과를 전공했고 KT에서 근무하며 네트워크와 마케팅 관련 업무를 수행하며 전문성을 쌓았습니다. 번개장터를 창업하고 운영하면서 중고 휴대폰 시장이 점점 커지고 있다는 것을 확인했고, 번개장터를 네이버에 매각한 후 본격적으로 중고 휴대폰 업계에 진출하게 되었습니다.

저희 회사의 주요 임직원은 IT 개발 및 기획 경력을 보유하고 있는 전문가들로 구성되어 있습니다. 각자의 지식, 실무 경험, 전문성과 사업화 역량을 살려 '업계와 함께 성장하는 회사'가 되는 것이 목표입니다. 중고 휴대폰 시장이 발전하기 위해서는 소비자들이 언제든지 믿고 거래할 수 있다는 인식이 먼저 확산되어야 합니다. 그동안 중고 휴대폰 시장의 고질적인 문제로 여겨져 왔던 허위 매물, 도난품 취급 및 불법·편법 거래 등 부정적 인식을 타파하기 위해 저희는 업계에서 가장 많은 중고 휴대폰 데이터를 확보해 시장의 양성화를 이뤄내기 위해 노력하고 있습니다.

폰가비는 사용자들이 중고 휴대폰 거래를 더욱 편리하고 합리적으로 할 수 있도록 실제 재고와 연동된 빅데이터를 활용한 혁신적인 플랫폼으로, 당사가 개발한 중가비 SCM 재고관리 프로그램과 IMEI^{단말기고유식별번호} 검증을 활용하면, 사용자가 중고 휴대폰을 구매할 때 업체가 실제로 보유하고 있는 재고만을 대상으로 거래를 진행할 수 있습니다. 이를 통해 실제로 존재하는 매물만이 온라인상에 노출되므로 불법 거래를 기술적으로 차단할 수 있으며, 투명하고 신뢰성 높은 중고 휴대폰 거래 환경을 구축할 수 있습니다. 이것이 당사의 가장 큰 핵심 역량이며 차별화 포인트입니다.

중고 휴대폰 거래는 검증된 시장인 반면 경쟁자가 많은 레드 오션이라는 인식이 있습니다. 현재의 서비스를 만들게 된 계기나 동기가 궁금합니다.

2022년 기준으로 국내 스마트폰 보급률은 97% 수준으로 사실상 전 국민이 사용하고 있습니다. 연간 스마트폰 판매량이 대략 1,800만 대 수준인데 1,000만 대가 중고로 거래되고 있으며 점점 더 증가할 것으로 예상하고 있습니다. 그래서 저는 이 시장에 분명한 기회가 있을 것으로 판단하고 휴대폰 거래 플랫폼을 창업했습니다.

창업하는 과정에서 가장 기억에 남는 순간이나 어려웠던 순간이 있다면 언제인가요?

의외로 초기 서비스 개발에 많은 어려움을 겪었습니다. 팀원의 절반이 중고 휴대폰 시장은 경쟁이 너무 치열하고 돈을 벌기 어렵다는 이유로 반대했습니다. 창업자이자 대표이사로서 내부 의견을 조율하고 방향성을 결정하기 위해 다양한 노력을 했지만 결국 서비스 개발을 반대했던 팀원들이 모두 퇴사를 했습니다. 정말로 어려운 과정이었지만 중고 휴대폰 플랫폼 개발에 찬성했던 팀원들이 모여 확실한 방향성을 잡은 이후 빠르게 개발을 진행했고, 서비스 출시 1년 만에 바로 시리즈 A 단계로 28억 원의 투자를 유치하는 데 성공했습니다. 투자 유치가 확정된 순간 그동안 고생했던 일들이 파노라마처럼 스쳐 지나가면서 울컥했습니다. 그때가 가장 행복하고 뿌듯했던 순간이었습니다.

시장조사업체 IDC는 2023년 전 세계 중고 휴대폰 시장 출하량이 약 3억 3,290만 대, 시장 규모가 670억 달러에 이를 것으로 예상했습니다. 국내도 2022년 기준 약 1,000만 대, 거래금액 2조 원 정도의 시장 규모를 보이면서 빠르게 성장 중이라고 합니다. 향후 중고 휴대폰 시장의 트렌드나 변화에 대한 대표님의 생각이 궁금합니다.

말씀하신 대로 중고 휴대폰 시장은 매년 폭발적으로 성장하고 있습니다. 스마트폰 시장에서 중고 휴대폰의 비중이 높아지는 있고 최근에는 환경 문제에 대한 관심이 증대되면서 중고제품을 사업 아이템으로 창업하는 기업들이 많아지고 있습니다. 지난 3년간 코로나19로 인한 경기 침체로 인해 내수 시장이 어려움을 겪는 가운데 중고 휴대폰에 대한 수요는 날로 높아졌습니다. 이러한 상황에서 전 세계적으로 리셀resell 시장도 꾸준한 성장세를 보이고 있습니다. 예측에 따르면 2025년에는 리셀 시장 규모가 640억 달러(약 75조 원)까지 확대될 것으로 예상되며, 가성비와 효율성을 중시하는 세대들을 중심으로 중고 휴대폰 또한 리셀 시장에서 주요 아이템으로 성장할 것으로 예측됩니다.

현재까지 IBK벤처캐피털, 파트너스인베스트, ES인베스트 등으로부터 약 82억 원의 투자를 받은 것으로 알고 있습니다. 향후 업스테어스의 투자 유치 계획과 자금 사용처에 대해 말씀 부탁드립니다.

감사하게도 서비스 출시 1년 만에 시리즈 A 규모의 투자를 받았습니다. 저희 회사는 앞으로 신규 투자 없이도 자생할 수 있는 견고한 비즈니스 모델을 만들고 있습니다. 투자금의 대부분은 IT 플랫폼 기술 개발과 신규 매출을 확보하기 위해 사용될 예정입니다.

업스테어스는 창업 5년 만에 연 100억 원의 매출과 월 100만 건 이상의 시세 관련 데이터를 확보한 것으로 알고 있습니다. 2023년 주요 KPI는 무엇인가요?

저희는 사실 매출 100억 원이 큰 성과라고 생각하지는 않습니다. 중고 휴대폰 시장은 엄청나게 큰 시장이며 앞으로 더욱더 발전할 여지가 있기 때문입니다. 2023년에는 더 큰 성장과 수익을 달성하는 것이 우선이며, 기업의 본질인 이익 창출에 초점을 맞추려고 합니다. 저희 회사의 사업 전략은 '선택'과 '집중'입니다. 중고 휴대폰 관련 기술 개발과 플랫폼에 모든 노력을 집중할 것입니다.

과거 번개장터를 성공적으로 엑싯한 이후 또 다시 도전을 선택하게 된 원동력이 무엇인지 궁금합니다. 엑싯 이후 쉼을 택하는 분들도 많은데 말이죠.

운이 좋게도 번개장터 엑싯 후 두 번째 도전을 할 수 있었던 이유는 믿어준 모든 사람들의 지지와 응원 덕분이라고 생각합니다. 그래서 저는 그들에게 보답하고자 매일 최선을 다해 노력하며 더 나은 성과를 달성하는 것을 목표로 삶을 살아가고 있습니다. 이는 저에게 큰 원동력이 됩니다. 지금도 사람에 대한 믿음과 열정을 가지고 새로운 도전과 성장을 위한 준비를 하고 있습니다. 저는 나중에 사회에 작은 도움이 될 수 있는 일을 하며 살고 싶습니다. 창업은 항상 어렵고, 어려운 순간도 많지만, 그 순간을 극복하면 평온한 시기가 다시 찾아옵니다. 저는 많은 시행착오를 겪으며 성장해 왔고, 그 경험을 토대로 더욱더 발전하고

자 합니다.

대표님이 회사를 경영함에 있어서 절대로 타협할 수 없는 가장 중요한 철학이 있다면 무엇인가요?
스타트업에서는 방향과 속도가 가장 중요합니다. 어떤 직원이 매사에 부정적인 이야기를 하거나 회사의 방향성과 속도를 따르지 않는다면, 이는 회사에도 마이너스일 뿐만 아니라 직원 역시 인생에서 가장 소중한 순간을 낭비하는 것이라고 생각합니다. 이런 경우에는 교육과 면담을 통해 회사의 방향성과 속도에 맞추는 게 필요합니다. 그래도 나아지지 않는 경우에는 다른 기회를 찾도록 돕고 있습니다. 회사와 개인은 서로의 방향성과 속도를 이해하고, 빠르게 성장하기 위해 서로를 응원하고 도와주는 것이 중요하다고 생각합니다.

업스테어스만의 기업 문화, 조직 관리 방식, 인사 철학, 채용 방식 등이 있다면 소개 부탁드립니다.
저희 회사의 비전은 'IT 기술이 닿지 않은 곳을 찾아, 편리하고 실용적인 삶을 만들어 가자'입니다 또한 제가 가장 중요하게 생각하는 조직 문화는 회사를 독립된 생명체로 여기는 것입니다. 모든 구성원들이 회사를 사랑한다면 절대로 망하게 두지 않을 뿐더러 생존을 위해서라면 무엇이든지 할 수 있기 때문입니다.

이러한 주인의식이 회사를 움직이는 원천이 되기를 바랍니다. 저 또한 구성원 중의 한 사람으로서 그렇게 할 것이며 모든 구성원들이 스스로 생존을 위해 세포가 움직이듯 자율적으로 움직이는 생명체가 되길 바랍니다. 저희 내부 구성원들과 합의된 약속이 있는데 자세한 내용은 다음과 같습니다.

업스테어스 구성원의 약속

1. 수평적으로 소통하고, 수직적으로 일하기

2. 선입견이나 섣부른 판단을 타인에게 전달하지 않기

3. 예의와 논리를 갖추고 대화하기

4. 전사적 상황에 관심 갖기

5. 이슈가 발생하면 리더에게 먼저 보고하기

6. 거창한 계획보다는 가벼운 시도부터 해보기

7. 동료의 시행착오를 응원하기

8. 공동생활하는 사무실에서 책임 의식 갖기

9. 출·퇴근 시간 잘 지키기

10. 인사 잘하기

11. 회의는 짧고 굵게 하기

앞으로 3년에서 5년 정도 뒤의 목표나 비전은 무엇인가요? 회사와 개인을 분리해서 말씀해 주셔도 좋습니다.

회사는 지속적인 성장과 발전을 통해 더 크고 높은 목표를 이루어나가길 희망합니다. 개인적으로는 현재 사랑하는 사람과 결혼하고, 아이를 낳고 남쪽 한적한 바닷가에 집을 짓고 바다를 보며 낚시하며 사는 조용한 삶을 꿈꾸고 있습니다.

마지막으로 후배 창업자에게 해주고 싶은 말이 있나요?
《승려와 수수께끼》라는 책을 한번 읽어보시길 추천합니다. 실리콘밸리에서 창업이 실제로 어떻게 진행되는지에 대한 과정과 스타트업 창업에 필요한 비전과 리더십, 그리고 더 나은 미래를 설계하기 위한 인사이트가 많이 들어있습니다.

그리고 무엇을 하든 절대로 포기하지 말라는 말을 하고 싶습니다. 끝까지 버티고 생존하면 더 높이 성장할 수 있습니다. 사업을 하면서 깨달은 것은 우리 인생은 떨어지는 순간의 결과가 아니라 떨어지는 동안의 '여정 또는 여행' 그 자체입니다. 그 여행의 길에서 우리는 많은 사람을 만나고 많은 것을 배우며 그들과 함께 성장하며 지금 이 순간을 살아갑니다. 그리고 우리는 다시는 맞이할 수 없는 소중한 오늘을 하루하루 살아가고 있다는 것을 기억해야 합니다.

상상 속 가사 로봇이
현실이 되다

/

엑스와이지 **XYZ**

기업 개요

엑스와이지는 푸드 리테일 시장부터 일상 공간까지 다양한 영역에 적용 가능한 인공지능 로봇 기술을 개발하는 서비스 로봇 스타트업이다. 엑스와이지는 기존의 산업용 로봇에 집중하던 로봇 제조업체들과 달리 고객의 삶에 침투하는 맞춤형 서비스 로봇에 집중한다.

서비스 로봇은 인공지능, 로봇공학, 센서, 액추에이터 등의 기술을 접목해, 사람이 하던 다양한 업무를 자동화하고, 효율적으로 수행할 수 있도록 돕는 로봇을 말한다. 주로 공공시설, 대중교통, 호텔, 레스토랑, 일반 가정 등에서 활용된다. 특히 엑스와이지는 사람의 도움 없이도 운영이 가능한 무인화 푸드로봇을 만들고 있어 향후 성장 가능성이 매우 크다고 평가받고 있다.

엑스와이지는 2019년에 황성재 대표가 창업했으며 2023년 8월 기준으로 직원 수는 45명, 누적 투자 금액은 145억 원이다.

로봇 시장 개요

로봇 시장은 인공지능, 빅데이터, 로봇 제어 기술 등의 발전으로 점점 더 정교해지며 다양한 분야에서 사용되고 있다. 로봇 기술은 물리적인 작업뿐만 아니라 지능적인 업무와 실행 작업, 자동화된 제어 기능 등 인류의 삶 전반에 영향을 주기 시작했다. 로봇 시장은 크게 산업용 로봇과 서비스 로봇으로 나눌 수 있는데 산업용 로봇은 제조업, 건설업, 물류 및 운송업 등에서 사용되며, 공장 자동화 및 생산성 증대를 위해 사용된다. 서비스 로봇은 공공시설, 의료, 교육, 호텔, 레스토랑 등에서 사용되며, 고객 서비스 및 일상적인 업무 자동화를 위해 사용된다.

서비스 로봇 시장은 글로벌 시장 규모가 빠르게 확대되며 새로운 비즈니스 모델을 창출하고 있다. 영국 시장조사 및 컨설팅 기업 브랜드에센스 마켓리서치앤컨설팅은 전 세계 서비스 로봇 시장 규모가 2020년 기준으로 352억 4,000만 달러(약 47조 3,000억 원)에 달했으며 2027년까지 연평균 21.9%의 성장률을 보이면서 1,409억 4,000만 달러(약 189조 1,600억 원) 규모로 성장할 것으로 전망했다. 서비스 로봇의 기술 발전, 로봇 자동화 수요의 증가, 생활 수준 향상, 인구 고령화 등이 글로벌 서비스 로봇 시장의 성장을 견인할 것으로 예상된다.

INTERVIEWEE

황성재 창업자 겸 대표이사

엑스와이지에 대해 간략히 소개해 주세요.

인공지능, 로보틱스 기술을 일상 속에 적용시키는 서비스 로봇 스타트업입니다.

어렸을 때 과학상상화에 그렸던 '집안일 해주는 로봇'이 떠오르네요. 엑스와이지가 해결하고 싶은 고객의 페인 포인트나 사회적 문제는 무엇인가요?

저희 회사는 인공지능과 로보틱스 두 가지 기술을 활용해 오프라인 리테일 업계에서 발생하는 문제를 해결하고자 합니다. 특히 오프라인 노동력 부족 문제를 해결하기 위해 노력하고 있습

222

니다. 한국 통계에 따르면 소상공인 한 명이 하루에 일하는 평균 시간은 약 10.9시간이며, 한 달에 대략 2일 정도의 휴일을 가진다고 합니다. 또한 OECD 통계에 따르면 소상공인 비율이 세계 2위로 매우 높은 것으로 나타나고 있습니다. 이러한 노동 환경이 혁신 없이 지난 수백년 동안 이어져 왔는데 저희가 이 시장에 기술적 혁신을 일으키려 합니다.

최근 챗GPT 열풍이 불며 로봇 관련 소프트웨어와 하드웨어가 각광을 받고 있습니다. 그러면서 점점 육체노동뿐만 아니라 사무직 노동자들의 일자리도 줄어든다는 우려도 많은데요, 이에 대한 대표님의 생각이 궁금합니다.

저는 노동력이 줄어든다는 것보다 개선된다는 게 맞는 표현인 것 같습니다. 요즘 식당이나 카페에서 서빙로봇을 꽤 흔하게 볼 수 있는데 이유는 사람을 구하기가 어렵기 때문입니다. 서빙로봇이 있는 식당은 노동의 강도가 낮아져 아르바이트 지원자가 더 많다고 합니다. 2시간만 근무하면 되는 무인 매장과 사람이 하루 종일 일해야 하는 매장을 비교할 때 무인 매장에 지원하는 사람이 3배 정도 많다는 조사 결과도 있습니다. 점차 무인화가 진행되면서 1~2시간 잠시 출근해서 일을 처리하는 직원들이 많아지고, 일하는 환경이 편해졌다는 평가도 나오고 있습니다.

요즘 Z세대는 본인이 원하는 시간에 원하는 스타일대로 일하고, 눈치 보지 않고 일할 수 있는 환경을 선호합니다. 이러한 변화는 노동력의 형태를 변화시키는 것이지, 어떤 노동력이 사라지는 것을 의미하는 것은 아닙니다. 로봇 카페와 같은 무인 시스템도 실제로는 100% 무인이 아니며, 관리하는 사람이 필요합니다. 또한 이러한 기술을 개발하는 데도 많은 인적 자원이 필요합니다.

이제 4차 산업혁명 용어를 넘어 1차 로봇 혁명이라는 얘기도 나오고 있습니다. 로봇 관련 다양한 스타트업들이 나오고 현대차가 보스턴 다이나믹스를 인수한 것처럼 대기업들도 로봇 개발에 막대한 투자를 하고 있는데요, 엑스와이지만의 경쟁력이나 차별화 포인트는 무엇인가요?

개인적으로 로봇은 소프트웨어, 하드웨어, 인공지능, 빅데이터, 자율주행 등 다양한 기술의 종합 선물 세트라고 생각합니다. 과거에는 하드웨어 기술이 가장 중요했지만 이제는 기반 기술이 어느 정도 상향 평준화되어 있습니다. 하드웨어 기술이 구축된 이후에는 소프트웨어, 응용 기술, HRI^{Human Robot Interaction, 인간로봇 상호작용} 기술, UX^{User Experience, 사용자 경험} 기술 등이 더 중요해졌습니다. 특히 최근에는 클라우드 기술, 디지털 트윈^{digital twin} 기술 등이 등장해 공간 매핑^{mapping} 및 인터랙션^{interaction} 기술도 중요합

라운지엑스의 바리스타 로봇과 아이스크림 로봇

니다. 로봇의 근간이 되는 하드웨어 기술은 여전히 중요하지만, 이제는 소프트웨어 기술에 더 많은 관심을 기울이고 있습니다. 로봇 인텔리전스 기술robot intelligence technology이란 로봇을 구현하기 위한 브레인 기술을 의미하는데 쉽게 말해 로봇의 뇌를 만드는 것입니다. 저희 회사는 이러한 기술, 즉 로봇 소프트웨어 기술력에 차별화 역량을 보유하고 있다고 생각합니다.

네이버나 배달의민족도 배달 로봇을 만들고 있는데요, 이들과 비교했을 때 소프트웨어 측면에서 엑스와이지가 좀 더 강하다고 볼 수 있을까요?
저희가 그들보다 뛰어나다고 말하기는 아직 어려울 것 같습니다. 하지만 지능형 로봇 팔을 제조하는 분야에서는 확실한 강점이 있습니다. 특히 로봇 손으로 다양한 물건을 잡을 수 있는 점이 특징입니다. 저희는 로봇 팔과 손을 이용해서 컵도 잡고 빵을 자르고 박스를 드는 등 다양한 비정형 물체를 다룰 수 있도록 인공지능을 훈련시키고 있습니다. 인공지능 기술을 이용해 다양한 환경에서 실제 고객과 상호작용해 커피나 빵 같은 제품을 판매하는 것이 가능합니다. 저희는 이미 로봇을 이용해 15만 개 이상의 커피와 빵을 판매했습니다. 저희의 기술은 단순한 연구나 CES와 같은 이벤트에서만 볼 수 있는 것이 아니라 실제 고객과의 상호작용이 필요한 현장에서 활용되고 있습니다. 저희가 서비스 로봇 시장의 최전선에 있다고 자부합니다.

일반인들은 로봇이라고 하면 감히 창업을 꿈꾸기 어려운 영역이라는 생각이 듭니다. 카이스트 석박사 출신이라는 대표님의 이력이 눈에 띄는데, 이러한 로봇 친화적인 환경덕분에 자연스레 로봇 분야에서 창업을 하신 건가요?

사실 저는 로봇 전문가가 아니었습니다. 원래는 카이스트 컴퓨터 사이언스 학부를 졸업한 후 디자인 연구실에서 일하다가 문화기술대학원에서 공학 박사 학위를 받았습니다. 그래서 로봇 전문가는 아니지만, 기술의 흐름을 보면서 로봇의 시대가 올 거라는 것을 예상하고 계속 관심 있게 지켜보고 있었습니다. 과거에는 웹 시대가 있었고, 이후에는 모바일 혁신이 일어났죠. 지금은 포스트 모바일 시대이며, 무인 자율주행 로봇이나 자동차와 같은 모빌리티가 급속도로 발전하고 있습니다. 이에 로봇 기술 시장이 크게 성장할 것이라는 강한 확신을 가지고 로보틱스 쪽에 창업을 하게 되었습니다.

상업용 로봇이 아닌 서비스 로봇을 주력으로 하면 주요 고객은 서비스를 제공하는 기업인가요? 엑스와이지의 비즈니스 모델이 어떻게 되는지 궁금합니다.

저희는 일반 기업과 다른 독특한 비즈니스 모델을 가지고 있습니다. 모회사인 엑스와이지는 로봇 R&D를 중심으로 로봇과 관련된 전반적인 기술을 개발하고 있고, 자회사인 라운지엑스는 F&B^{식음료}회사로 현재 커피를 판매하고 있습니다.

로봇 자체의 매출로는 CAPEX^{Capital Expenditures, 자본적 지출}와 하드웨어 비용이 상당히 높고 AS가 빈번하게 발생하는 등 위험도가 있다는 판단을 하게 되었습니다. 그래서 저희는 일회성 판매가 아닌 반복적인 수익 창출이 반드시 필요하다는 생각을 하고, 로봇 판매와 함께 계속해서 커피를 공급하면서 지속적인 매출을 발생시키는 비즈니스 모델을 추가로 만들었습니다. 그 결과 라운지엑스는 성수동에서 직영으로 무인 카페를 운영하면서 동시에 대기업이나 골프장 등 많은 사람들이 오가는 곳에 무인 카페 솔루션을 판매하고 있습니다. 최근에도 어떤 기업이 직원들의 복지를 위해 카페를 만들고 싶어했지만 바리스타를 채용하기에는 무리가 있다며 저희 회사에 무인 카페를 의뢰했습니다. 3억 원 정도를 들여 카페를 만들고 로봇을 설치했는데 일회성으로 큰 매출이 발생했으며 이후 원두 및 커피 캡슐 등의 판매로 이어지고 있습니다. 현대자동차 사옥에도 아이스크림 로봇이 설치되었으며, 동일한 방식으로 로봇 판매 이후 아이스크림 캡슐을 판매하며 지속적인 수익을 창출하고 있습니다. 이러한 방식으로 저희는 로봇 판매를 통한 매출 외에도 커피나 아이스크림 캡슐 등을 통해 반복적인 매출을 얻을 수 있도록 수익모델을 만들고 있습니다.

포괄적으로 보면 네스프레소가 커피 머신과 캡슐을 함께 판매하는 방식과 유사하네요.

맞습니다. 저희는 카페나 식당에서 사용되는 인텔리전스 키친 로봇의 라인업이 다양합니다. 추가로 헬스케어 로봇과 광고 로봇 등도 있는데, 저희가 만든 혈액 운반 로봇이 현재 서울 삼성병원에서 사용되고 있습니다. 인력 부족에 시달리는 의료 현장에 자잘한 업무나 위험에 노출되는 업무를 대신할 로봇의 필요성이 점점 강해지고 있습니다. 다시 말씀드리지만 일자리 자체가 사라지는 것이 아니라, 로봇이 필요한 일이 늘어나는 추세입니다. 인구 감소와 저출산도 이런 추세를 가속화할 것입니다. 특히 노인들을 돌보는 일은 육체적, 정신적으로 매우 힘든데, 이를 로봇이 도와주는 것이 좋은 사례입니다. 그래서 저희는 헬스케어 시장을 매우 중요하게 생각하고 있습니다.

지금까지는 대형 프랜차이즈 업체 중심으로 판매하신 것 같은데요, 카페를 운영하는 개인 자영업자들도 관심을 가질 것 같습니다. 개인 자영업자들도 바리스타 로봇을 설치하고 원두를 공급받을 수 있나요?

물론입니다. 저희가 2023년부터 개인사업자 대상으로 로봇 시스템 판매를 시작했습니다. 구매뿐만 아니라 리스나 렌탈도 가능하며 저희 홈페이지에 문의를 남기면 담당자가 상담을 해드리고 있습니다. 카페 로봇을 구매하면 앞서 말씀드린 대로 저희 커피를 지속적으로 저렴하게 공급받을 수 있어 간편하게 카페 운영이 가능합니다.

다양한 형태의 혁신적인 로봇을 통해 창업 이후 고속 성장을 하셨습니다. 앞으로 2~3년 정도의 주요 KPI는 무엇인가요?

저희의 주요 KPI는 로봇 판매량이나 매출이 아닙니다. 사실 로봇 판매는 2023년부터 시작했습니다. 오히려 저희는 로봇을 양산해 판매하는 것을 최대한 늦추는 전략을 취하고 있습니다. 이는 로봇 자체가 아직 완벽한 형태의 제품화가 되지 않았기 때문입니다. 그래서 저희는 고객들과 자회사인 라운지엑스와 함께 다양한 현장 테스트를 통해 로봇을 개발하는 구조를 만들고 있습니다. 현재 PoC^Proof of Concept, 개념 증명 단계의 로봇들을 만들어, 10개 매장에서 30대의 로봇을 운영하고 있습니다. 이 로봇들은 현장에서 실제 고객들과 상호작용하면서 발생하는 다양한 데이터를 분석하면서 계속 진화하고 있으며, 일정 수준까지 업그레이드가 되면 양산 단계에 들어가려고 합니다.

MVP^최소존속제품를 빠르게 만들어 시장에 론칭하고, 실제 환경에서 사용하면서 PoC를 진행하고 쌓인 데이터를 활용해서 더 나은 제품을 만들겠다는 전략으로 이해하면 될까요?
네, 계속 강조드리지만 저희는 하드웨어도 중요하지만 소프트웨어가 더욱 중요하다고 생각합니다. 따라서 이제는 로봇의 인텔리전스 데이터, 즉 지능화 데이터가 매우 중요한 시대가 되었습니다. 저희는 이러한 데이터를 많이 누적하기 위해 노력하고 있습니다.

로봇을 납품하다 보면 개보수 문제나 AS 문제, 버그 등 여러 가지 잠재적 리스크가 있을 수 있는데 이런 문제에 대한 대응책은 있나요?
저희의 모든 로봇은 클라우드를 통해 연결되어 있습니다. 따라서 문제가 발생할 경우 방문하지 않아도 클라우드를 통해 대부분의 운영이나 수리가 가능하도록 개발하고 있습니다. 또한 로봇 팔에 그리퍼 엑스라는 기능이 추가되었는데, 이를 통해 로봇이 스스로 주변 환경을 인지하게 만들어 문제가 발생했을 때 스스로 판단할 수 있도록 개발 중입니다.

소프트웨어적인 측면은 클라우드로 해결할 수 있지만 하드웨어나 어떤 물리적인 문제가 발생하면 누군가가 매장에 가야 하지 않나요?

맞습니다. 소프트웨어적인 부분은 클라우드를 통해 자체적으로 수리하고, 오프라인으로 수리가 필요한 경우에는 오프라인 전문팀을 투입합니다. 요즘에는 다양한 형태의 무인 매장이 많아지면서 전문적으로 케어해 주는 스타트업들도 많이 생기고 있습니다. 이에 따라 로봇 케어 시스템도 세분화되고 있고 AS 업체들도 컴포넌트 형태로 잘 되어있습니다. 따라서 이러한 문제는 저희가 직원을 추가로 채용하지 않더라도 사업적으로 충분히 해결 가능합니다. 매뉴얼이나 구조를 잘 만들어 놓으면 큰 문제는 없을 것입니다.

엑스와이지가 보유한 하드웨어 및 소프트웨어 기술력으로 리테일뿐만 아니라 산업 현장, 물류센터, 군부대 등 관공서 포함해서 다양한 산업 영역으로 확장이 가능할 것으로 보이는데요, 이에 대한 계획도 있나요?

저희는 물류센터나 공장 자동화보다는 서비스 쪽에 관심이 많습니다. 로봇 기술이 서비스 분야로 진화하면서 사용자와 가까워지는 방향으로 발전하고 있고 이제는 로봇을 활용한 카페나 아이스크림 가게 등 무인점들이 서울뿐만 아니라 전국으로 확대되고 있습니다. 이에 따라 사용자 접점에서의 친화적인 기술력을 개발하는 것이 더 중요해졌습니다. 따라서 사용자 충돌 완화, 사용자 회피, 사용자 친화적인 기술 등을 개발하기 위해 사용자와 가까운 곳에서 앱을 만들고 있습니다. 특허와 기술의 누적을 통해 사용자에게 꼭 필요한 기술력을 확보하고 있습니다.

선택과 집중을 하시는 거네요.

맞습니다. 사실 저희 전략은 단순히 무인 카페를 하는 것이 아니라 집 안에서 사용할 수 있는 로봇을 만드는 것입니다. 그중에서도 가장 먼저 들어갈 수 있는 진입점이 주방이라고 생각해서 커피 로봇을 우선 개발하고 있는 것입니다. 머지않은 미래에 가정마다 로봇이 한 대씩 들어가게 될 가능성이 매우 크고, 이때를 대비해 가정용 로봇을 개발하고 있습니다. 로봇과 함께 살아가는 시대가 오면 로봇의 가치가 더욱 커질 것이라는 비전을 가지고 있어서, 저희는 '로봇 기술을 우리의 일상으로(Robot into Daily of Life)'라는 프로젝트를 진행 중입니다. 이 프로젝트는 우리 일상생활에서 로봇을 활용해 보다 편리하게 생활할 수 있도록 돕는 것입니다.

해외 진출에 대한 계획도 있나요?

저희는 계속해서 해외 기업들과 협의하고 있으며, 기회가 될 때마다 다양한 플레이어들과 이야기를 나누고 있습니다. 최근에는 커피뿐만 아니라 K-푸드가 유명해지면서 오히려 해외 업체에서 더 많은 연락이 오고 있습니다. 테크를 기반으로 커피나 F&B 사업을 하는 것에 대해 많은 호기심을 보이고 있습니다. 예전에는 유럽과 미국의 기업들이 주로 연락을 해왔으나 이제는 베트남과 말레이시아 같은 동남아시아 국가들에서도 연락이 많이 오고 있습니다. 저희는 첫 번째 진출 국가로 싱가포르를 고려하고 있습니다. 아시는 바와 같이 싱가포르는 IT 산업이 강하고 인건비가 높으며 영어권에서도 거리가 가깝습니다. 또한 동남아시아 진출에도 좋은 장소입니다. 저희 투자자 중에도 싱가포르 쪽 주주가 있는데 적극적으로 협의 중입니다.

제가 만나본 다수의 테크 기반의 스타트업들은 기술력은 굉장히 뛰어난데 고객과의 접점을 늘리는 노력이나 영업 능력이 부족한 경우가 많았습니다. 반면에 엑스와이지는 기술과 영업 양쪽을 다 잘하고 있는 것 같습니다. 본사는 기술 개발을 하고 자회사는 영업을 계속해야 하는데 이와 관련해 엑스와 이지만의 역량과 노하우가 있다면 소개해 주세요.

저희 회사는 기술적 가치는 고객이 결정한다는 철학을 중요하게 생각하고 있습니다. 회사 여기저기에 포스터로 붙여놓을 정도입니다. 대부분의 엔지니어들은 제품을 만들 때 기술적 가치를 중심으로 생각하게 됩니다. 하지만 저희는 공급자 마인드가 아니라 고객의 입장에서, 고객의 시각에서 기술적 가치를 평가하려고 노력합니다. 이것이 저희의 차별화 요소 중 하나입니다. 저희는 모회사를 통해 혁신적인 기술을 개발함과 동시에 자회사의 F&B 비즈니스를 통해 매출을 늘리는 구조를 만들었습니다. 이렇게 이원화된 구조를 구축하는 것은 어렵지만, 지금은 두 개의 비즈니스 모델이 워킹하면서 시너지를 내고 있습니다. 어찌 보면 로봇은 고객을 유치하고 커피를 파는 도구에 불과하며, 중요한 것은 다양한 데이터를 확보해 고객들의 요구를 기반으로 더욱 좋은 서비스 로봇을 만드는 것입니다.

모회사는 연구인력을 중심으로 R&D를 많이 해야 하기 때문에 당분간 적자가 나겠지만 제이커브를 그릴 수 있는 모델이고, 자회사는 이익이 크게 상승하지는 않지만 지속적으로 매출을 발생시켜 회사의 중요한 캐시카우 역할을 합니다. 저희는 사업 초기부터 R&D와 고객을 균형 있게 고려할 수 있도록 구조를 조정해 왔으며 이는 주요한 전략 중 하나입니다. 물론 일부 투자자들은 저희가 로봇 회사인지 F&B 회사인지 헷갈려하지만 지금은 저희의 전략을 지지하는 투자자들이 많이 늘어났고, 이전에 비해 저희 사업 구조에 호감을 표시하는 투자자들이 많아졌습니다.

시장조사 기관 인텔리전스에 따르면 로봇 시장은 2026년 약 100조 원 가까이 성장한다고 합니다. 향후 로봇 시장의 트렌드나 변화에 대한 대표님의 생각이 궁금합니다.

예전에는 로봇이 주로 공장 자동화 분야에서 효율성을 높이는 데 사용되어 왔습니다. 주로 산업 현장이나 공장에서 자동차, 비행기, 선박 등을 제작하는 데 사용되었기 때문에 일상생활에서는 로봇을 보기가 어려웠습니다. 하지만 지난 10년 동안 로봇의 혁신이 많이 이루어졌고 최근 몇 년 동안에는 로봇이 일상생활에서도 많이 활용되면서 시장이 크게 성장하고 있습니다. 산업용 로봇 시장보다 서비스 로봇 시장이 수십, 수백 배 더 클 수밖에 없고 이미 추월하고 있습니다. 장기적으로 어디까지 인간의 직업을 대체할지 모르겠지만 엄청나게 큰 가능성을 지니고 있는 것은 분명합니다. 그만큼 잠재력이 큰 시장이기 때문에 투자금과 고급 인력들이 몰리고, 그에 따른 기대감이 상승하고 있습니다. 우리나라와 일본을 포함해 대부분의 선진국에서는 인구 감소가 가장 큰 문제 중 하나입니다. 또한 젊은 세대들은 힘든 일을 하지 않으려 하고, 일을 하더라도 더욱 짧게 하고 삶을 즐기려는 긱이코노미 경향이 나타나고 있습니다. 로봇은 사람이 하던 힘든 일을 맡아주고, 노동 강도를 줄이는 역할을 합니다. 로봇은 앞으로 선택이 아니라 필수적인 제품이 될 것이며 그만큼 시장이 성장할 것으로 예상됩니다.

사회가 정상적으로 돌아가려면 사회 구성원의 15%는 3D(Dangerous, Dirty, Difficult) 관련 업종에 종사해야 한다는 글을 본 적이 있습니다. 앞으로는 이런 3D 업종의 일을 로봇들이 하게 될까요?

맞습니다. 현재 로봇이 대체하고 있는 직업들은 대부분 어느 정도 사회적 합의가 이루어졌습니다. 다양한 통계 자료와 트렌드를 보면 로봇이 대체하면서 사람들의 일자리가 점차 줄어드는 것은 사실입니다. 과거에는 기계가 인간의 일자리를 빼앗는다는 이유로 기계를 부수는 러다이트 운동luddite movement이 벌어지기도 했습니다. 따라서 이 문제에 대한 대응책을 마련하지 않으면 오히려 더 큰 문제가 발생할 수 있습니다. 이것은 소를 키우는 것과 비슷한 상황입니다. 현재 소를 키우는 사람이 많이 줄어든 이유는 시대가 변화하면서 더 이상 소를 키우는 일이 수익을 가져다주지 않기 때문입니다. 로봇이 소를 키우는 일을 대신하면서, 우리는 좀 더 창의적이고 혁신적인 일을 해야 한다는 것이 현재의 사회적인 추세입니다. 따라서 저희는 이 변화에 대비해 적극적으로 대응할 계획입니다.

스타트업 액셀러레이터 퓨처플레이의 창업 멤버이기도 하고 다양한 창업 경험과 매각 경험이 있으신데요, 엑스와이지를 통한 엑싯 계획은 어떻게 되시나요? 로봇 산업의 특성상 우리나라 대기업뿐만 아니라 해외의 글로벌 기업에서도 인수 제안이 올 수 있을 것 같습니다.

저는 엑싯이라는 개념은 도구에 불과하다고 생각합니다. 사실 제가 사업을 하는 것도 도구 중 하나일 뿐입니다. 저희 회사에서 만든 로봇이 사람들에게 의미 있는 가치를 제공하고 사람들이 행복해지는 것이 제 목표입니다. 저는 대표나 사장이 되어 권력을 갖는 것이 목적이 아니기 때문에, 목표 달성에 가장 효과적인 방법이 엑싯이라면 언제든 그것을 선택할 것입니다. 만약 매각보다 상장이 더 효과적이라면 상장을 선택할 것입니다. 모든 것이 도구적인 관점에서 볼 때 더욱 확장됩니다. 그러나 다수의 대표들은 엑싯 제안을 받게 되면 선택의 기로에 서게 됩니다. 예를 들어 1조 원의 가치로 인수 제안을 받는다면 어떤 사람들은 너무 큰 금액이니 바로 회사를 매각할 수도 있고, 어떤 사람들은 '우리 회사는 10조 원의 가치가 있다'라며 거절할 수도 있습니다. 개인적으로 1조 원이나 10조 원 같은 돈의 개념은 약간 형이상학적인 것 같습니다. 제 통장에 들어오는 돈이나 그 가치에 대해서는 크게 중요하게 생각하지 않습니다. 이는 좀 이상하게 들릴 수도 있겠지만, 그게 제가 살아가는 방식이고 개인적인 철학입니다.

엑싯에 대한 생각이 다른 스타트업 대표들과 많이 다른데요, 이미 첫 번째 엑싯을 통해 돈을 많이 벌어 돈에 대해 초월하셨기 때문일까요?

사실 그렇게 많은 돈을 벌지는 않았습니다. 그보다는 제가 오랫동안 이 분야에서 경험을 쌓으면서 돈보다 더 중요한 가치를 깨달았기 때문입니다. 돈이 많은 사람들이 주변에 많기 때문에 돈으로 인해 불행한 사람도 많이 보았습니다. 그래서 돈의 가치에 대한 중립적인 시각을 가지게 되었습니다. 이것은 처음에는 믿을 수 없었던 일이었지만, 현재는 돈이 주는 행복은 일차원적인 것이며, 창업자들이 말하는 1조 원의 가치는 단순히 돈이 아니라 회사가 그만큼의 가치가 있다는 것을 의미하는 것이라고 생각합니다. 개인적으로 로보틱스 분야는 작은 스타트업보다 대형 회사들이 더 잘 수행할 수 있는 분야라고 생각합니다. 제품의 양산 능력뿐만 아니라 부품 수급 및 퀄리티 컨트롤이 매우 중요하며 전체 소비자에게 영향을 미치기 때문입니다. 따라서 로보틱스 분야의 우위를 점하고 있는 큰 기업들이 합리적인 파트너십을 제안하고 저희가 협력할 수 있다면 인수도 나쁘지 않은 선택일 것 같습니다. 이에 대한 가격적인 측면은 중요하지 않습니다.

카이스트 졸업하고 연구원을 하면서 편하게 살 수 있음에도 불구하고 끊임없이 연쇄 창업자의 길을 걷는 원동력은 무엇인가요?

저는 창업이 정말 재미있습니다. 게임처럼 생각하는 분도 있는데, 실제로는 너무 고통스러운 경험이기 때문에 게임 같은 개념은 아닙니다. 다만 고생한 만큼 보람이나 성취감을 느끼는 것 같습니다. 제대로 안 되는 일들이 있을 때마다 함께 고생하면서 극복해 나가는 과정, 고객들이 좋아하는 모습, 팀원들이 뭔가를 해내고 기뻐하는 모습 이런 데서 오는 쾌감은 정말 뜻깊은 경험이 되는 것 같습니다. 이 일을 하면서 조금씩이나마 세상을 좋게 바꿔나가는 데 일조하는 느낌 또한 중요합니다. 제 아이가 이제 9살이 되었는데 아이에게 좀 더 좋은 세상을 보여주고 물려주고 싶은 생각도 있습니다.

회사를 운영하는 데 있어서 타협할 수 없는 철학이나 기업 문화가 있다면 소개해 주세요.

회사의 핵심 철학 중 가장 중요한 것은 고객 중심 디자인●입니다. 제가 석사 과정에서 연구하면서 이를 강조하게 되었는데, 디자인이란 유저 또는 고객을 중심으로 생각해야 한다는 의미입니다. 따라서 기술 개발은 물론 회사에서 제공하는 모든 제품과 서비스는 고객 중심으로 설계되어야 합니다. 또한 경영 전략에 있어서도 고객 중심을 바탕으로 한 전략 수립이 필수적입니다. 현장 중심, 고객 중심으로 회사를 운영하고 있기 때문에 로봇 카페도 운영하는 것입니다. 저희는 카페를 통해 더 많은 고객을 알기 위해 노력하고 있습니다. 이제는 고객을 만족시키기 위한 노력이 제품이나 서비스만큼 중요해졌다고 생각합니다. 이는 단순히 매출을 창출하는 것이 아니라, 고객에게 만족감을 제공하고 장기적인 관계를 형성할 수 있기 때문입니다.

● 고객 중심 디자인UCD, User Centered Design은 제품 또는 서비스 디자인 시 고객이 중심이 되는 디자인 방식을 말한다. 이는 제품 또는 서비스를 만들 때 고객의 입장에서 바라보고, 고객의 니즈와 요구사항을 파악해 그에 따른 디자인을 수행하는 것이다. 고객의 요구에 부합하는 제품을 개발함으로써 고객 만족도를 높이고, 제품의 사용성 및 효과성을 개선할 수 있다. UCD는 다양한 단계로 구성되며 사용자 연구, 프로토타이핑, 테스트 및 평가 등의 단계를 거쳐 제품 또는 서비스를 개발한다. 이 과정에서 사용자가 제품 또는 서비스를 사용하는 방식과 사용자 경험을 분석하고, 이를 바탕으로 디자인을 수정하고 개선한다.

앞으로 3년에서 5년 정도 뒤의 목표나 비전은 무엇인가요? 회사와 개인을 분리해서 말씀해 주셔도 좋습니다.

저희 회사의 1차 목표는 우선 상장을 하는 것입니다. 현재 국내 코스닥 상장을 검토 중입니다. 이제 창업 4년 차로 상장이 아직 이르긴 하지만 철저하게 준비해서 진행해 보려고 합니다.

개인적인 목표는 아직 깊게 생각해 보지 못했지만 제가 클래식한 방식을 좋아하기 때문에 회사 운영에 있어서도 한 번도 경험하지 않은 클래식한 길을 가보고 싶은 욕구가 있습니다. 최근 몇 년 동안 스타트업에서 영어 이름을 사용하고 젊은 친구들끼리 모여서 수평적인 문화를 추구하는 것이 유행이었습니다. 저희 회사는 성장하면서 조금씩 클래식한 분위기로 변하게 되었는데, 이것은 약간 관료적이고 정치적인 면이 생길 수 있지만, 더 안정적인 분위기가 형성되어 효율성이 증대되는 것 같습니다.

스타트업의 문화와 조직 구조는 지속적으로 변화하고 있습니다. 이전에는 '힙한 문화'라는 말로 형용되던 조직 문화가 최선이라고 여겨졌지만, 현재는 그것이 적합하지 않다는 것을 인식하고 반성하고 있는 분위기입니다. 스타트업들은 이제 좀 더 전문적이고 성숙한 조직문화를 추구하며, 수평적인 조직문화보다는 선택적이며 효율적인 구조를 선호합니다. 이는 회사 내부의 직급과 직책을 다시 도입하는 것과 같은 변화로 나타날 수 있습니다. 예를 들어 해당 회사에서는 한글 이름으로 변경하고 수석과 선임 등 몇 가지 직급과 직책을 도입해 효율적인 업무 운영을 추구하는 것입니다. 결론적으로 스타트업은 시장 환경과 함께 지속적으로 발전해야 하며, 이를 위해 조직문화와 구조 등을 지속적으로 개선해야 합니다. 이를 통해 좀 더 전문적이고 효율적인 조직 문화를 구축하고, 성장과 발전을 이룰 수 있을 것입니다. 저희는 지금까지 약 3개월간 기존의 스타트업 방식이 아니라 다소 클래식한 방식으로 회사를 운영해 왔는데 매우 효율적이고 직원들 만족도도 높은 편입니다. 앞으로도 임직원들 모두 효율적으로 행복하게 일할 수 있는 방법을 찾기 위해 노력할 예정입니다.

창업자의 길이 굉장히 힘들다고 하셨는데, 만약 과거로 돌아 간다면 다시 창업자의 길을 걸으실 건가요?
창업을 준비하거나 창업을 한 후배들에게 비슷한 질문을 많이 받는데 창업은 목적이 아니라 도구라고 생각합니다. 창업은 뭔 가를 이루기 위한 도구이며, 어떤 문제를 해결하고 싶을 때 그 도구를 사용하는 것입니다. 예를 들어 저는 처음에는 퓨처플레 이와 플런티 엑싯을 통해 자금을 모은 뒤 퇴직하고 카페를 열 고 쉬려고 했습니다. 하지만 카페에 아르바이트생을 매번 뽑는 것이 어려워 직접 일하게 되었고, 결국 카페 운영이 힘들어져서 포기하게 되었습니다. 이처럼 창업은 계획대로 되지 않을 수 있 습니다. 하지만 이런 경험으로 인해 다시 로봇 카페를 만들게 되기도 합니다. 따라서 창업자들은 현재 무엇을 하고 있는지가 아닌, 그들이 가진 비전과 목표를 중심으로 그것이 어떻게 지금 하는 일과 연결되어 있는지를 설명할 수 있어야 합니다. 그렇기 때문에 과거로 돌아가도 무조건 다시 창업을 한다고 말씀드리기는 어렵지만 해결해야 할 일과 필요한 에너지가 있다면 도구로써 창업을 선택할 것입니다.

마지막으로 후배 창업자에게 해주고 싶은 말이 있나요?

요즘에는 챗GPT와 같은 유용한 도구들이 많이 등장하고 있어서, 이런 기술과 도구들을 잘 활용해 사회적 문제를 해결하면 좋은 비즈니스가 될 수 있다고 생각합니다. 예전에는 도구들의 임팩트가 작았기 때문에 많은 사람들을 고용하고 빛을 내서 어렵게 회사를 창업해야 했지만 지금은 도구들이 매우 진보되어 있습니다. 이제는 인공지능, 빅데이터, 로봇, 블록체인 등의 기술을 활용해 평범한 사람도 큰 회사를 만들 수 있게 되었습니다. 예를 들어 지금은 한 사람이 100조 원짜리 회사를 만들 수 있고 100만 명의 유저를 빠르게 모을 수도 있는 세상이 되었습니다. 이런 속도는 기하급수적으로 빨라지고 있습니다. 이러한 배경에서, 창업이라는 도구를 통해 큰 기회를 잡을 수 있다고 생각하기 때문에 도전해 보는 것을 추천합니다.

법률 정보를 최적의 형태로
제공하는 기술

/

엘박스LBox

기업 개요

엘박스는 전국의 법원 판결문, 뉴스, 참고문헌 등 법률 데이터 검색서비스를 제공하는 리걸테크^{legal tech} 스타트업이다. 엘박스는 대한민국 법률 정보 시장에서 선두를 달리고 있으며, 국내 최다인 총 200만 건의 판례 데이터베이스에 인공지능 기술을 활용한 강력한 검색 기술을 보유하고 있다.

기존의 유사 서비스보다 빠르고 정확한 판례 검색 및 분석이 가능하고 법률 전문가들의 노력을 대폭 줄여준다는 평을 받으며 김앤장, 광장, 태평양 등 우리나라를 대표하는 최고의 로펌들을 비롯해 국내 전체 변호사의 40% 수준인 1만 2,000명의 변호사가 사용하는 필수 서비스로 빠르게 성장하고 있다.

엘박스는 2019년에 창업했으며 2023년 8월 기준으로 직원 수는 35명, 누적 투자 금액은 240억 원 수준이다.

리걸테크 시장 개요

리걸테크는 법률 분야에서 인공지능, 빅데이터 등의 디지털 기술을 활용해 혁신을 만드는 것을 말한다. 기술과 법률이 결합되어 다양한 법률 서비스를 제공하며, 법률 분야에서 디지털 변화가 빠르게 이루어지면서 리걸테크 시장이 급격한 성장을 이루고 있다.

기존에는 전문적인 법률 서비스를 제공하는 변호사나 법무사가 대면상담을 통해 법률 서류를 작성하는 것이 일반적이었지만 최근에는 인터넷 검색, 모바일 서비스, 인공지능 등의 기술을 이용해 법률 관련 정보를 쉽게 얻을 수 있고, 법률 서비스 업체에서는 전자 서명, 온라인 상담, 클라우드 법률 문서 등의 서비스를 제공하고 있다. 또한 법률 분야에서의 빅데이터 분석은 새로운 사례 발굴 및 전략 수립 등에 활용되고 있으며, 인공지능 기술을 이용한 법률 서비스 업체들은 법률 분야에서 높은 수준의 자동화를 실현하고 있다.

시장조사업체 스태티스타에 따르면 전 세계 리걸테크 시장은 2021년 276억 달러(약 35조 원)에서 연평균 3.7% 성장해 오는 2027년 356억 달러(약 46조 원) 규모를 형성할 것으로 전망된다. 한국의 리걸테크는 아직 태동기로 법률 서비스 시장 규모가 약 10조 원 정도로 추산된다.

INTERVIEWEE

이진 창업자 겸 대표이사

엘박스에 대해 간략히 소개해 주세요.

판결문부터 뉴스와 참고문헌 등을 일괄적으로 검색할 수 있는 서비스를 제공하는 리걸테크 기업으로, 이외에도 검색 기능에 AI 기술을 접목해 판사별 판결 성향 분석, AI 판사 판결 결과 예측 등의 다양한 서비스를 제공하고 있습니다.

김앤장 법률사무소에서 변호사로 일하셨다고 들었습니다. 변호사 시절에 필요성을 느껴서 직접 창업을 결심하신 건가요? 엘박스가 느낀 고객의 페인 포인트는 무엇이며, 그것이 법조계에서 갖는 의미는 무엇인가요?

인간은 사회적인 존재이기 때문에 관계를 맺으면서 살아가야 합니다. 이러한 관계에서 대부분의 중요한 문제는 법과 관련이 있습니다. 결혼은 혼인 계약과 이혼 계약으로 이루어져 있고 부동산 거래나 유산 상속 등의 문제들도 법과 연결되어 있습니다. 이처럼 우리는 중요한 관계를 지금도 맺고 있고 앞으로도 맺을 것입니다. 그러나 문제는 법이 복잡하고 난해하며 어렵다는 것입니다. 우리는 법의 복잡성을 이해하기 위해 많은 사회적 비용을 치러야 합니다. 예를 들면 변호사마다 수임료가 천차만별인데 그 이유가 명확하지 않습니다. 이러한 상황에서 고객들은 전관예우를 받거나 더 비싼 변호사를 선택하며 높은 승소율을 기대하지만 데이터를 분석해 보면 선택한 변호사가 유사한 사건을 전혀 다뤄보지 않았을 가능성이 높습니다.

저희 회사는 법률 정보의 격차 때문에 의사결정의 불합리성과 사회적 비용이 발생하는 문제를 해결하고자 합니다. 법률 분야에서는 불확실성과 난해성으로 인해 정보의 불균등성이 발생하며, 이는 높은 사회적 비용으로 이어집니다. 이에 대한 대응책으로 법률 데이터를 더욱 빠르게 많은 사람들이 사용할 수 있도록 제공하겠다는 비전을 가지고 있습니다. 저희는 법률 데이터의 범위를 넓게 잡고 있습니다. 판례나 법률 등 일반적인 법률 정보뿐만 아니라, 특정 사건에 대한 가장 적합한 변호사나 판사 정보 등을 제공하는 것도 중요한 법률 데이터로 여깁니다.

이러한 정보에 대한 수요는 일반 의뢰인뿐만 아니라 전문 변호사, 국가 기관, 기업 등 다양한 분야에서 존재할 수 있습니다. 수요의 형태는 다양할 수 있지만, 이를 충족시키기 위해 노력하고 있습니다.

피스컬노트FiscalNote가 미국에서 상장했고 국내에도 리걸테크 관련 스타트업이 많이 늘어나고 있습니다. 로톡 같은 스타트업은 변호사협회와 마찰을 겪으면서 힘든 시간을 보내기도 했습니다. 엘박스가 기존 법률 서비스 시장의 패러다임을 바꾸고 있는 것 같은데 다른 리걸테크 스타트업들과 차별화되는 포인트는 무엇인가요?

엘박스의 차별화 요소 중 첫 번째는 국내 최다의 데이터베이스DB입니다. 2023년 5월 기준으로 약 230만 건의 판례를 보유하고 있습니다. 또한 엘박스의 DB는 질적으로도 우수하며 뛰어난 판례들로 가득 차 있습니다. 엘박스에는 실무적으로 가장 중요하고 필요한 판례들이 이미 대부분 등록되어 있기 때문에 법률 정보가 필요한 사용자들은 수많은 판례들을 쉽게 찾을 수 있습니다. 현재 약 1만 2,000천 명 이상의 변호사들이 이미 등록되어 있으며, 거의 매달 500명의 새로운 변호사들이 가입하고 있습니다. 이는 전체 시장 규모에서 40%를 차지합니다. 엘박스의 DB는 이미 등록된 변호사들과 함께 만들어졌으며, 이는 DB를 빠르게 확장시키는 가장 큰 경쟁력 중 하나입니다.

엘박스의 두 번째 차별화 요소는 데이터 가공 능력입니다. 엘박스는 사업 초기부터 데이터 가공 능력을 내재화할 것인지 외주로 줄 것인지에 대해 많은 고민을 했습니다. 내부적으로 검토한 결과 내재화하는 것이 외주에 맡기는 것보다 비용 대비 효과가 3배 정도 좋다는 것과 데이터 가공 원가가 120배 정도 차이난다는 것을 확인했습니다. 그래서 2019년부터 모든 데이터를 내부 인력이 가공해 왔으며 현재는 사업 초기에 비해 데이터 가공 효율이 약 40배 정도 향상되었습니다.

한국에서는 많은 법률 데이터들이 대부분 이미지 형태로 되어 있는데 주요 원인은 법원에서 제공하는 판례 데이터가 이미지이기 때문입니다. 이런 이미지 속에 있는 텍스트를 데이터로 추출하기 위해서는 여러 기술과 가공 과정이 필요한데 엘박스는 이 부분에서 굉장히 압도적인 경쟁력을 갖고 있습니다. 현재 엘박스는 단순히 텍스트를 추출하는 1차 가공의 영역을 넘어 데이터의 차원을 높이는 작업을 하고 있습니다. 이는 단순히 하얀 종이와 검은 글자가 아닌, 글자의 의미와 사실 관계 및 법률 판단 등을 추출하는 작업을 의미합니다. 이러한 2차 가공의 영역에서 기술 발전 속도가 엄청나게 빨라지고 있습니다.

판례 이미지에서 OCR●과 키밸류 추출○까지 내부 기술로 하고 있나요?

저희 내부 기술로 모두 진행하고 있습니다. 엘박스의 또 다른 경쟁력은 높은 수준의 사용자 풀입니다. 네이버 엑스퍼트가 약 1,500명의 변호사가 이용한 것으로 알려져 있는데, 엘박스는 이미 1만 2,000명의 변호사가 이용하고 있으며 김앤장, 광장, 태평양 등 국내 탑티어의 로펌들도 대부분 이용하고 있습니다. 저희 서비스를 사용하는 변호사들은 DB를 수동적으로 사용하는 것이 아니라, 엘박스의 DB와 계속 교류하고 본인이 소유한 판례를 공유하면서 강화시키고 있습니다. 저희는 이런 분들을 단순히 소비자가 아니라 파트너라고 생각하고 있습니다.

저희의 핵심 가치는 고객중심이라는 것입니다. 모든 의사결

● OCR은 광학 문자 인식Optical Character Recognition의 약자로, 이미지나 문서를 스캔하거나 촬영해 디지털 데이터로 변환하는 기술을 의미한다. 일반적으로 인쇄물, 손글씨, 서명 등을 인식해 텍스트 데이터로 변환한다. 이를 통해 기존에는 종이로 저장되어 있던 정보를 디지털로 변환할 수 있으며, 이를 활용해 검색, 분류, 보관 등의 작업을 수행할 수 있다.

○ 키밸류key-value 추출은 OCR으로 인식된 텍스트에서 원하는 정보를 추출하는 방법 중 하나다. 예를 들어 영수증에서는 일반적으로 상품명, 수량, 가격 등의 정보가 키-밸류 쌍으로 표현되는데 이때 OCR으로 인식된 텍스트에서 키와 밸류를 구분해 추출하는 것이 목적이다. 이를 통해 상품 구매 내역 등의 정보를 자동으로 추출할 수 있다.

정에서 고객을 최우선 순위로 합니다. 예를 들어 저희가 사업을 시작하고 엄청난 노력 끝에 27만 개의 판결문을 모았을 때, 중요한 문제점을 발견했습니다. 저희가 갖고 있는 판결문 중 약 10만 건 가까이에 오류가 있었습니다. 이에 대한 고민을 했고, 결국 고객 가치와 신뢰의 가치를 중요하게 생각해 스스로 판결문을 제거하기로 결정했습니다. 이러한 결과로 인해 판결문의 수는 17만 개로 감소했지만, 다시 데이터를 확보해 지금까지 오게 되었습니다.

최근에도 비슷한 상황이 발생했습니다. 경쟁 업체들이 '부분 판례'라는 개념을 도입해 본인들이 국내 최대 DB 보유라고 광고를 하기도 했습니다. 하지만 저희는 그렇게 하지 않았습니다. 판례를 필요로 하는 사용자들의 본질적인 니즈에 대해 고민했기 때문입니다. 판례란 사법절차에서 결정된 사례들을 말합니다. 물론 사용자 입장에서 판례의 일부분만 필요할 수도 있지만 전체적인 판례를 봐야 할 때가 더 많습니다. 부분 판례를 다수 보유하고 있으면 마케팅에는 도움이 될지 모르지만 전체 판례를 필요로 하는 사용자를 만족시킬 수 없습니다. 그래서 저희는 부분 판례라는 개념을 도입해서 다시 국내 최대라고 광고를할 수 있었지만 그렇게 하지 않았습니다.

수많은 유혹의 순간들, 어려운 의사결정을 내려야 하는 순간들에 얼마만큼 고객을 앞에 놓고 판단하고 실행할 수 있느냐가 정말 중요한 것 같습니다. 이런 부분들이 엘박스의 큰 경쟁력이라고 생각하고 있습니다. 고객 만족을 위해 어떤 노력을 하는지는 조직 문화의 핵심 가치 중 하나입니다. 이는 모든 회사가 공유하는 가치 중 하나이며, 가치는 실질적인 의사결정의 순간에서 나타납니다.

주요 고객이 대기업, 정부 기관, 로펌입니다. 이로 인해 발생하는 리스크나 주의해야 할 점이 있을 것 같은데요.

대기업, 정부 기관, 로펌과의 거래에서 발생할 수 있는 리스크는 그렇게 특별한 것은 없습니다. 일반 개인 고객들과 크게 다르게 생각하지 않습니다. 저희에게 매달 돈을 지불하는 B2B 고객이 150개가 넘어가는데 사실 저희는 별도의 담당자도 없습니다. 저희 고객은 B2C에서 B2B로 전환되는 과정을 거쳐서 오게 되기 때문에 이러한 현상이 발생합니다. 대형 로펌에서도 처음에는 변호사 1명이 직접 개인 돈을 내고 사용하지만 동료 변호사들과 얘기하다가 자연스럽게 소개를 하게 되고 특정 로펌에서 사용하는 변호사가 많아지고 이런 목소리가 모이기 시작하면서 종국에는 회사가 돈을 내고 사용하게 되는 상황이 벌어지게 됩니다. 회사 차원에서는 사내 변호사 중에 얼마나 많은 사람들이 사용하는지, 사용하고 싶은지 수요 조사를 하게 되는데 수요 조사 자체가 잠재적인 수요를 불러일으키게 되어, 실제로 20명이 사용하고 있었지만 계약할 때는 100명 정도로 계약이 되기도 합니다. 이러한 방식으로 저희는 확장해 나가고 있습니다.

소송에 도움이 되기 때문에 변호사들 입장에서 '나만 알고 싶은 엘박스'가 아닐까 생각했는데 그렇지 않나 보네요. 좋은 건 공유하고 같이 쓰는 분위기인가 봅니다.

맞습니다. 물론 변호사들은 서로 경쟁 관계에 있기 때문에, 함께 저녁을 먹은 친한 사람이 다음 날 소송에서 자신의 경쟁상대가 될 수도 있습니다. 그러나 중요한 것은 업무 과정에서 교류가 일어나야 한다는 것입니다. 판례나 이전의 사례들을 동원해서 판사를 설득해야 하기 때문입니다. 그렇기 때문에 판례를 공유하는 것은 지극히 자연스러운 일입니다.

돈을 지불하고 엘박스를 이용하는 변호사들이 자기가 보유한 판례를 올리는 이유는 무엇인가요? 포인트나 적립금 같은 보상이 있나요?

사업 초반에 서비스가 완전 무료였을 때부터 많은 변호사들이 자신의 판례를 엘박스에 올려주고 있습니다. 어떤 변호사는 500개 가까이 올린 분도 있습니다. 판례 500개의 의미는 거의 10년 치 자료가 되는 수준입니다. 사업 초기에는 서비스가 무료이고 수익모델이 없다 보니 따로 드릴 것도 없었습니다. 그래서 저희가 변호사들을 인터뷰하면서 왜 판례를 올리는지 물어봤는데, 한 변호사가 "나도 쓰고 옆방 변호사도 쓰고, 변호사들이 대부분 다 쓰는데, 변호사를 찾는 사람들은 안 쓸까?"라고 말했습니다. 그래서 내린 결론은 이 판례가 자신의 것이라는 것, 즉 자신이 수행한 성공 사례임을 보여주기 위한 마케팅 수단으로 판례를 올린다는 것입니다. 이후 많은 변호사들을 만나면서 비즈니스적인 인사이트를 얻을 수 있었고 서비스를 유료화하면서 판례 업로드에 대한 보상의 개념으로 포인트를 주기 시작했습니다. 이 포인트를 사용하면 저희의 독점성을 강화시킬 수 있습니다. 다른 곳에서는 포인트를 사용할 수 없으니까요. 포인트를 지급하기 시작하자 판례 업로드 또한 함께 늘어났습니다. 결국 저희는 변호사들과의 파트너십을 통해 데이터를 확보하고 생태계를 확장하는 데 도움을 받고 있습니다.

변호사들이 플랫폼에 종속되거나 기술에 대한 의존도가 커지는 것을 우려하지는 않나요?
엘박스의 기술과 서비스는 변호사들의 시장을 빼앗는 것이 아니라 변호사들의 업무를 돕는 보완적인 도구입니다. 저희 서비스는 변호사들에게 아이언맨 수트를 입히는 것으로 생각합니다. 물론 아이언맨 수트를 입어도 안에 있는 사람은 바뀌지 않습니다. 변호사들은 변호사가 되기 위해 어려운 도전을 했고 그 결과 현재 위치에 있는 것입니다. 하지만 다양한 사건의 소송 전략을 수립하고 어려운 법률 논리를 만들어내기 위해서는 많은 노동력을 필요로 합니다. 이를 해결하기 위해 아이언맨 수트를 만들어 데이터와 기술의 힘으로 변호사들을 돕는 것이 저희의 목표입니다.

미국의 경우 변호사들이 경쟁력을 유지하는 데 중요한 조항이 있습니다. 컴피턴시Competency라는 것인데, 변호사들이 시장에서 존재하는 기술을 이해하고 적절한 기술을 선택해야 하는 의무가 있다는 것입니다. 우리나라는 마치 기술이 나의 밥그릇을 침해할 것처럼 이야기하고 있습니다. 반면에 미국은 변호사들에게 기술 의무를 부여하고 그에 대한 기술적 지식을 유지하는 것이 중요하다고 생각합니다. 변호사 업의 존재 의의는 결국 국민을 지키는 데 있습니다. 변호사는 국민을 대변하고 그들의 이익을 위해 일합니다. 저는 우리나라도 점진적으로 미국처럼 바뀌어갈 것으로 생각합니다.

DB는 어떻게 확보하시나요? 변호사들이 소송을 진행했던 판례를 업로드하나요? 아니면 엘박스 직원들이 일일이 입력하나요? 엘박스의 비즈니스 프로세스에 대해 말씀 부탁드립니다.
판결문 공개에 대한 우리나라 정부의 인색함은 두 가지 차원에서 나타납니다. 첫째는 공개되는 판결문의 양적인 측면인데 매년 선고되는 판결문 약 150만 건 중 대외적으로 공개되는 비율이 0.2%로 매우 적습니다.

둘째는 공개하는 방식의 측면으로 판결문을 편집이 불가능한 이미지 파일 형태로 공개하고 있습니다. 사용자 입장에서는 텍스트 파일로 공개하는 것이 가장 효율적이지만 이미지로 제공하기 때문에 엘박스와 같은 기업들은 판결문을 입수하고, 이미지 파일을 텍스트로 빠르게 전환하는 데 어려움을 겪고 있습니다. 사업 초기에는 제가 직접 데이터 엔지니어와 함께 작업을 하면서, 판결문을 입수하면 타이핑으로 전사하는 작업을 매일 새벽 2~3시까지 해야만 했습니다. 매우 고된 작업이었지만 그렇게 해도 하루 30~40개 정도의 데이터만 확보할 수 있었습니다. 이런 문제를 해결하고자 아르바이트 직원을 고용하기 시작했고 급기야 정직원은 5명인데 아르바이트생이 300명이 넘어간 적도 있습니다. 물론 지금은 뛰어난 개발자들을 영입해 알고리즘으로 대체했고, 구글이나 네이버보다 법률 데이터의 판독에서 정확도가 높은 OCR 기술을 보유하고 있습니다.

판결문을 모으고 판례를 데이터화하는 일은 사실 누구나 할 수 있는 일입니다. 하지만 그 양이 어마어마하고 오랜 시간 동안 매달려야 하는 일이기 때문에 아무도 따라 하지 않았습니다. 저는 개인적으로 세상에는 똑똑한 사람은 많지만, 스케일러블하지 않은 일을 하는 사람은 적다고 생각합니다. 이런 일을 하기 위해서는 우직하게 일을 하는 것이 필요합니다. 그러나 대부분의 똑똑한 사람들은 자기가 하는 일과 자신의 가치를 연동시키는 경향이 있어, 이러한 일을 하면 자아를 지키지 못하는 경우도 많습니다. 하지만 때로는 명확한 전략과 결단력을 가진 사람들이 상당한 기간 동안 우직하게 허드렛일을 감당할 수 있어야 합니다.

저는 이 일이 반드시 사회에 필요하고 제가 해야 한다는 사명감과 신념으로 사업을 시작했습니다. 처음에는 아주 힘들었지만 데이터가 쌓이고 판결문이 많아지면서 조금씩 인정과 주목을 받았고, 외부 투자를 받으면서 역량 있는 멤버들이 참여하기 시작했습니다. 그 결과 특허 4개를 출원하고 세계적인 학회에 논문을 출품하는 등 기술력을 대외적으로 인정받았습니다. 이러한 과정에서 많은 어려움을 겪었지만 그 어려움 속에서도 저희는 뚫어나갈 수 있는 길을 찾아냈습니다. 다른 사람들이 우아하게 널빤지의 얇은 부분을 뚫으려고 만지작거릴 때 저희는 가장 두껍고 어려운 부분을 골라 뚫었던 것입니다.

정부에서 공개하는 판례가 질적·양적으로 부족하다고 하셨는데 그 이유가 무엇인가요? 또한 현 정부가 디지털 플랫폼 정부를 지향하고 있는데 향후 판례를 텍스트 형태로 모두 공개하는 등의 잠재 리스크는 없는지도 궁금합니다.

미국은 판결문을 모두 공개하고 있지만 한국의 경우 판결문을 완전히 공개하는 데는 많은 어려움이 있습니다. 정부 입장에서 생각해 보면, 첫째로는 인권 이슈입니다. 형사 판결문의 경우 잘못을 저지른 피고인의 인권도 중요합니다. 피고인은 잘못을 저지른 것 이상의 처벌을 받으면 안 됩니다. 그래서 판결문은 공개할 수 없습니다. 마스킹 처리나 개인 정보를 삭제한 데이터의 공유도 어렵습니다. 둘째로는 법적 안정성입니다. 판결문은 3심제가 되어야 확정됩니다. 따라서 확정되기 전까지는 미확정이며 바뀔 수 있습니다. 또한 추정 가능한 요소가 남아 있을 수 있으며, 이는 전체 공개에 대한 어려움으로 작용할 수 있습니다. 판결문이 모두 공개된 상태에서는 확정되지 않은 판결문을 믿고 행동한 사람들이 나중에 판결문이 뒤바뀌어 혼란이 생길 수 있습니다. 그러므로 판결문을 공개하지 않는 정부의 입장도 충분히 이유가 있다고 생각합니다.

하지만 공개하지 않음으로 인해 혹은 너무 적게 공개됨으로 인해 발생하는 문제 또한 많습니다. 현재 상황에서는 법이 후행적이고 자주 바뀔 수 있는 것이 아니기 때문에, 판결문은 법 창조 역량을 갖는 법관들이 법의 빈 공간을 메우는 역할을 하고 있습니다. 판결문은 법 자체보다도 중요한 가치를 갖고 있으며, 공개되지 않음으로 인해 발생하는 비효율성과 혼란 등의 문제는 무시할 수 없습니다. 현재 상황에서는 모든 판결문을 공개하는 것은 어렵고 시간이 많이 소요될 것으로 예상됩니다. 그렇기 때문에 엘박스 같은 서비스가 꼭 필요한 것입니다.

엘박스의 비즈니스 모델과 수익 구조에 대해 말씀 부탁드립니다.

엘박스의 데이터를 이용하기 위해서 고객이 월 구독료를 내야 하는 방식입니다. 기관이나 로펌과 같은 고객들은 연간 요금을 선결제하는 형태의 비즈니스 플랜을 이용하고 있습니다. 이 외에도 저희는 로스쿨이나 비영리 단체를 대상으로 무료 플랜을 제공하고 있는데, 비영리 단체에는 경찰청과 같은 공공기관도 포함되며 이용량을 보면서 조금씩 유료화를 추진할 계획입니다. 유료화를 한다고 하더라도 비용은 일반 기업에 비해 그리 높지 않을 것입니다.

보통 공공의 법률 전문가로 변호사를 떠올리지만, 사실 모든 공무원들이 법률 전문가입니다. 모든 행정 권한은 법에 근거를 두고 있으며, 이를 집행하는 일을 하기 때문입니다. 따라서 저희는 비영리 단체 플랜을 저렴한 비용으로 제공해 공무원들의 업무를 도와주고자 합니다.

로스쿨의 학생들의 경우 저희의 미래 고객이기 때문에 3년간 무료로 이용할 수 있도록 돕고 있습니다. 현재 전국의 1학년부터 3학년까지 총 2,000명씩, 약 6,000명 로스쿨생들이 있으며, 그중 50% 이상이 이미 엘박스를 이용하고 있습니다. 이로 인해 판례를 공부하고 학습하는 로스쿨 학생들이 늘어나고 있으며, 변호사가 되어서도 실무에서 다시 엘박스를 이용하는 선순환 구조를 만들고 있습니다.

엘박스는 판결문 검색 서비스로 시작했지만 여기에서 끝이 아닙니다. 법률 비즈니스 전체를 바라볼 때, 이것은 결국 데이터 비즈니스라는 생각을 가지고 있습니다. 그리고 모든 데이터의 중심에는 변호사들이 있습니다. 그래서 더 많은 변호사들과 강한 데이터 교류 관계 혹은 데이터 파트너십 관계를 만들기 위해 노력하고 있습니다. 이것이 플랫폼의 미래를 좌우한다는 생각을 가지고 있습니다.

저희가 변호사들과 파트너십을 강화하는 방법은 다양하겠지만 마케팅에 비용을 많이 쓰는 방법은 지양하고 있습니다. 저희는 반복 가능하고 지속 가능하며 확장 가능한 방식을 좋아하기 때문에 변호사들이 진정으로 원하는 서비스적 가치를 제공하는 데 집중하고 있습니다. 판결문은 변호사 입장에서 꼭 필요한 자료이기 때문에, 저희는 판결문 검색 서비스를 시작으로, 변호사들과 함께 플랫폼을 확장해 나가는 것을 주요 전략으로 삼았습니다. 변호사들이 필요로 하는 근거를 쉽게 찾을 수 있도록 도와주는 것이 저희의 역할 중 하나라고 생각합니다.

엘박스 요금제

지금까지 240억 원 정도의 투자를 받으셨습니다. 이미 수익이 많이 발생해 굳이 투자를 받지 않아도 되셨을 것 같은데요.

저희는 2019년 창업 이후 매년 투자를 유치해 왔습니다. 모든 비즈니스가 VC^Venture Capital의 투자를 받아야 하는 것은 아니지만, VC 펀딩을 받은 이상 그 의미를 명확히 이해해야 합니다. VC 투자를 받는다는 것은 시간을 돈으로 사는 것을 의미하며 이는 롤러코스터를 타는 것과 같습니다. 앞으로 7년에서 10년 동안 롤러코스터를 타겠다는 각오로 VC 투자를 받는 것이 저희의 전략입니다. 시리즈 B 라운드를 시작할 때 재무 상황이 어느 정도 안정적이었지만, 저희는 시간을 단축시키기 위해 VC 투자를 계속 받아왔습니다.

리걸테크 시장은 결국 데이터 비즈니스이며, 이러한 데이터들은 서로 유기적으로 연결되어 있습니다. 그래서 섬처럼 독립되어 있는 것처럼 보이는 법률 서비스들도 결국은 밑바닥에 있는 데이터와 연결돼 있다는 것입니다. 만약 독점적인 업체가 이 데이터를 지배하게 되면, 이 업체가 다른 서비스들을 지배할 수 있게 되는 것임을 의미합니다. 이러한 상황에서는 시장이 독점화될 가능성이 높아지며, 이는 저희에게 희망의 신호일 수도 있지만, 위기의 신호일 수도 있습니다. 이러한 이유로 저희는 속도가 매우 중요하다고 생각하고 있습니다. 이번 시리즈 B 펀딩으로 현금 재원을 조달한 것도 이러한 이유 때문입니다.

저희가 말하는 독점의 개념은 공정거래법에서 금지하는 경쟁력 전용 독점이 아니라, 다른 경쟁 업체 대비 적어도 10배 더 좋은 고객 가치를 제공할 수 있는 서비스를 만들어 독점력을 창출하고자 하는 것입니다. 이것은 서비스의 가치로부터 독점을 창출하는 것이며, 어떠한 억지로 만들어진 독점이 아닙니다. 예를 들어 골목길에 떡볶이 가게가 3개가 있다고 가정할 때, 만약 한 가게가 다른 가게들보다 10배 맛있으면, 누가 가지 말라고 말려도 결국 그 가게가 손님을 독점하게 될 것입니다. 이러한 원리를 바탕으로, 저희는 고객 가치를 최우선으로 생각하며, 경쟁 업체들보다 적어도 10배 이상 더 나은 서비스를 제공해 경쟁력을 확보하겠다는 뜻입니다.

그렇군요. 향후 투자 유치 계획과 자금 사용처에 대해 말씀 부탁드립니다.

저희는 투자금을 쓸 때 가장 중요하게 생각하는 것이 인재 채용입니다. 아무리 기술이 발달해도 비즈니스에서는 결국 사람이 가장 중요하다고 생각합니다. 따라서 저희는 인재에 대해서 과감하게 투자하고 채용에 많은 비용을 투입할 계획입니다. 현재 시장은 매우 어렵고 수요와 공급이 반대로 역전되는 상황을 보이고 있습니다. 저희의 채용 전략은 많은 인원을 뽑는 것이 아니라 가려서 뽑는 것입니다. 적극적으로 인재를 서칭해 최상의 인재를 뽑을 수 있도록 노력하고 있습니다. 이를 위해 채용 프로세스의 앞단을 강화해 인풋을 늘리고 있습니다. 인풋이 늘어나야 아웃풋이 좋아져 최상의 인재를 뽑을 수 있습니다. 저희가 하고자 하는 일을 수행하기에 최적의 인원수만큼 최고의 인력을 뽑는 것을 목표로 하고 있습니다.

저희는 직원을 일단 채용하면 저희를 믿고 선택해 준 인재들에게 과감한 투자를 합니다. 스타트업치고는 최고 수준의 업무 환경과 장비를 지급하고 업무를 할 때 최대한 스트레스를 받지 않도록 노력합니다. 인원수에 비해 매우 넓고 쾌적한 공간을 제공하며, 점심은 무료로 케이터링으로 제공해 편안하게 식사하고 일할 수 있도록 합니다. 이러한 환경은 앞으로도 저희의 중요한 콘셉트가 될 것입니다. 지금까지 엘박스는 성장하면서 어떤 마케팅 비용도 지출하지 않았습니다. 이는 일부 측면에서는 트렌드와 반대되는 전략이라 할 수 있습니다. 하지만 앞으로 엘박스가 추구하는 비즈니스 모델에는 마케팅이 필수적일 수 있습니다. 그래서 향후 투자를 받을 때는 마케팅 예산에 대한 부분도 고민하려 합니다.

마케팅을 강화한다는 말씀은, 지금까지 주요 고객이 변호사였다면 앞으로 일반 대중이 될 수도 있다는 말씀으로 이해하면 될까요?

그렇게 생각하셔도 됩니다. 엘박스는 모든 법률 정보 사용자들에게 필요한 최상의 정보를 빠르게 제공하겠다는 목표를 가지고 있습니다. 법률 정보는 법조계뿐만 아니라 다른 분야에서도 필요할 수 있습니다. 그래서 사용자들이 필요로 하는 법률 정보의 종류가 조금씩 달라질 것이라 예상하고 있습니다.

2023년 목표와 주요 KPI 등에 대해 말씀 부탁드립니다.

창업한 지 4년 만에 현재 변호사 수는 1만 2,000명이 넘고, 시장점유율은 40% 정도가 되었습니다. 참고로 일본에서 가장 유명한 리걸테크 회사는 벤고시닷컴으로 업력이 20년 넘은 상장 회사이며 일본 전체 변호사의 한 60% 정도가 사용하고 있습니다.

저희 회사와 관련된 지표를 보면 시장 침투가 어느 정도 이루어졌는지 알 수 있습니다. 저희는 김앤장, 광장, 태평양, LG, SK, 삼성 등 대기업을 포함한 기관 고객들이 약 150개 정도 되며, 비영리로 제공하는 곳은 이 숫자에서 제외됩니다. 2021년 12월에 서비스를 유료화시켰고 월별 매출은 평균적으로 15% 정도 성장하고 있습니다. 매출 성장이 지속적으로 유지되고 있어 안정적입니다.

2022년에는 200억을 투자 유치한 것이 큰 성과였습니다. 저는 투자 유치를 받은 것에 대해 매우 중요하고 감사하게 생각합니다. 투자 유치에 대한 저의 시각은 투자자들은 점이 아닌 선에 투자한다는 것입니다. 그래서 저는 그 선을 만들기 위해 꾸준히 노력하고 있습니다. 저는 분기별로 주주들에게 투자자 레터를 보내고 있습니다. 투자자 레터에서 가장 중요한 내용은 다음 분기 목표에 대한 명확한 약속입니다. 그래서 가끔 보내기 힘들 때도 있습니다. 목표 자체가 달성하기 어려울 때도 있고 약속을 어기는 사람이 되고 싶지 않기 때문입니다. 앞서 말씀드린 대로 투자자들은 점이 아니라 선에 투자하기 때문에 끊임없이 스토리를 전달하고 교류해야 합니다.

또한 기존 주주들은 저희가 후속 투자를 받을 때 가장 큰 힘이 되는 사람들이라고 생각합니다. 기존 투자자들이 후속 투자를 해주면 저희는 많은 시간을 절약할 수 있습니다. 따라서 저는 기존 주주들을 신규 주주들보다 어떤 면에서는 더 소중하게 생각해야 한다는 전략을 가지고 있습니다.

엘박스의 기술력과 데이터 확보 역량으로 피스컬노트 이상 가는 다양한 사업 영역으로 확장이 될 수 있을 것 같은데요, 해외 진출도 염두에 두고 있는지 궁금합니다.

저는 피스컬노트가 하는 일이 매우 위대하다고 생각합니다. 피스컬노트가 하는 것도 결국 저희가 하는 것과 크게 다르지 않습니다. 데이터 기반의 법률을 고객에게 가치로 제공해 매출로 이어지는 구조입니다. 특히 미국은 주마다 법이 다르고 연방법도 별도로 존재하므로, 법이 변경될 때 업계는 불확실성에 직면하게 됩니다. 이러한 불명확성을 낮추는 것이 피스컬노트의 주요 업무 중 하나입니다. 저희는 피스컬노트와는 약간 다른 방식으로 일을 합니다. 저희는 이미 법률 분쟁이 벌어진 상황에서 예측 가능성을 높이는 것이 주요 목표입니다. 그러나 큰 주제는 비슷하다고 생각합니다. 피스컬노트와 저희는 공통점이 많은 편입니다.

저희는 해외 확장에도 관심이 있지만 여전히 내수 시장도 충분히 크다고 생각하고 있습니다. 우버나 에어비앤비 같은 혁신적인 기업들이 시장 사이즈를 측정할 때 예전 기술과 데이터로 판단할 수 있는 시장의 크기나 고객 가치를 기준으로 예측했다고 생각하지 않습니다. 새로운 데이터와 기술로 만드는 시장은 이전 것으로 단정할 수 없습니다. 따라서 저희는 내수 시장에서 완벽한 입지를 구축하려고 합니다.

그러나 언젠가는 해외 진출을 고민하게 될 것입니다. 이 경우에는 해당 나라의 세 가지 요소를 고려해야 할 것 같습니다. 첫 번째는 시장 규모이고, 두 번째는 법적 안정성입니다. 저희는 법률의 불확실성을 낮추는 것을 목표로 하고 있기 때문에, 대외적인 이유로 법률 안정성이 낮아질 가능성이 있으면 곤란합니다. 마지막으로, 법률 시장이 얼마나 디지털화되어 있는지도 고려해야 합니다. 저희가 활용하는 데이터와 제공하는 데이터 전부 디지털 데이터입니다. 그래서 시장이 디지털화된 정도가 매우 중요한데, 우리나라는 아시아 국가 중에서도 사업의 디지털화가 앞서 있는 나라입니다. 이를 고려해 해외 진출 계획을 세울 예정이며, 현재는 내수 시장에 더 집중하고 있습니다.

미국의 법률 시장은 약 380조 원 정도이며, 그 안에는 다수의 유니콘 기업이 존재합니다. 하지만 시장의 크기가 아무리 커도, 저희 회사가 그 시장에서 성과를 내는 것은 어려울 수 있습니다. 하지만 미국 이외에도 다양한 시장들이 존재하며 엘박스가 이러한 시장에 진출하는 것은 매우 유의미한 전략일 수 있습니다. 저희 DB의 장점 중 하나는 데이터를 가공하고, 파이프라인을 구축하고, 이를 서비스에 연결할 수 있는 역량입니다. 이러한 능력은 어떤 국가이든, 어떤 시장이든 호환성이 있습니다. 즉, 언어나 기술 등의 차이가 있더라도 데이터가 준비되면 호환성 있는 부분이 많으며, 내수 시장에서 갖춘 역량은 해외 시장에서도 충분히 적용될 수 있습니다. 따라서 내수와 해외 시장이 단절되어 있다고 생각하지 않습니다.

로펌, 대기업, 정부 기관, 일반 대중 등 다양한 고객들의 니즈를 반영하기 위해 다양한 직무의 직원이 필요할 것 같습니다. 채용 과정이 꽤 까다로울 것 같은데 어떤가요?

저는 직급과 직무를 떠나 모든 직원들이 핵심 인재라고 생각합니다. 저희 회사는 인재에 대한 평가를 높게 하고 있으며 연봉도 업계 최고 수준입니다. 그리고 저는 인재를 채용하기 위해 모든 직군의 면접자와 직접 1차 미팅을 합니다. 보통 한 달에 40명 정도 만나고 있습니다. 그 이유는 제가 대단한 전문 지식을 가지고 있기 때문이 아니라, 그냥 저희 회사를 소개하기 위해서입니다. 저는 회사 성장이 최고의 직원 복지이며 직원을 유지하는 비결이라고 생각합니다. 단지 외형적으로 회사 규모가 크다는 것이 중요한 게 아니라고 생각합니다. 100에 0을 곱하면 0이 됩니다. 중요한 것은 사람 수가 많은 것이 아니라 회사 내에서 의미 있는 일을 하고 적정 수준을 유지하는 것입니다.

저희 회사는 규모에 비해 직원 수가 상당히 적은 편입니다. 2023년 3월 기준으로 직원이 23명이에요. 대신 직원들의 근속 연수가 매우 긴 편입니다. 첫 번째 입사한 직원이 벌써 4년째 근무하고 있는데 지금은 스페인으로 리프레시 휴가를 가서 가족 여행을 즐기고 있습니다. 저희 회사에 합류한 직원들은 일단 입사하면 잘 떠나지 않는 편이에요. 대부분 회사에 대한 만족도가 높아서 그렇다고 합니다.

대표님이 1차 면접을 한다는 얘기는 처음 듣는데요, 그렇게 되면 결국 1차 면접이 결국 최종 면접 아닌가요?

저희 회사의 채용 절차는 서류심사 이후 1차, 2차, 3차 면접이 있습니다. 1차 면접의 목적은 말씀드린 것처럼 엘박스를 소개하는 것입니다. 저희는 B2C를 하거나 광고를 하는 회사가 아니기 때문에 면접자가 저희 회사에 대해 처음 들어보는 경우가 많습니다. 그래서 저희 회사와 서비스에 대해 충분히 설명하고 결정을 도와드리고자 하는 것입니다. 저희 회사에 대해서 상세하고 투명하게 설명하고, 모든 질문에 대해 자세하게 답변을 드립니다. 이를 위해 1차 면접을 제가 진행하면서 엘박스가 무엇을 하는지, 왜 그것을 하는지, 그리고 앞으로 어떤 방향으로 나아가는지 등에 대해서 자세히 설명을 드립니다.

저희는 인재를 채용하는 데 많은 노력을 기울이고 있으며 새로운 인재가 합류할 때는 그 분의 경험치를 고려해 팀의 역량 평균치가 상승할지 하락할지 고민합니다. 경력 1년 차와 10년 차는 경험의 차이가 있기 때문에 절대량으로 비교하지 않고 그 분의 경험치까지 고려합니다. 예전에는 헤드헌팅사를 활용했지만 이제는 직접 채용을 하고 있습니다. 저는 제가 직접 인재를 찾아 영입하는 것을 선호합니다. 저희가 갖고 있는 채용기준은 저희가 함께 일하고 싶은 높은 수준의 역량 있는 분들을 선택적으로 모시는 것입니다.

대표님과의 1차 면접에서 합격하면 2차, 3차 면접은 누가 하게 되나요?

2차 면접부터 역량 인터뷰가 진행되는데, 역량 평가는 프로덕트 직군은 PM 또는 CPO가 진행하고, 개발 직군은 테크리드가 맡게 됩니다. 각 직군에 따라 내부의 전문가들이 집단 면접을 진행하기도 합니다. 역량 기반의 2차 면접에 통과하게 되면 3차 면접에서는 조직 문화 인터뷰가 진행됩니다. 저희는 기술적 기여와 문화적 기여를 둘 다 중요하게 고려하고 있습니다. 조직 문화 인터뷰는 1시간 30분에서 2시간 정도 소요되며 서로 핏이 맞는지 보게 됩니다.

서류 심사부터 통과하기가 어려울 것 같다는 생각이 듭니다.

저희는 최대한 높은 역량을 가진 분들을 모시기 위해 최선을 다하고 있습니다. 서류 지원자는 거의 모두 제가 직접 검토하는데 경험상 서류가 부실한 경우에도 훌륭한 분들이 많아서 서류 자체만으로 그렇게 엄격하게 심사하지는 않습니다.

플랫폼 개발을 위해 IT 인력들이 많이 필요한가요? 아니면 법률 데이터를 강화하기 위해 변호사들이 많이 필요한가요?

저희 회사에 법률 전문가는 사실 저밖에 없습니다. 저도 이제는 법률 전문가라고 말하기 애매해졌죠. 김앤장도 퇴사했고 지금도 변호사로 근무하는 것은 아니어서요. 마지막으로 법률 분야에서 일한 게 2017년입니다. 저희 사업은 변호사들과의 파트너십이 중요하지만 내부에 변호사가 많을 필요는 없습니다. 오히려 일반적인 테크 기업들처럼 플랫폼을 강화하기 위해 기획자, 개발자, 디자이너 등 다양한 직군의 역량 있는 사람들이 필요합니다.

대표님 이외에는 내부에 변호사도 없고 영업 인력도 없다고 하셨는데 그러면 고객을 이해하고 분석하기 위해 어떤 노력을 하고 있나요?

고객의 니즈를 파악하기 위해 할 수 있는 모든 것을 하고 있습니다. 처음에는 물론 지인들에게 의존했습니다. 그러나 이제 저희의 핵심 고객은 유료 서비스 사용자들입니다. 이들은 반복 결제을 하고 이용량도 많으며 다양한 피드백을 주고 있습니다. 저희는 유료 고객을 대상으로 인터뷰를 많이 하면서 고객이 우리 솔루션에 대해 어떤 페인 포인트를 가지고 있는지 이해하기 위해 노력합니다.

최근에 어떤 변호사에게 엘박스가 예전에 비해 피드백이 느려졌다는 얘기를 들었습니다. 예전에는 이메일을 보내면 언제든지 5분 안에 회신이 왔고, 불편한 점이 개선되었는데 최근에는 그렇지 않다는 것이었죠. 이 이야기를 듣고 저는 큰 경각심을 느꼈고, 이 문제를 해결하기 위해 노력했습니다. 일상의 판단, 특히 세일즈 조직이나 고객 상담 조직에서는 판단력이 중요합니다. 그러나 이를 위해서는 거의 전사가 함께 움직이는 것이 필요한데요, 특히 스타트업 초창기에는 대표가 세일즈를 직접 처리하는 것이 좋습니다. 이때 중요한 것은 세일즈를 통해 고객을 학습하고 배울 수 있다는 점입니다. 고객과 소통하면서 새로운 것을 배우고 발전해 나가는 것이 세일즈에서 가장 중요한 부분입니다. 따라서 저는 계속해서 직접 세일즈를 해나갈 생각입니다.

향후 엑싯 전략(M&A, IPO 등)에 대해 말씀 부탁드립니다.

현재로선 IPO를 목표로 하고 있습니다. 저희가 해결하고자 하는 문제는 일시적으로 해결되는 것이 아니라, 누군가는 한국 사회에서 관심을 갖고 지속적으로 해결해야 하는 문제이기 때문입니다. 그래서 가능하다면 이 문제를 해결하는 기관 주체도 계속 유지되어야 합니다. 이 조직을 어디에 넘기는 것이 아니라, 이 조직이 영속적인 조직이 되는 것이 필요합니다. 또한 아직 인수 제안이 온 적은 없지만 오더라도 아직은 갈 길이 멀다고 생각하고 있습니다.

돈이 목적이 아니시군요.

돈에 대해서 생각해 보면, 제가 김앤장에서 받던 연봉을 기준으로 현재 10분의 1정도 수준입니다. 인생에서 돈이 중요한 역할을 하는 것은 사실이지만, 제게는 신념에 따라 옳은 일을 지속적으로 하는 것이 더 중요합니다. 그런 의미에서 이미 김앤장에서 평생 벌 것보다 더 많이 벌었다고 생각합니다. 비록 제 주머니에 그렇게 많은 돈이 있는 것은 아니지만 이미 많은 돈을 벌었다고 생각하며 살고 있습니다. 사실 저뿐만 아니라 스타트업의 길을 걷는 많은 분들이 이렇게 생각하고 있는 것으로 알고 있습니다. 당장 경제적인 문제를 해결하는 것보다는 장기적인 가치에 집중하는 것이 중요합니다. 그렇기 때문에, 엘박스 여정을 함께하는 사람들은 모두 이러한 가치를 공유해야 한다고 생

275

각합니다.

제가 맡고 있는 가장 큰 책임 중 하나는 함께 하고 있는 팀원들입니다. 그들도 이 여정을 선택함으로써 경제적으로 유익해질 수 있었으면 좋겠습니다. 이에 더해 이 여정이 의미 있는 경험이 되어 팀원들이 선택할 수 있는 기회가 더욱 풍성해졌으면 합니다. 이를 위해 매년 펀딩을 받을 때는 보상에 대해 투명하게 이야기하며, 본인이 보유한 스톡옵션 가치와 기업 가치를 비교해 설명합니다. 이렇게 하면 주인 의식을 요구하지 않아도 스스로 주인의식을 갖게 됩니다. 팀원들을 주인으로 만들어주는 것이 매우 중요하다고 생각합니다.

창업을 위해 높은 수준의 연봉과 기득권, 안정적인 미래를 포기하기가 쉽지 않았을 것 같습니다.

저는 창업을 하고 나서 단 한 번도 후회한 적이 없습니다. 제가 김앤장에서 일했던 6년 동안 가장 크게 느낀 것은 일을 통한 행복이 굉장히 중요하다는 것이었습니다. 그것이 전체적인 행복의 구성에 중요한 역할을 한다는 것도 알게 되었습니다. 어떤 사람들은 일을 통한 행복이 10% 수준이라 일을 통한 불행이 찾아와도 10%가 줄어들게 되는데, 제 경우에는 일을 통한 행복이 50%가 넘어버리니까 일을 하는데 덜 행복하면 행복지수가 확 떨어지게 됩니다. 저는 일에서 만족을 느끼는 게 중요한 사람이라는 것을 많이 깨달았습니다. 김앤장에서 일하면서 시간이 지날수록 일에 대한 행복감이 조금씩 떨어진다는 것을 느꼈습니다. 일시적인 것이 아니라 계속해서 떨어지는 것을 경험하면서 이런 상황에서 계속 회사를 다니면서 시간을 허비하는 것은 무의미하다고 생각했습니다. 그래서 준비가 되지 않았지만 창업을 결심하게 되었습니다.

회사를 운영하는 데 있어서 중요하게 생각하는 가치나 조직 관리 방식 등이 있다면 말씀해 주세요.

목표를 얼마나 진심으로 추구하느냐가 중요하다고 생각합니다. 최근 넷플릭스에서 본 〈마이클 조던: 더 라스트 댄스〉 다큐멘터리 속 마이클 조던의 말이 인상 깊었습니다. 기자가 "너는 타고난 재능이 뛰어나서 너보다 못한 사람들을 심하게 대우하는 게 아니냐?"라고 묻자, 마이클 조던이 "나는 다른 사람에게 불합리한 것을 요구하지 않는다. 나는 다른 사람보다 더 열심히 노력한다. 내가 후배 선수들에게 300개의 슛을 연습하라고 하면 나는 500개의 슛을 연습한다"라고 대답한 것이었습니다. 이러한 마인드를 가지고 있으면 저희 팀이 당당하게 경기에서 이길 수 있습니다. 엘박스는 개인의 성공이 아니라 팀의 승리를 목표로 하는 프로 스포츠 팀입니다. 팀의 승리를 위해 팀원들이 같은 목표와 같은 꿈을 가지고 일에 몰두하며, 서로의 강점을 살리고 서로가 부족한 부분을 채워줌으로써 팀의 승리를 이루기 위해 노력합니다. 물론 팀원들마다 성향이 다르기 때문에 이를 어떻게 조화롭게 만들지에 대한 고민이 필요합니다.

앞으로 3년에서 5년 정도 뒤의 목표나 비전은 무엇인가요? 회사와 개인을 분리해서 말씀해 주셔도 좋습니다.

사실 회사와 개인을 구분하기 어려운 삶을 살고 있습니다. 저와 모든 팀원들은 집중해서 일하고 할 수 있는 한 최선을 다하고 있습니다. 비즈니스적으로는 고객 가치에 기반해 독점을 하는 것입니다. 모든 사업에서 이런 독점을 구축하는 것이 비즈니스적 목표입니다. 압도적인 가치를 가진 서비스를 만들어내고, 그것에 대한 정당한 가격을 시장에서 회수하는 것입니다.

개인적인 목표에 대해서는 최근에는 생각해 본 적이 없지만, 더 나은 사람이 되고 싶은 욕구는 항상 있습니다. 일에 몰입하며 살고 있지만, 일이 인생 전부는 아니기 때문에 전체적으로 더 나은 사람이 되기 위해 노력하고 싶습니다. 제가 이 일을 시작했을 때부터 제 목표는 항상 최선을 다해 일하면서도 누구에게나 올바르고 정직한 모습을 보여주는 것이었습니다. 그러므로 저는 어떤 상황에서도 인내심을 잃지 않고, 마지막까지 열심히 일하며 책임을 다할 것입니다. 이 일에서 얻을 수 있는 것은 많이 있겠지만, 그 어떤 것보다도 제가 누구에게나 존경받는 사람이 되기 위해서 노력할 것입니다.

만약 창업 이전으로 돌아간다면 그동안의 어려움을 똑같이 겪어야 한다고 해도 창업자의 길을 걸으실 건가요?

저는 과거로 돌아가도 다시 창업을 할 것입니다. 창업은 제 인생에서 중요한 장을 열어나가는 과정이라고 생각합니다. 인생은 죽음으로 향하는 여행이니까 경험과 배움이 중요한 것 같습니다. 변호사를 계속했다면 만나지 못했을 사람들을 만났고, 제가 관심 갖지 않았을 분야의 것들을 많이 배웠습니다. 그래서 선택권이 주어진다면 다시 사업을 시작할 것입니다.

마지막으로 후배 창업자에게 해주고 싶은 말이 있나요?

후배 창업자들에게 하고 싶은 말은 미래에 대한 낙관론과 비관론 사이에서 균형을 맞추는 게 중요하다는 것입니다. 먼 미래에 대한 강한 낙관적인 태도로 현재나 가까운 미래에 불성실하다면 그 낙관론은 결코 이루어지지 않을 거예요. 보통 단기적인 목표에서는 비관론적인 경향이 있지만, 먼 미래를 생각하면 다시 낙관론으로 전환되는 게 중요합니다. 낙관론과 비관론을 현실에 잘 조화시키기 바랍니다.

압도적인 가성비로
대기업과 맞서다

/

와이즐리 **WISELY**

기업 개요

와이즐리는 글로벌 대기업들이 독과점하고 있는 면도기 시장에서 프리미엄 면도기를 절반 가격 수준으로 저렴하게 제공하는 사업으로 시작해 최저가 생활용품 커머스로 자리 잡은 스타트업이다. 면도기를 정기적으로 교체해야 하는 불편함을 해소하고자 구독 서비스를 제공하는 등 브랜드 론칭 2년 만에 국내 면도기 시장에서 4위를 차지할 정도로 폭발적인 성장을 하고 있다.

와이즐리는 유통구조의 혁신을 통해 면도기뿐만 아니라 주요 생활용품을 시중가보다 저렴하게 판매한다. 이마트나 쿠팡과 같은 외부 유통 채널에 입점하지 않고 자체 쇼핑몰에서만 상품을 판매하는 D2C^{소비자직접판매} 방식으로 유통 비용을 줄임으로써 가격 경쟁력 확보와 품질 개선이 가능한 구조다. 최근에는 육류, 달걀 등 신선식품으로 영역을 넓히고 있다.

와이즐리는 2017년에 김동욱 대표가 창업했으며 2023년 8월 기준으로 직원 수는 41명, 누적 투자 금액은 220억 원 수준이다.

이커머스 시장 개요

이커머스E-commerce는 인터넷을 통해 상품이나 서비스를 판매하는 시장을 의미한다. 이커머스는 유통구조가 단순하기 때문에 전통적인 오프라인 판매 방식에 비해 가격이 상대적으로 저렴한 편이며 판매 방식에 따라 온라인 마켓플레이스, 온라인 쇼핑몰, 소셜커머스 등으로 나눌 수 있다.

최근에는 모바일 기술과 인공지능, 빅데이터 분석 등의 기술이 이커머스 시장에도 적용되면서, 더욱 편리하고 개인화된 쇼핑 경험을 제공하고 있다. 기술의 발전으로 인해 이커머스 시장은 급속도로 성장하고 있으며, 앞으로 더욱 발전할 것으로 예상된다. 통계청이 발표한 자료에 따르면 2022년 국내 이커머스 거래액 규모는 209조 8,913억 원 수준으로 2021년 187조 784억 원 대비 12.2% 성장했다.

INTERVIEWEE

김동욱 창업자 겸 대표이사

와이즐리에 대해 간략히 소개해 주세요.

소비자에게 압도적인 가성비를 제시하기 위해 원가 이외에 나머지 비용을 무자비하게 없앤 최저가 생활용품 커머스입니다.

와이즐리가 해결하고자 하는 고객의 페인 포인트는 무엇인가요?

저희가 해결하고자 하는 문제는 품질에 비해 지나치게 비싼 생활 소비재의 가격입니다. 기업들은 일부 면도기와 같은 독점 카테고리에서 높은 이익률을 얻기 위해 막대한 유통비와 마케팅비를 투자하고 있습니다. 문제는 제품의 가격 중 원가의 비중이

와이즐리 생활용품

불과 20%인 반면 유통비와 마케팅비가 나머지 80%를 차지한다는 것입니다. 이는 매일 사용하는 생필품임에도 불구하고 소비자들이 지나치게 높은 가격을 지불하게 만드는 원인이 됩니다. 저희는 이렇게 높은 비용을 소비자들에게 전가하는 상황이 바람직하지 않다고 생각해 이를 개선하고자 합니다. 저희의 사업 목표는 비용을 절감해 고객들에게 높은 품질의 제품을 더 저렴한 가격에 제공하는 것입니다. 이런 철학은 면도용품뿐만 아니라 다른 모든 상품에도 적용되고 있습니다.

최근에는 스타트업들도 대규모 투자를 받아 A급 모델을 써서 대대적으로 마케팅이나 브랜딩을 강화하는 추세인데요, 이에

285

대해 어떻게 생각하시나요?

지극히 제 개인적인 생각이지만, 극단적으로 표현해서 마케팅은 나쁜 것이라고 생각합니다. 특히 광고는 매우 나쁜 것이라고 봅니다. 이유는 간단합니다. 고객들은 저희에게 광고하라고 돈을 주지 않습니다. 광고는 소비자들에게 아무런 혜택을 주지 않으며 광고비를 많이 쓰는 기업들은 더 비싼 가격으로 제품을 판매할 수밖에 없습니다. 광고비를 많이 쓰면 쓸수록, 유명한 연예인을 모델로 쓸수록, 더 비싼 제품을 판매하면서 소비자들에게 불이익을 주는 것이라고 생각합니다. 이런 생각에 동의하는 소비자들이 점점 늘어나고 있습니다. 유명 광고 모델의 타당성에 대해 의문을 제기하는 등 비합리적인 마케팅 비용이나 불필요한 비용들에 대한 비판적인 인식이 높아지고 있습니다.

불필요한 광고나 마케팅 비용을 줄이고 가성비 좋은 제품으로 승부하겠다는 전략인데, 언젠가 비슷한 경쟁력을 가진 스타트업이 나타났을 때는 결국 마케팅으로 승부를 해야 하지 않나 하는 생각도 조금 하게 됩니다.

외부에서는 경쟁이 없어 보일 수 있지만 저희는 항상 심각한 위협을 느끼면서 운영하고 있습니다. 저희가 생각하는 경쟁에는 크게 두 가지가 존재합니다. 첫 번째는 이미 쿠팡이나 이마트와 같은 회사들이 선점한 생활 소비재 시장에서 경쟁하는 것이고,

두 번째는 유사한 스타트업의 등장입니다. 최근에도 저희와 비슷한 사업 모델을 보유한 회사가 등장했고 100억 원 이상의 투자 유치를 하기도 했습니다. 이런 경우에는 정말 생존의 위협을 느끼게 됩니다. 그들이 저희보다 훌륭한 제품과 서비스를 만들어내는 것이 가장 위험한 상황이라고 생각합니다. 그래서 저희는 항상 경쟁사보다 저렴하고 뛰어난 제품을 만들기 위해 치열하게 노력하고 있습니다. 저희 입장에서는 마케팅 석세스보다는 프로덕트 석세스가 가장 중요합니다. 성공을 위해 마케팅 역시 중요하지만, 경쟁에서 성공적으로 나아가기 위해서는 뛰어난 프로덕트와 서비스를 만들어내는 것이 우선이라고 봅니다.

기술이 상향 평준화되듯이 제품의 퀄리티도 비슷해지고 있습니다. 예를 들어 스마트폰만 해도 이제는 기술적인 차이가 크지 않아 디자인이나 감성적인 마케팅으로 홍보합니다. 제품이나 서비스가 상향 평준화될 때 가장 중요한 것은 고객의 머릿속에 포지셔닝을 하고 브랜딩을 하는 것이라는 관점도 있는데요, 이런 포인트에 대해 어떻게 생각하시나요?
저희는 마케팅에서 질레트와 경쟁을 하지 않아도 된다고 생각합니다. 어떤 시장에서든 제품이나 서비스가 압도적으로 우수한 경우는 드뭅니다. 저희는 가성비를 최우선 가치로 생각하고 있기 때문에 질레트와 동일한 수준의 좋은 제품을 압도적으로

287

저렴하게 판매하고 있습니다. 질레트와 품질 격차가 10% 정도 난다고 하더라도 가격 격차는 80%에 달합니다. 이것이 저희 제품과 서비스의 경쟁력이라고 생각합니다.

사실 저희도 많은 시행착오를 겪어야 했습니다. 2021년에는 제품과 서비스의 경쟁력이 충분히 좋다고 판단해 마케팅에 많은 비용을 투자했습니다. 6개월 동안 50억 원 정도를 마케팅에 썼죠. 그러나 이는 큰 실수였습니다. 회사는 성장하지 못했고 이대로 가면 망할지도 모른다는 생각까지 들었습니다. 결국 가격을 크게 낮춰서 근본적인 경쟁력을 높이기로 결정했습니다. 그 뒤로 저희 회사는 마케팅비를 전혀 사용하지 않았음에도 불구하고 빠르게 성장하고 있습니다. 이러한 경험을 통해 다시 한 번 제품과 서비스에서의 경쟁력을 강화하지 않으면, 성장할 수 있는 길이 제한적이라는 것과 제품과 서비스의 본질적인 가치가 중요하다는 것을 알게 되었습니다.

와이즐리 관련 기사나 블로그를 보면 고객 경험을 매우 중요하게 생각한다는 콘텐츠가 많습니다. 고객 경험을 좋게 만들기 위해 어떤 노력을 하고 있나요?
기본적으로 고객 경험을 좋게 만들기 위해서는 우선순위를 잘 정해야 합니다. 모든 고객 경험을 다 좋게 만들 수는 없으므로, 좋게 만들고 싶은 고객 경험에 집중하는 것이 중요합니다. 저희가 선택한 것은 바로 가성비입니다. 저희 제품과 서비스는 가격이 저렴하지만 품질이 뛰어나다는 인상을 고객에게 전달해야 합니다. 제품의 품질은 가격만큼 매우 중요하며 제품의 품질이 좋아야만 고객이 만족할 수 있습니다. 저희의 차별화 요소인 가성비에 집중하기 위해 저비용 구조를 유지하고 있으며 이를 통해 가격 경쟁력을 유지할 수 있습니다. 심지어 저희는 저비용 구조를 유지하게 위해 회사를 운영하는 방식에서도 근검절약을 중요하게 생각하고 있습니다. 예를 들어 화려한 사무실과 좋은 복지 같은 것에 큰 비용을 쓰지 않고 한 푼이라도 아껴서 고객에게 줘야 한다는 생각으로 일하고 있습니다. 최고의 가성비를 추구하는 기업이 호화스러운 강남의 사무실에서 비싼 임대료를 내는 것은 앞뒤가 안 맞고 비효율적이라고 생각합니다. 그렇게 불필요한 비용을 모두 줄여 고객에게 돌려 드리는 것이 중요합니다. 이러한 비용 구조는 와이즐리의 DNA로 깊게 녹아들어 있습니다.

관점에 따라 좋은 사무실이나 복지가 낭비라기보다는 좋은 인재를 확보하기 위한 또 하나의 전략이 될 수 있다고 생각합니다. 와이즐리는 소수정예로 뛰어나신 분들을 채용하는 것으로 유명한데요, 연봉 수준은 어떻게 되나요?
저희 회사에서는 처우나 보상에 대해서도 선택과 집중을 합니다. 사실 복지는 거의 없습니다. 하지만 기본급으로 업계 최고 수준의 높은 연봉을 보장합니다. 2022년에는 세 번에 걸쳐 모든 직원의 연봉을 인상했습니다. 이는 회사의 매출과 손익이 크게 개선되었기 때문입니다. 이제는 영업이익을 내고 있어서 재무적 여력이 생겼습니다. 이에 따라 함께 고생한 직원들을 위해 연봉을 인상했습니다. 채용 관련해서 다양한 실험을 통해 알게 된 점은, 단순히 합당한 대우를 넘어서, 뛰어난 대우를 제공해야 더 많은 인재를 유치할 수 있다는 것입니다. 뛰어난 대우가 화려한 사무실이나 다양한 복지를 제공하는 것을 의미하지는 않는다는 결론입니다.

제품뿐만 아니라 웹상에서도 고객 경험을 강화하기 위해 신경을 많이 쓰는 편인가요?

UI와 UX는 모두 내부에서 기획하고, 개발은 외주로 맡깁니다. 웹사이트에서의 고객 경험은 중요하지만 최근에는 우선순위가 많이 낮아졌습니다. 웹을 잘 만드는 데는 큰 비용이 발생하지 않으며 기획자의 영민함으로 꽤 좋은 웹사이트를 만들 수 있다고 봅니다. 처음에는 디자인도 제가 직접 했습니다. 상식적이고 고객들이 이해하기 쉬운 UX를 만들기 위해 노력하면 오히려 업데이트할 이슈도 상대적으로 적습니다. 참고로 6개월 전부터 내부의 개발팀을 없앴습니다. 기술에 의존하지 않는 기업인데

와이즐리 홈페이지

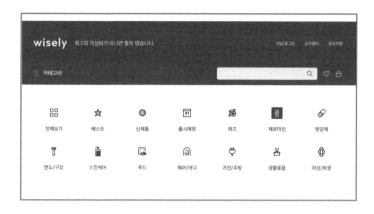

개발자를 채용하고 개발팀을 유지하는 데 엄청난 비용이 들었고 힘들었기 때문입니다. 핵심 경쟁력에는 과감하게 투자를 하고 아닌 영역에는 최대한 비용을 줄이고 있습니다.

창업 5년 만에 100만 명의 고객의 확보하고 시장점유율 10%, 재구매율 93%라는 엄청난 성과를 만들어냈습니다. 창업 초기에는 많은 사람들이 DSC^{달러쉐이브클럽}의 카피캣 정도로 생각하고 오래 못 갈 거라고 한 사람들도 많았던 것으로 알고 있습니다. 모두의 염려와 불신을 종식시키고 이렇게 단기간에 성장할 수 있었던 원동력은 무엇이며 그 과정에서 어떤 어려움이 있었는지 말씀 부탁드립니다.

저희는 DSC 카피캣이라는 말을 많이 들었습니다. 실제로 DSC를 벤치마킹하기도 했기 때문에 부인할 필요도 없고 창피하지도 않았습니다. 하지만 카피캣이라는 이유만으로 시작하지는 않았고 카피캣에 머무르지 않았기 때문에 계속해서 성장할 수 있었습니다. 이전에도 DSC를 따라 시작했던 회사들이 많았고, 저희보다 훨씬 먼저 시작한 회사들도 있었습니다. 그러나 이런 회사들이 조용히 사라지는 것을 보면서 저희는 고객에 대해 다시 생각하는 계기가 되었습니다. DSC는 배울 점도 있었고 아쉬운 점도 있었습니다. 예를 들어 DSC 패키지를 미국에서 구매해서 받아보았는데, 제품이나 포장상태가 너무 좋지 않았습니다. 패키지가 밀봉도 잘 안 되어 있었고 타사의 저렴한 면도기를 그대로 사용해서 품질도 그다지 좋지 않았습니다. DSC가 면도기를 저렴하게 구매하는 방법에 대한 좋은 힌트를 제공해 준 것은 맞으나 저희는 이를 토대로 새로운 서비스를 개발하고 더 나은 품질의 면도기를 고객들에게 제공해 지금까지 성장할 수 있었습니다.

DSC와 유사한 기업들은 서로를 벤치마킹하고 남성 제품 중심으로 확장해 오프라인 리테일 시장에서 매출을 창출하고 있지만 저희는 남성 고객 대신 여성 고객을 대상으로 생활 소비재를 개발하고 있으며, 여전히 D2C[Direct to Customer] 모델을 유지하면서 리테일러로서 성장하려는 비전을 가지고 있습니다. 따라서 DSC를 벤치마킹해서 시작은 했지만 계속해서 새로운 길을 만들어 가고 있다고 생각합니다.

사업을 하면서 기억에 남는 에피소드가 있나요?

저희가 처음에는 구독 서비스가 중요하지 않다고 생각해 웹사이트를 개설할 때 구독 서비스를 제공하지 않았습니다. 그러다가 고객들의 요구로 반신반의하며 구독 서비스를 추가했는데, 그 결과는 놀랍게도 매월 폭풍 성장해 2년 후에는 전체 매출의 60%가 구독에서 나오게 되었습니다. 저희는 구독 매출이 계속 증가하니까 모든 고객을 구독으로 유도하는 구독 중심의 성장 전략을 취했습니다. 여기에서 다시 한번 시행착오를 경험하게 됩니다. 구독이라는 게 일부 고객 입장에서는 특별히 혜택이 없는데 회사 입장에서 매출이 잘 나온다는 이유로 구독으로 유도하다 보니 이탈하는 고객들이 생기고 서비스 성장에도 한계가 왔습니다. 제품의 사용 주기나 배송 주기와 같은 이유로 구독 서비스에 대한 불만을 표현하는 고객들도 생겼습니다. 이에 구독 중심의 전략을 버리고, 일회성 매출에 집중하는 전략으로 변경했습니다. 이로 인해 구독 매출은 전체 매출의 20% 이하로 줄어들었지만, 다른 일회성 매출들이 전체 성장을 계속 이끌어 가고 있습니다.

아직까지 오프라인 매장에는 진출 안 하신 걸로 알고 있습니다. 올리브영이나 편의점 등의 오프라인 매장에 진출할 생각은 없나요?

저희는 유통 마진을 없애고 저렴한 가격으로 질 좋은 제품을 판매하기 때문에 고객들로부터 인정받고 사랑받고 있다고 생각합니다. 그러므로 오프라인 매장에서 지금보다 더 비싼 가격으로 판매하는 것은 고객들을 배신하는 행위가 되므로 그런 선택은 하지 않을 것입니다. 그동안 홈쇼핑이나 올리브영 등과 같은 오프라인 강자들로부터 입점 제안을 많이 받았지만 오프라인으로 진출하게 되면 오히려 경쟁력이 줄어들기 때문에 진행하지 않았습니다. 수수료 때문에 D2C 채널보다 더 비싸게 제품을 판매할 수밖에 없고, 수익성이 떨어질 가능성이 크기 때문입니다. 또한 오프라인으로 진출할 경우 잘못하면 사업 모델 전체가 무너질 가능성이 있다고 생각합니다. 예를 들어 오프라인에 좋은 접근성을 가진 새로운 유통 채널에 입점하게 되면, 저희의 기존 고객들이 해당 채널로 이동할 가능성이 높아질 것입니다. 처음에는 가격이 같을지 몰라도 전체 매출의 비중이 그 채널에 치중될 경우, 그 채널 측에서 가격 협상력을 가지게 될 것입니다. 그 채널은 저희 제품을 최저가로 판매하려고 하기 때문에 저희 공식 홈페이지의 가격을 인상해 달라는 요구를 할 수도 있습니다. 그러면 저희는 결국 기존의 유통 회사들과 비슷한 회사가 되어

버릴 것입니다.

핵심사업이 제품 생산 및 판매이기 때문에 결국 원가를 낮추고 적정 수준의 판매가를 유지해야 수익률이 증가할 텐데요, 와이즐리는 원래도 저렴했는데 2022년 3월에 추가로 43% 가격 인하라는 파격적인 시도를 했습니다. 고객 입장에서는 고마운 일이지만 와이즐리 경영진이나 투자자들 입장에서 보면 수익률이 더 줄어들었다고 생각할 수도 있습니다. 경쟁사의 유사 상품 대비 수익률은 어떤가요? 그리고 현재와 같은 가성비 중심의 제품 판매를 계속 할 건지 아니면 고가의 프리미엄 상품도 출시 계획이 있는지 등 비즈니스 모델, 가격 전략 등에 대해 말씀 부탁드립니다.

제품 수익률은 영업이익과 제품 단위의 매출 이익으로 나눌 수 있습니다. 경쟁사 대비해 매우 저렴하게 판매하기 때문에 매출 이익은 상대적으로 낮은 편이지만, 영업이익은 경쟁사보다 높다고 판단됩니다. 현재 대부분의 커머스 업체들이 적자를 보고 있는 시점에서, 소비자가 지불하는 판매가 대비 제품의 제조 원가의 비중이 20% 이하가 되는 것이 일반적인데, 저희는 80% 정도입니다. 이는 원가가 더 높다는 것을 의미합니다. 일반적인 회사들은 매출 이익률이 80~90%인 반면, 저희는 매출 이익이 20% 정도입니다. 하지만 저희는 판관비를 극단적으로 적게 쓰고 유통비와 마케팅비를 전체 매출액의 1% 이하로 쓰고 있기 때문에 영업이익이 매우 높은 편입니다.

저희 회사의 대부분 비용은 인건비를 중심으로 한 고정비입니다. 따라서 판매가 늘어난다고 비용이 증가하지 않는 구조입니다. 그래서 경쟁력 있는 가격을 유지할 수 있습니다. 앞서 말씀드린 대로 수익률은 그렇게 높지는 않지만 앞으로도 가성비가 좋은 제품을 유지하고 확대해야 한다는 생각입니다. 가성비가 좋지 않은 제품은 만들지 않고, 만들었더라도 가성비를 올릴수 없으면 단종시킬 계획입니다. 저희는 현재 많은 제품들을 판매하고 있는데, 검증한 시장의 5% 이상을 차지하는 플레이어들과 비교할 때 모든 제품이 20% 이상 더 저렴해야 한다는 원칙을 가지고 있습니다. 앞으로도 중품질이나 저품질 제품을 낮은 가격으로 만드는 것은 큰 의미가 없다고 봅니다. 왜냐하면 시장에 이미 많은 PB● 브랜드들이 그런 전략을 쓰고 있기 때문입니다. 저희는 고가의 제품이나 고품질의 제품을 낮은 가격으로 만드는 것, 즉 PB제품이 할 수 없는 영역에 집중하고 있습니다. 이는 제품 기획력과 유통사의 관계 등이 영향을 미치기 때문입니다. 저희는 프리미엄 제품들을 저렴한 가격으로 제공하는 전략을 계속 추구하고 있습니다.

초반에는 남성 그루밍 제품에 집중해 질레트와 같은 기업이 되는 게 목표인 줄 알았습니다. 그런데 갑자기 생활용품 전반으로 상품 라인업이 확대되면서 이제는 한국의 P&G가 목표인가라는 생각도 하게 되었습니다. 주부들을 공략하려면 다이소와 대형 마트 등 경쟁사가 만만치 않을 텐데요.

저희는 독일의 알디라는 슈퍼마켓을 벤치마킹하고 있습니다. 알디는 95% 이상의 제품을 직접 생산해 판매하는 슈퍼마켓인데 놀라운 것은 가격이 월마트나 테스코 같은 회사에 비해 30~40% 더 저렴합니다. 이것을 온라인에서 구현하면, 저희는 훨씬 더 저비용 구조를 만들 수 있다고 생각하고 있습니다. 극단적으로 표현하면 이제 중간 유통업체는 필요 없는 시대가 된 것 같습니다. 기존에는 유통망이 허술하고 유연하지 못해서 여러 단계를 거쳐 고객까지 가야 했고 그래서 도매상이나 중간에

● PBPrivate Brands는 NBNational brand, 유명 제조업자 브랜드와 비교되는 개념으로, 유통업체가 상품을 독자적으로 기획하고 제조업체에게 생산을 위탁하거나 직접 생산 및 판매를 하면서 자체적으로 개발한 상표를 부착 판매하는 것을 의미한다. 유통업체는 주로 타 제조업체가 만든 제품을 유통하고 판매하는 역할을 하는데 유통업체가 직접 기획, 판매하는 PB 상품은 마케팅비나 유통 비용을 절약할 수 있기 때문에 소비자에게 판매될 때 훨씬 저렴한 가격을 장점으로 내세울 수 있게 된다. PB 상품은 요즘처럼 경기가 안 좋고 3고(고물가 · 고금리 · 고환율) 시대에 더욱 인기를 끌게 된다. 국내 대표적인 PB 상품으로는 이마트의 노브랜드와 피코크, 홈플러스의 시그니처와 심플러스, 롯데마트의 온리프라이스, 쿠팡의 곰곰, GS25의 브레디크, 컬리의 KF365 등이 있다.

마켓을 만들어주는 소매상이 항상 필요했습니다. 하지만 이제는 기술의 힘으로, 고객과 저희가 홈페이지를 통해 한 번에 연결되는 D2C가 가능해졌습니다. D2C가 활성화되어 생산자가 직접 판매할 수 있게 되었고 PB 상품의 경우 유통과 제조사가 합쳐진 모델로 고객에게 더 많은 혜택을 제공할 수 있게 되었습니다. 이는 유통에서 얻은 고객 인사이트를 제조사에 즉각적으로 반영할 수 있기 때문에 더 나은 선택지가 됩니다. 반면 기존의 전통적인 소비재 회사들은 고객 데이터 접근에 어려움을 겪고 있습니다.

알토스벤처스, 엣지웰퍼스널케어, 신용보증기금(혁신아이콘 선정) 등으로부터 약 220억 원 수준의 투자를 받으셨습니다. 앞으로도 계속 투자를 받으실 건가요? 향후 투자 유치 계획과 자금 사용처에 대해 구체적으로 말씀 부탁드립니다.

현재 자본 시장이 좋지 않기 때문에 투자를 받지 않고 사업을 운영하는 구조를 만드는 것이 목표입니다. 이미 BEP까지 가까워졌습니다. 그러나 시장이 좋아져 자금 조달이 가능하고, 자금 조달 비용이 비싸지 않은 경우에는 투자를 받을 수 있을 것입니다. 만약 그렇다면 투자금은 제품을 더욱 개선하고 저렴한 구조를 구현하기 위해 사용할 것입니다.

이미 최고의 제품을 최저가에 판매하고 있지만 저희는 더 나아가야 합니다. 현재 목표는 판매가격의 90% 이상이 원가여야 한다는 것입니다. 불필요한 비용이 거의 없어야 합니다. 저희가 큰 회사가 되면 95%까지 달성할 수도 있습니다. 그러기 위해서는 물류나 제품 제조에도 저비용 구조가 필요하며 좋은 제품이 많아야 합니다. 현재 저희가 타깃으로 하는 여성 주부들의 입장에서 보면 와이즐리는 애매한 서비스일 수 있습니다. 왜냐하면 생활용품 라인업을 계속 늘려나가고는 있지만 아직 부족한 것이 많기 때문입니다. 따라서 제품 라인업을 빨리 확대하면서 훌륭한 제품을 많이 만들어내야 합니다. 이를 위해서는 운전 자본이 많이 필요합니다. 따라서 추가 투자유치를 하게 된다면 운전 자본으로 대부분 사용할 것 같습니다.

와이즐리 매출액이 2018년 38억 원, 2019년 85억 원, 2020년 109억 원으로 폭발적으로 성장했고 2021년부터 상승폭이 둔화된 것으로 알고 있습니다. 앞으로 지속적인 성장을 만들어내기 위한 전략은 무엇인가요?

2022년에 192억 원의 매출로 전년 대비 2배 정도 성장했습니다. 이제 월별 성장세를 유지하며 영업이익도 꾸준히 올리고 있어서 2023년에는 최소 3배 이상 성장할 것으로 예상됩니다. 저희의 영업이익은 2.7% 정도로 생존을 위한 최소한의 수준은 충족시키면서 더 높여보려고 노력하고 있습니다. 사람들이 코스트코에 자주 가는 이유는 코스트코에서 가면 저렴하고 좋은 제품들이 많기 때문입니다. 반대로 와이즐리에 저렴하고 좋은 제품들을 계속 제공하지 않는다면 고객들은 방문하지 않게 될 것입니다. 그래서 저희는 계속해서 고객들이 구매하고 싶은 가성비 좋은 제품들을 다양하게 만들어내야 합니다. 광고나 할인 같은 전통적인 마케팅 전략을 사용하는 것이 아니라, 항상 최저가를 유지하면서 성장해야 합니다. 이미 최저가로 제품을 판매하기 때문에 할인할 여력이 많지는 않지만 다른 방식으로 저희가 성장할 수 있는 전략을 찾아내야 합니다.

생활용품 전반으로 제품 라인업을 계속 확장하는 이유가 이 때문이군요.

저희가 지금 만들고 있는 것은 규모의 경제를 추구하는 것입니다. 더 많은 제품을 생산해 비용을 줄이는 것이 가장 큰 효과를 가져온다고 생각합니다. 따라서 한 고객이 면도기만 구매하는 것이 아니라 다른 제품들도 함께 구매한다면, 저희는 모든 제품을 더 저렴하게 팔 수 있는 저비용 구조를 갖출 수 있습니다. 크로스 셀링을 유도하게 되면 비용을 줄이고 가격을 계속 낮출 수 있습니다. 이제는 영양제가 면도기보다 인기가 많은 카테고리가 되어 영양제의 매출이 30배 이상 성장했습니다. 저희의 아이덴티티를 잘 정리해야 하는데 저희는 특정한 제품 카테고리를 대표하는 버티컬이 아닌, 가성비를 중시하는 아이덴티티를 가지고 있습니다. 초반에는 성별 선입견으로 인해 주방용품으로 전환하는 것이 어려울 수도 있지만 가성비 좋은 제품으로 전환이 잘 이루어지면, 오히려 여성 고객들의 비중이 더 늘어날 수도 있습니다.

생활용품의 주요 고객은 아무래도 주부일 텐데요, 마케팅 없이 홍보가 잘되고 있나요?

현재 주부들의 커버리지는 계속 늘어나고 있지만, 마케팅을 하지 않았기 때문에 새로운 유저의 숫자는 아직 많지 않습니다. 그러나 흥미로운 점은 새로운 고객의 60%가 여성 고객이라는 것입니다. 리퍼럴referral, 고객 추천 프로그램에서도 여성 고객의 추천율이 남성 고객에 비해 10배 이상 높게 나타납니다. 이는 여성 고객들이 더 적극적으로 추천하고, 그로 인해 자연스럽게 새로운 고객들이 유입되고 있다는 것을 보여줍니다.

쿠팡 와우나 네이버 플러스와 같은 멤버십을 운영할 계획은 없나요?

현재로선 멤버십에 대해서는 고민하고 있지 않습니다. 이전에는 3만 원 이상을 구매하면 무료배송을 했는데 지금은 모든 주문에 대해 3천 원의 배송료가 부과됩니다. 대신 제품 가격을 더 낮출 수 있게 되었습니다. 저희는 이렇게 선택과 집중을 더욱 강화해 가성비 좋은 제품을 제공하려고 합니다. 생필품의 특성상 빠른 배송을 요구하는 고객들이 늘어나고 있어 당일 배송은 고려하고 있습니다. 고객들의 니즈는 모두 달라서, 시장 전체의 고객을 모두 만족시킬 수 없다고 생각합니다. 빠른 배송이 중요한 고객들도 있지만, 가격이 중요한 고객들도 있습니다. 저희는 앞으로도 명확한 선택과 집중을 통해 더 나은 서비스를 제공하려고 합니다.

DSC는 유니레버에 10억 달러에 인수가 되었습니다. 혹시 대기업에서 인수 제안이 오면 어떻게 하실 건가요? 향후 엑싯 전략(M&A, IPO 등)에 대해 말씀해 주세요.

아직 엑싯에 대한 계획이 없습니다. 고객에게 좋은 제품을 최저가로 제공하기 위해서는 오래 해야 한다는 생각으로 접근하고 있습니다. 알토스와 같은 투자자들도 단기적인 수익보다 장기적인 호흡으로 생각하자고 해주어 감사하게 생각하고 있습니다. 실제로 얼마 전에 대기업에서 인수 제안이 왔습니다만 회사를 계속 유지하고 싶다는 생각에 거절을 했습니다. 공동창업자들과 인수 관련 회의를 했는데 거의 5분 만에 끝났습니다. 인수 제안을 받아들인다면 평생 놀아도 될 만큼의 현금을 받을 수 있게 되겠지만 지금은 일을 하는 것이 즐겁고 앞으로도 해야 할 일이 많다고 생각합니다.

마치 페이스북이 1조 원에 인수 제안을 받자 마크 주커버그가 이사회를 소집하고 나서 "어차피 안 할 거 아시죠?"라고 했던 일화가 떠오르네요. 공동창업자 중에 대기업에 인수되는 것을 원하는 사람이 한 명도 없었나요?

인수를 찬성하는 사람은 한 명도 없었습니다. 제가 최대주주이다 보니 제 말 한마디에 좌우될 것 같아서 최대한 말을 아꼈지만 결국 공동창업자 3명 모두 인수 제안을 거절하는 데 동의했습니다. 야망이라는 게 하면 할수록 더 커지는 것 같아요. 저희는 시작할 때는 큰 비전같은 게 전혀 없었는데 하면서 '여기 이거 더 해보고 싶다. 저기 더 기회가 있는 것 같다'라는 생각이 계속 드니까 더 몰입하게 되고 야망이 커지는 것 같습니다.

와이즐리의 주력 상품인 면도기는 와이즐리에서 기획 및 디자인을 하고 독일의 OEM^{주문자상표부착생산} 업체에 제품 생산을 맡기는 방식으로 생산된다고 알고 있습니다. 비전문가 입장에서 보면 생산까지 직접 와이즐리에서 하게 되면 원가와 유통 마진이 절감되어 수익성이 더 좋아질 것 같은데요. 향후 제품의 생산, 디자인, 유통 등에 대한 방향성이 어떻게 되나요?

말씀하신 대로 직접 생산하면 비용을 더 절감할 수 있겠지만,

저희는 당분간 OEM 방식을 계속 고수하려고 합니다. 그 이유는 저희가 직접 생산을 함으로써 얻을 수 있는 비용보다 투자 비용이 더 크기 때문입니다. 일반적으로 OEM 회사들의 영업이익률이 매우 낮기 때문에 오히려 이런 회사들을 잘 활용하는 것이 사업에 도움이 된다고 생각합니다. 만약 직접 제조를 하게 되면 생산 설비를 사고 공장을 매입하면서 엄청난 운전 자본이 들어가게 됩니다. 그러므로 굳이 직접 생산할 필요가 없습니다. 대신 저희는 독일 OEM업체에 일부 지분 투자를 해서 공급 안정성을 확보했습니다.

2022년 6월 조선일보 기사를 보니 투자자들에게 해외 진출을 하지 않겠다고 말씀하셨습니다. 일반적으로 제품의 품질이나 디자인이 우수하면 일본이나 동남아 시장에서 충분히 승산이 있다고 생각할 수 있는데, 지금도 그 생각에 변함이 없나요?

저희는 국내 시장이 이미 충분히 크다고 생각하며 국내에 집중하고 있습니다. 만약 저희가 조 단위의 매출을 내고 있으면 모르겠지만 아직 그런 상황은 아닙니다. 나중에 회사가 더 크게 성장하게 된다면 해외 진출을 고려하겠지만, 아직은 해외 고객에 대한 이해도가 낮기 때문에 해외 진출은 후순위로 생각하고 있습니다. 해외 시장에 진출하기 위해서는 해외 소비자들을 잘 이해하는 것뿐만 아니라 배송이나 결제 등의 인프라를 잘 갖추고 있는 회사들과 협업을 해야 되기 때문에 많은 것들을 고민해야 합니다.

대표님과 대화를 나누다 보니 '우선순위' '선택과 집중'이라는 단어를 자주 사용하시고, 또 그에 맞게 회사를 운영하시는 것 같습니다. 대표님께서 추구하시는 와이즐리만의 독특한 기업 문화나 철학이 있다면 말씀해 주세요.

저희는 내부적으로 'Valued Behavior'라는 개념을 적용하고 있습니다. 우리가 중요하게 생각하는 행동들의 리스트를 만들고 무엇을 우선해야 하는지 명확히 하며 그에 따라 행동하는 것입니다. 원래는 20개의 항목이 있었는데 그중에서도 우선순위를 정해 두 가지만 남겼습니다. 첫 번째는 우선순위입니다. 이는 진짜 중요한 것만 집중해서 해결하자는 것입니다. 두 번째는 빠른 실행입니다. 스타트업은 속도가 중요하기 때문에 빠른 실행을 하자는 것입니다. 이 두 가지에 집중하며, 개개인은 큰 자율과 책임을 가지고 높은 밀도로 일하는 문화를 만들기 위해 노력하고 있습니다. 저희 회사는 일당백을 추구하고 있으며, 기획자들에게 큰 자율성을 부여합니다.

또 과거에는 린^{lean}한 생산 방식이 더 나은 것으로 여겨졌으나, 요즘은 처음부터 제품을 잘 만드는 것이 더욱 중요하다고 생각합니다. 혁신을 위해서는 리스크 테이킹이 필요하며, 실패를 두려워하지 않고 빠르게 실험하고 작은 단위로 실패를 겪어 나가는 것이 중요합니다.

큰 자율성을 부여하는 만큼 책임감도 따라야 할 것 같은데요, 성과에 대한 평가나 목표 달성에 실패한 직원에 대한 페널티 같은 것도 있나요?
저희는 평가 제도가 없습니다. 과거 연간 평가가 있었지만 없앴습니다. 연간 평가를 진행하니 대부분의 경영진과 평가 대상자들이 불편해했고, 더 심하면 퇴사까지 이어지는 경우도 있었습니다. 그 이유는 대부분 자신의 기대치보다 낮은 점수가 나오기 때문입니다. 평가가 필요한 경우는 결국 승진, 보상 조정, 퇴사 결정 등 소수의 경우가 대부분인데, 그 경우는 평가 없이도 이미 결정되어 있습니다. 그래서 평가 시스템을 없애고 상시로 최고의 보상을 제공하고 있습니다.

초기에 고객의 집을 방문해서 제품에 대한 피드백을 받으셨다는 기사를 읽은 기억이 있습니다. 마치 에어비앤비가 초기 고객 100명을 감동시켜 성공했다는 일화가 떠오르는데요, 어떤 계기로 이런 작업을 진행하셨고 무엇을 배우셨는지 알고 싶습니다.

소비재 회사인 P&G에서 근무할 때 많은 것을 배웠는데, 특히 고객 인터뷰를 하면서 많은 것을 알게 되었습니다. 처음에는 고객을 많이 만나는 것이 비효율적인 것처럼 보이지만 고객들을 20명 정도 인터뷰하다 보면 대략 어떤 대답이 나올지 예측할 수 있게 됩니다. 그러면 문제가 해결되기 시작합니다. 또한 실제로 고객을 인터뷰하다 보면 내가 고객을 이해하고 있다고 생각했던 것이 어리석은 생각이었다는 것을 깨닫게 됩니다. 그래서 직접 고객과 대화하고, 집에 가서 관찰하는 것이 중요하다는 것을 배웠습니다. 이에 따라 제품을 처음 출시할 때 창업자들과 함께 고객의 집에 가서 면도하는 모습을 지켜보면서 고객 인사이트를 얻으려고 노력했습니다.

와이즐리 이전에도 창업한 경험이 있으시더라고요. 창업에 실패하고 다시 시도하는 일이 쉽지 않았을 것 같은데, 어떤 용기와 자신감으로 재창업에 도전하셨나요?

좋은 회사에서 돈을 많이 벌고 싶어서 P&G에 들어갔다가 지인의 권유로 창업을 하게 됐는데 결과적으로 실패했죠. 당시 어린 나이였던 제게는 인생에서 가장 큰 실패였어요. 정신적으로 충격이 컸죠. 제가 되게 잘할 수 있다고 생각했었는데, 시작도 제대로 못 하고 끝나버린 게 되게 좌절되더라고요. 그때 인생의 여러 갈림길 중에서 어떤 선택을 할지 상상해 보았어요. 하나는

P&G와 같은 좋은 회사에서 임원이 되어 돈을 많이 벌면서 60살에 은퇴하는 것이고, 다른 하나는 지금처럼 사업을 하면서 힘들지만 멋진 삶을 살아가는 것이었죠. 근데 후자가 더 재미있겠다는 결론을 내리게 되었어요. 내가 좋아하는 일을 하면서 살고 60살 때 되돌아보았을 때 후회 없는 삶을 살았다고 생각하고 싶어요. 그래서 다시 어떤 일이든 사업을 해보자는 결심을 하고, 기대치를 많이 버리고 시작했던 것 같아요.

몇 년 전부터 구독 경제가 화두가 되면서 다양한 산업에서 구독형 상품과 서비스들이 출시되고 있습니다. 와이즐리는 이미 구독 서비스를 적용했다가 지금은 하지 않는데요, 향후 구독 경제 시장의 트렌드나 변화에 대한 대표님의 생각이 궁금합니다.

저는 구독 경제가 그냥 기자들이 만들어낸 트렌드라고 생각합니다. 메타버스와 유사한 거죠. 이미 오래전부터 우유, 정수기 등 다양한 구독 형태의 상품들이 있었습니다. 구독이 고객에게 편리함을 제공할 수 있다면 당연히 서비스로서 지속되겠지만 모든 것이 구독으로 바뀌는 것은 불가능하다고 생각합니다. 다만 상품 라인업은 많이 바뀔 것으로 봅니다. 요즘은 소프트웨어도 구독 형태로 많이 나오고 TV, 냉장고, 에어컨 등 고가의 제품들도 구독 형태로 월정액만 내고 이용할 수 있습니다. 제 생각에 구독 경제와 핏이 잘 맞는 제품들은 앞으로도 계속 발전할 것 같습니다. 예전에 제가 읽었던 《소유의 종말》이라는 책에도 빌려 쓰는 시대가 올 것이라는 얘기가 나오는데, 자산을 소유하지 않아도 되는 영역에서는 고객들은 기꺼이 그렇게 할 것 같아요. 하지만 이에 대한 예외 사항도 항상 존재합니다. 집도 어떤 사람은 매매하고, 어떤 사람은 월세하고, 어떤 사람은 전세하는 것처럼 상황마다 다르게 적용될 것입니다.

질레트, 쉬크, 도루코와 같은 쟁쟁한 기업들이 이미 선점하고 있는 시장, 소위 말해 사람들이 레드오션이라고 부르는 면도기 시장에서 창업을 하셨습니다. 개인적인 소견이지만 창업 당시만 보면 이제 막 시작하는 스타트업이 검색 서비스를 만들어 구글이나 네이버와 경쟁하겠다고 하는 느낌인데요, 어떤 생각이셨나요?

저는 레드오션이 더 나은 시장이라고 생각합니다. 이유는 이미 검증된 시장이기 때문입니다. 부동산이나 택시, 대리운전, 배달, 건설 등의 오래된 산업에서도 혁신이 이루어지고 있습니다. 저희는 면도기를 포함해 생활 소비재라는 카테고리에서 가성비를 중심으로 혁신을 만들어내고 있습니다. 레드오션에서도 혁신을 만들어내는 기업이 성장 가능성이 크다고 할 수 있습니다.

회사를 운영하는 데 있어서 절대 타협하지 못하는 경영 철학이나 원칙이 있나요?

고객에 대한 집착과 우선순위, 그리고 빠른 실행이 중요하다고 말씀드렸는데 이보다 더 중요한 것은 정직성입니다. 저를 포함해 모든 직원이 법적, 도덕적 기준을 충족해야 한다고 생각합니다. 이것은 당연한 것이지만, 특히 한국 회사들은 이를 지키지 않는 경우가 많다고 생각됩니다. 공동 창업자들이 미국 회사에서 근무했던 경험이 있기 때문에 저희에게는 이것이 너무 당연하게 다가옵니다. 요즘은 모든 것이 공개되는 세상이기 때문에 법적, 도덕적인 기준을 준수해야 합니다. 저는 직원들에게도 우리가 하는 일이 내일 일간지에 나와도 부끄럽지 않아야 한다고 말하곤 합니다. 내부에서는 언제든지 성추행, 횡령, 보안 등의 문제가 발생할 수 있기 때문에 이러한 일이 일어나지 않도록 예방하는 것이 중요합니다.

앞으로 3년에서 5년 정도 뒤의 목표나 비전은 무엇인가요? 회사와 개인을 분리해서 말씀해 주셔도 좋습니다.

저희는 아직 생존을 목표로 달리고 있습니다. 와이즐리는 국내 고객들에게 가성비에 있어서는 대체할 수 없는 쇼핑 플랫폼이 되어야 한다고 생각합니다. 쿠팡도 처음에는 낯설어서 고객들이 쉽게 받아들이지 못했지만, 지금은 쇼핑에서 대체할 수 없는 플랫폼으로 성장했습니다. 이를 위해서는 고객들이 원하는 제품을 가성비 좋게 제공해야 합니다. 고객 수가 많지 않아도, 와이즐리의 제품이 없으면 살 수 없는 고객들이 있을 정도로 강력해야 합니다. 이렇게 되면 와이즐리의 매출은 현재보다 더 커질 것입니다.

개인적으로는 건강을 유지하고 개인적인 삶에서 잡음이 없어야 오랫동안 일할 수 있다는 것을 깨닫고 실천하고 있습니다. 아직은 건강에 이슈가 없고 가족들도 모두 건강한 편이라서 제가 일에만 집중할 수 있지만 조금씩 나이가 들면서 운동을 통해 건강을 유지하려고 노력하고 있습니다.

만약 P&G 시절로 돌아간다면 그동안의 어려움을 똑같이 겪어야 한다고 해도 창업자의 길을 걸으실 건가요? 같은 길을 걷는 후배 창업자에게 어떤 말을 해주고 싶나요?

저는 다시 돌아가도 창업을 할 것 같아요. 한 번도 후회한 적이 없고 이 일을 하게 된 것에 대해 매 순간 감사합니다. 이 일을 할 수 있다는 것 자체가 진짜 감사한 일이에요. 그래서 앞으로도 계속 더 잘하고 싶다는 생각을 많이 하고 있습니다. 후배 창업자들한테는 본인이 일을 즐기고 잘할 수 있는 사람인지를 생각해 보는 게 중요하다고 말해주고 싶어요. 창업자들은 스트레스를 엄청 많이 받는데, 창업을 계속해 나가시는 분들을 보면 대체로 스트레스를 별로 안 받거나, 내성이 강한 분들이었습니다. 물론 사람이라면 스트레스를 받지 않을 수 없기 때문에 본인만의 스트레스 해소 방법을 찾는 것이 중요합니다. 사업을 시작할 때 이게 진짜 내가 잘할 수 있는 아이템인지 생각해 보는 것도 중요합니다. 저희도 창업자들끼리 모여서 이 사업을 시작할 때 "이건 IT 사업이 아니어서 좋다. 우리는 소위 말하는 문돌이들인데, 기술이나 개발이 많이 필요하면 못 한다"라고 했습니다. 저희 사업은 기획으로 승부를 보는 거였기 때문에 이 일을 잘할 수 있을 것 같았어요. 그래서 자신이 제일 잘할 수 있는 영역에서 시작하는 게 좋을 것 같다는 말을 꼭 전하고 싶습니다.

요즘에는 제 주변에도 창업을 고민하는 분들이 많은데 억지로 창업 아이템을 찾는 것보다는 창업 아이템이 자연스럽게 찾아와서 열정을 가질 수 있는 아이템을 선택하는 것이 더 중요하다고 생각합니다. 창업 아이템을 억지로 만들면 이 사업이 될까, 저 사업이 될까 고민하다가 결정력이 흐려지고 확증 편향에 빠지기 쉬워집니다. 그래서 가능하면 자연스러운 방법으로 좋은 아이템을 찾게 되길 바랍니다. 성공한 창업가들도 그런 방식으로 창업을 시작한 경우가 많습니다.

마지막으로 하고 싶은 말씀이 있나요?
와이즐리의 고객으로서 가장 냉정하게 판단하고 지켜봐 주시길 바랍니다. 앞으로도 저희는 대기업들과 경쟁해야 하는 과제에 맞닥뜨릴 것입니다. 이를 위해 극단적이고 이상한 전략을 취할 수도 있습니다. 예를 들어 가격을 최대한 낮추는 대신 배송 속도를 늦추는 등의 선택을 할 수도 있습니다. 물론 이러한 선택이 실제로 고객들에게 더 나은 서비스를 제공하는 것인지에 대한 피드백은 매우 중요합니다. 따라서 저희는 모든 고객들의 피드백을 언제나 환영합니다. 고객들의 피드백이 많을수록 저희는 더 좋은 제품을 저렴하게 만들 수 있습니다. 부디 관심을 가져주시고 피드백을 많이 주시면 감사하겠습니다.

1인분도 무료배송,
이제 점심도 구독 시대

/

위허들링 WEHUDDLING

기업 개요

위허들링은 점심 구독 서비스 위잇딜라이트^{We Eat Delight}를 운영하는 푸드테크^{food tech} 스타트업이다. HACCP^{식품안전관리인증}을 받은 식품제조업체 30여 곳과 파트너십을 맺고 밥, 샐러드, 샌드위치, 면류 등 매일 2~3가지 음식을 제공한다. 저렴한 가격대로 매일 다른 메뉴를 제공하기 때문에 고객들로부터 인기를 얻고 있다. 앱에서 원하는 식사를 선택하고 구매하면 다음 날 점심시간에 원하는 곳으로 배송이 이루어진다.

위허들링은 현재 서울 15개 구와 경기도 판교에서 운영하고 있으며 서울 전역으로 서비스를 확대해 나가고 있다. 2023년 2월 기준 누적 고객 수는 9만 명으로 신규 고객의 60% 이상이 마케팅에 의존한 것이 아니라 기존 고객들의 추천으로 이루어졌다.

위허들링은 2017년에 배상기 대표가 창업했으며 2023년 8월 기준으로 직원 수는 58명, 누적 투자 금액은 130억 원 수준이다.

푸드테크 시장 개요

푸드테크는 식품food과 기술technology을 융합한 분야로, 식품 산업에서 디지털 기술을 활용해 생산, 유통, 판매 등 전반적인 과정을 개선하고 혁신하는 기술을 말한다. 푸드테크는 다양한 형태로 나타날 수 있는데 생산 단계에는 식물 재배 기술, 농작물 자동 수확 로봇, 인공지능을 이용한 작물 관리 기술 등이 있고, 유통 단계에는 IoT 기술을 활용한 냉장고 관리, 로봇을 활용한 배송 서비스 등이 있다. 또한 소비자 측면으로 식품 주문 및 배송 앱, 블록체인 기술을 활용한 식품 안전성 보장 등이 있다.

푸드테크는 기존의 식품 제조 및 유통 과정에서의 다양한 문제점을 개선하고 효율성을 높여서 식품 산업의 발전에 크게 기여하고 있다. 예를 들어 생산성을 높여 농작물 가격을 낮추고 식품의 품질 저하 등을 예방하며, 블록체인 기술을 활용해 식품의 안전성과 투명성을 높일 수 있다. 최근 몇 년 사이 코로나19로 인한 비대면 경험 증가와 함께 배달 음식에 대한 수요가 급증하면서 푸드테크 기업들은 더욱 빠른 성장세를 보이고 있다. 앞으로 더 많은 기술 발전과 혁신이 이루어지면서 발전할 것으로 예상된다.

INTERVIEWEE

배상기 창업자 겸 대표이사

위허들링에 대해 간략히 소개해 주세요.

'오늘은 뭐 먹지?'라는 메뉴 고민에 빠진 소비자들을 위한 점심 구독 서비스 위잇딜라이트를 운영하는 푸드테크 스타트업입니다.

2030 직장인과 1인 가구를 중심으로 구독자가 늘고 있다고 들었습니다. 위허들링에서 해결하고 싶은 고객의 페인 포인트와 사회적 문제는 무엇인가요?

저희는 일상에서 겪게 되는 가장 중요한 문제인 무엇을 먹을지에 대한 고민을 해결하고자 합니다. 저렴하고 건강한 식사를 구

독 형태로 제공해 점심 메뉴 고민을 줄이고 고객들의 식습관을 개선하고 있습니다. 특히 직장인들의 점심시간을 보다 풍요롭게 만드는 것에 주력하고 있습니다. 가격과 퀄리티 면에서도 더 나은 선택을 제공하고, 여러 곳을 돌아다니지 않고도 다양한 종류의 음식을 한자리에서 즐길 수 있도록 메뉴를 다양화하고 있습니다. 이로써 남는 점심시간은 개인적인 발전이나 보다 가치 있는 다른 일에 활용할 수 있습니다.

배송은 위탁인가요?

100% 자제 직배송입니다. 사업 초기에는 제가 직접 배송을 했지만, 지금은 물류팀이 탁월한 성과를 내고 있습니다. 물류팀을

세팅하는데 초기에 배송했던 경험이 많은 도움이 되었습니다. 음식 배달은 고객이 건물 밖으로 나오는 순간 가치가 감소합니다. 그러므로 배송지 바로 앞까지 배송이 되어야 합니다. 그리고 1인분만 주문해도 무료배송입니다. 고객들이 가성비 외에 저희 제품을 선택하는 결정적 이유 중 하나일 정도로 반응이 좋습니다.

1인분만 주문해도 무료배송이라고요? 물류 비용이 많이 들지 않나요? 물류만 해결해도 단가를 굉장히 낮출 수 있을 텐데 말이죠.

저희는 1인당 배송 단가를 상당히 낮은 수준으로 잘 관리하고 있는데 1인당 배송 단가가 700원 정도로 대한민국 최저가로 알고 있습니다. 심지어 강남 지역에서는 500원대로 관리되기도 합니다.

무료배송을 가능하게 하는 시스템 자체가 구독 시스템에서 매우 중요한 포인트 중 하나라고 생각하기 때문에, 배송 시스템을 타이트하게 잘 구축하고 있습니다. 기본적으로 저희 배송 팀원들은 모두 전문 기사 출신입니다. 저희는 TMS^{Transportation Management System}를 개발해, 배송 기사들이 보다 효율적으로 식사를 배달할 수 있도록 시스템을 만들었습니다. 다양한 서드^{3rd} 파티 솔루션을 사용해 봤지만, 저희와 맞는 것이 없어 직접 최적화된 TMS를 만들어 배송 시스템을 관리하고 있습니다. 지역 확장이나 새로운 신규 배송지가 생겨도, 배정 원가를 관리할 수 있게끔 시스템이 구축되어 있습니다. 점심 구독 서비스에서 TMS는 정말 중요한 역할을 합니다.

MZ세대가 식사용으로 샐러드를 많이 먹으면서 관련 구독 서비스도 점점 늘어나고 있습니다. 이런 업체들과 차별화된 위허들링만의 강점에는 물류 말고 어떤 점이 있나요?

저희 서비스의 강점 중 하나는 큐레이션입니다. 비슷한 서비스가 많이 있어 보여도 시장을 잘 분류해 보면 샐러드를 구독하는 시장은 식단 관리를 원하는 고객층을 대상으로 한 것입니다. 시장 규모도 1조~2조 원 수준으로 매우 큰 편입니다. 그러나 이 시장에는 너무 많은 플레이어가 있습니다. 하지만 저희는 샐러드가 아닌 일반 식사를 타깃으로 설정해 이 시장에 진입했습니다. 일반 식사를 대상으로 한 B2C 구독 서비스는 저희 말고는 아직 없는 것으로 알고 있습니다. 시장 규모는 샐러드 시장에 비해 수십, 수백 배가 됩니다.

저희의 주요 고객은 MZ세대 여성 직장인이지만 메뉴의 대부분은 일반 식사입니다. 샐러드는 식단 관리를 원하시는 분들께 추천해 드리고, 일반적인 식사를 원하시는 고객님께는 밥과 국을 제공해 드립니다. 이것이 다른 회사와의 차별점 중 하나입

321

니다. 저희는 일반 식사를 고객 맞춤형 큐레이션으로 제공합니다. 큐레이션을 통해 고객 유입 지표가 높아졌으며, 신규 고객 중 60%가 지인 추천을 통해 유입되고 있습니다. 광고 의존도는 매우 낮으며, 계속해서 오가닉한 성장을 추구하고 있습니다. 또한 회원 가입 후 실제로 유료 구독 회원으로 전환되는 지표가 55%입니다. 대한민국 커머스 평균 지표가 2~3%인 것을 감안하면 굉장히 높은 편입니다. 저희는 현재까지 지속적으로 높은 고객 지표를 유지하고 있으며, 구독 시장에서도 경쟁력을 갖추고 있습니다. 그동안 일반 식사를 대상으로 한 시장에 대기업들이 여러 차례 진출을 시도했지만 배송 시스템이나 다양한 이유로 성공하지 못했습니다. 저희가 일반 식사 구독이라는 새로운 시장을 만들어 가고 있습니다.

저희 서비스의 또다른 특징은 제조 방식에 있습니다. 음식을 만들어서 판매하는 기존의 방식과는 많이 다릅니다. 일반적인 도시락이나 샐러드 판매 업체들은 편의점이나 마트, 컬리, 쿠팡 등에서 판매를 기다려야 하지만, 저희는 고객들이 미리 신청한 만큼만 생산해서 판매하기 때문에 폐기할 음식이 없습니다. 제조사는 저희가 10일 전에 발주를 넣으면 그 수량에 맞춰 생산 계획을 세우고 저희는 생산 계획에 맞게 식자재를 발주하고, 인원을 배치해서 생산을 하고 제품을 판매합니다. 제조사 입장에서도 맞춤 생산을 하기 때문에 로스를 최소화할 수 있습니다.

이런 방식으로 제조사와 윈윈하면서 협업할 수 있고, 세이브한 비용은 원가 절감으로 이어져 고객들의 만족도를 높일 수 있습니다.

외식 시장이 레드오션이라는 인식이 있습니다. 게다가 배송도 해야 하고 음식이라는 특성상 여러 가지 신경 쓸 일이 많을 텐데요, 식사 구독 서비스를 창업하신 이유가 궁금합니다.

외식만 생각하면 레드오션이 맞습니다. 주변의 음식점이나 구내식당도 경쟁자가 될 수 있습니다. 처음 사업을 시작했을 때, 고객들과 투자자들은 밖에서 먹거나 시켜 먹으면 되지 왜 굳이 구독해서 먹어야 하는지 많은 의문을 품었습니다. 하지만 시장을 좀 더 세분해서 보면 식사를 구독해서 먹는 시장 자체가 존재하지 않았기 때문에 저희가 새로운 시장을 만들어 가고 있다고 생각합니다. 2020년에 처음 서비스를 시작해 첫해에 7억 5,000만 원의 매출을 올렸고 21년에는 45억 원, 2022년에는 104억 원의 매출을 올리게 되면서 투자자들도 거대한 시장이 될 수도 있다는 생각을 하게 되었습니다.

저는 원래 개발자였습니다. 불규칙한 생활로 인해 피부가 다 벗겨질 정도의 중증 아토피가 생겨 한동안 무척 고생했어요. 결국 잘 먹고 건강한 생활을 하는 것이 중요하다는 것을 깨달았고 현대인들의 건강한 식습관을 돕고 싶다는 생각에 창업하게 되었습니다. 몇 년 전부터 1인 가구가 폭발적으로 증가하고 있지만 1인 가구용 식사 서비스가 거의 없는 실정입니다. 1인 가구용 식사는 대학생, 직장인, 독거노인 등 필요로 하는 사람들이 많아지고 있습니다. 가정주부 역시 식사 준비가 가장 큰 고민거리입니다. 이 문제를 해결할 수 있다면 엄청난 시장이 열리게 됩니다. 아직은 오피스 밀집 지역을 타깃으로 하고 있지만 점차 베드타운 지역으로 확대하고자 합니다. 식사 구독 시장은 식사 시장은 멀리서 보면 레드오션처럼 보이지만 실제로는 구독이라는 카테고리 자체가 없었기 때문에 블루오션입니다. 이런 시장을 개척하는 것은 어려운 일이지만, 이를 극복해 나가야 합니다. 저희의 목표는 단순히 편리함을 제공하는 것뿐만 아니라 건강한 식습관을 만들어주는 것입니다. 이를 위해 데이터를 수집하고, 점심뿐만 아니라 아침과 저녁 식사까지 함께할 수 있는 플랫폼을 만들고자 노력하고 있습니다.

점심 구독 서비스의 비즈니스 구조나 가격, 수익모델 등에 대해 말씀 부탁드립니다.

저희는 식품을 직접 제조하지 않습니다. 대신 고객분들이 양질의 식사를 즐길 수 있도록 끊임없이 메뉴 개발과 소싱 그리고 큐레이션에 집중하고 있습니다. 어떤 제조사가 어떤 음식을 잘 만드는지 조사하고 분석한 후 타깃 고객이 좋아할 만한 메뉴를 큐레이션 하는 것에 중점을 두고 있습니다. 고객들에게 제공하는 메뉴를 기반으로, 고객들이 신청한 구독 수량에 맞춰 제조사에게 발주 의뢰를 해 생산을 진행합니다. 이런 방식으로 갓 만들어진 신선하고 맛있는 식사를 제공합니다. 수익모델은 제조사에서 만든 음식 가격과 고객들이 지불하는 구독료의 차익으로 수익을 얻고 있습니다. 주문량에 따라 제조사의 단가가 달라지기 때문에 규모의 경제에 따라 비용을 줄이고 수익의 폭을 늘리고 있습니다. 이로 인해 가격은 계속 내려가고 있으며, 매출총이익도 더 커지고 있습니다. 현재 메인 비즈니스는 B2C이지만 B2C를 잘 만들어 놓으면 2~3년 이내에 B2B 시장도 장악할 수 있을 것으로 예상합니다.

음식 제조를 업체에 맡기는 게 아니라 직접 하셔야 더 많은 수익이 발생하는 것 아닌가요?

물론 공장을 인수해 직접 생산할 수도 있지만, 이는 설비 등 많은 비용이 들기 때문에 아직 직접 생산은 고려하고 있지 않습니다.

앞으로 2~3년 정도의 주요 KPI는 무엇인가요?

현재 한 달에 약 20만 식 정도를 판매하고 있습니다. 올해 말까지는 한 달에 50만에서 60만 식을 목표로 하고 있습니다. 월 60만 식을 판매하게 되면 수익은 따라올 것으로 생각합니다.

그래서 매출보다는 식수를 중심으로 KPI 관리에 더 집중하고 있습니다. 추가로 배송 시스템과 지역을 효율적으로 관리하려 합니다. 예를 들어 강남 지역도 밀도와 배송 원가 등의 이유로 배송이 어려운 지역이 있어 그 부분을 관리하고 있습니다. 이러한 노력으로 현재 KPI는 매우 높은 수치를 기록하고 있습니다. 식수와 지역을 잘 관리하면 다른 지표들은 자연스럽게 따라올 것으로 믿고 있습니다.

음식이라는 게 유통 과정에서 변질될 수도 있고 벌레나 머리카락 등의 이물질로 항의가 발생할 수도 있는데, 이런 리스크 관리는 어떻게 하고 있나요?

창업 이후 지금까지 음식의 변질이나 유통 과정에서의 문제 등을 정말 많이 경험했습니다. 그래서 제조사의 품질을 매우 중요하게 생각합니다. 왜냐하면 하루에 1,000개의 식사를 제조하는 것과 10만 개의 식사를 제조하는 것은 완전히 다른 영역이기 때문입니다. HACCP을 받는 것은 기본이고 품질에 문제가 없는지 매일 사전에 체크하고 있습니다. 혹시라도 음식에 이상이 있다고 판단되면 최대한 빨리 고객에게 알리고 드시지 않도록 권유합니다. 어떤 형태로든 고객이 불편한 상황이 발생하면 최대한 보상을 해드리기 위해 노력합니다. 고객이 느끼는 불편함보다 더 큰 보상을 제공하고, 사전에 방지하기 위해 음식을 먼저 먹어보고 샘플링을 합니다. 모든 메뉴를 다 먹어보지는 못하지만 최소한 팔레트당 하나씩 먹어보고 이상이 없으면 패킹과 배송을 합니다. 저희 직원들도 매일 같이 먹으면서 음식의 상태와 식감 등을 체크합니다. 이렇게 타이트하게 관리해 고객이 불편을 느끼기 전에 더 많이 체크하고, 문제가 생기면 빨리 알려드리고 더 크게 보상하려고 노력합니다.

현재까지 130억 원 정도의 투자를 받으신 것으로 알고 있는데요, 향후 투자 유치 계획 및 자금 사용처에 대해 말씀 부탁드립니다.

이번 투자 라운드를 마무리한 이후에는 구체적인 투자 유치 계획은 없으며 2023년 4분기까지 BEP를 넘기기 위해 캐시 플로우를 조절하고 있습니다. 2022년까지는 매출보다는 성장에 집중했지만, 최근에는 글로벌 경제 상황이 어려워져서 캐시 플로우를 관리하고 수익성을 개선하면서 성장을 추구하고 있습니다. 현재는 기존 매출로 운영하면서 지속 가능한 방향을 모색 중이지만 다음 라운드에 투자를 받게 되면, 지역 확장을 위해 많은 투자를 할 예정입니다. 저희는 큐레이션과 배송 관리 시스템에 집중하고 있으며, 이를 도시 밀집 지역에 적용해 지역 제조사와 연결하면 좋은 결과가 나올 것으로 기대하고 있습니다. 향후에는 글로벌 시장에서 진출도 고려하고 있습니다.

푸드테크 전체 영역으로 확장이 가능한 기술과 유통망, 플랫폼을 보유하고 있어 해외 진출도 충분히 가능할 것 같습니다. 혹시 다른 영역으로의 사업 확장 계획은 없나요?

저희는 신선식품을 유통하는 구독 플랫폼을 운영하고 있습니다. 많은 사람들이 이커머스와 비교를 하는데 아직은 이커머스를 진행하지 않고 있습니다. 그 이유는 이커머스 시장으로 진입하면 쿠팡, 컬리 등 대형 기업들과 경쟁하게 되기 때문입니다. 저희는 대형 물류센터를 보유하지 않고 주문받은 만큼 생산해 구독 서비스를 통해 유통하고자 합니다. 예를 들어 아침 식사, 영양제, 건강 기능식, 점심, 후식, 소풍용 음식, 저녁 와인과 안주 등 먹는 것과 관련된 구독 서비스만을 제공할 예정입니다. 또한 소프트웨어와 딜리버리 시스템에 집중해 배송 및 주문 시스템을 향상시키고, 해외에서도 동일한 시스템을 적용해 국내뿐만 아니라 글로벌 최강자가 되는 것을 목표로 하고 있습니다.

저희의 목표는 누구나 따라 할 수 없는 1등의 수치인 하루 10만 구독자를 확보하는 것입니다. 하루에 10만 건의 식사를 판매하게 되면 경쟁자들은 따라 할 수 없는 압도적인 1위가 될 수 있습니다. 여기에 TMS가 시스템에 잘 통합되고 데이터 기반으로 큐레이션을 하게 되면 해외에서도 잘 작동할 것이라고 생각합니다. 그러나 지역 확장이나 해외 진출 계획은 먼 나중의 일입니다. 전국을 커버하면 좋겠지만, 그렇게 하면 배송 밀도가 너무 낮아질 우려가 있습니다. 서울, 경기 지역만 보더라도 우리나라 시장의 절반이라고 할 수 있습니다. 실제 시장 규모가 30조 원인데 서울 시장만 15조 원입니다. 특히 초기 타깃으로 설정한 점심 구독 시장만으로도 5조 원의 시장이 예상됩니다. 점심 시장만으로도 매우 크지만 여기에 아침과 저녁 구독 시장이 포함되면 더욱 커질 것입니다. 따라서 식사 시장만 잘해도 다른 웬만한 시장보다 크기 때문에 저희는 이 시장을 타기팅하는 것이 현명하다고 생각합니다. 지역 확장은 추후 대구나 부산 지역까지 계획하고 있으며, 그 이상의 지역 확장 계획은 아직 없습니다.

식사 구독 관련 데이터가 쌓이면 엄청난 파급 효과가 있을 것 같습니다. 데이터를 확보하고 분석하기 위해 어떤 노력을 하고 있나요?

사업 초반에는 큐레이션을 사람이 직접 수행했지만, 이제는 사람이 수행한 결과물에 태그를 붙여 대량으로 데이터화해 축적하고 있습니다. 이를 통해 어떤 타깃 고객이 어떤 빈도와 강도로 음식을 구독하는지, 얼마나 높은 리텐션을 유지하는지, 그리고 어느 정도 수준으로 지속 가능한 소비와 구독을 하는지 등을 데이터로 쌓아가고 있습니다. 현재 약 300만 건 정도의 데이터가 쌓여 있습니다. 만약 하루에 10만 개씩 데이터를 확보할 수 있다면 한 달에 200만 건이 쌓이는 것이므로, 이것을 데이터로 학습하면 데이터 기반으로 개인 맞춤형 큐레이션을 할 수 있게 됩니다. 그래서 저희는 데이터 애널리티스트, 데이터 사이언티스트, 개발자 등의 전문가들을 모집해 데이터 확보 및 분석 역량을 강화하고 있습니다.

대부분의 테크 기업들이 기술력은 있는데 영업이나 마케팅 역량이 부족한 경우가 많습니다. 위허들링만의 영업 및 마케팅 노하우는 무엇인가요?

저희도 처음에는 고객들에게 알려지기까지 많은 시간이 걸렸습니다. 거의 6개월 동안 일주일에 두 번씩 삼성역을 중심으로 전단지도 뿌렸습니다. 1,000장을 뿌리면 50명 정도가 문의를 하고 그중에서 구독하는 분들은 10명 정도였습니다. 거의 1% 수준이죠. 하지만 저희 서비스에 만족한 분들이 친구나 동료들에게 추천하면서 한 명의 고객이 5~6명을 추천하는 결과가 나왔습니다. 이렇게 지속적으로 구독자 수가 늘어나게 되었습니다.

저희 입장에서 온라인 광고는 효율적이지 못했습니다. 왜냐하면 광고를 보고 가입한 고객이 배송 불가 지역에 살고 있으면 의미가 없기 때문입니다. 페이드 광고Paid Ad를 통해서는 오가닉 방식으로 성장하는 것이 어려울뿐더러 페이드 광고를 통해 유입되는 고객들은 CAC Customer Acquisition Cost 가 너무 높아서 수익성이 떨어지고 신규 유입은 많이 되더라도 실제 전환율이 너무 떨어집니다. 반면 리퍼럴referral, 고객 추천로 유입되는 고객들은 대부분 기존 고객들과 비슷한 성향을 가진 분들이기 때문에, 이들이 지속적으로 유입되면 전환율이 높게 유지됩니다. 이러한 이유로 오가닉 방식으로 성장하는 것이 저희 비결이자 전략이라고 생각합니다. 리워드형 광고나 여러 가지 페이드 광고도 테스트하고 있지만 오가닉을 따라올 수가 없습니다. 저렴한 비용으로 건강한 음식을 제공하면서 브랜드를 만들면 광고를 많이 하지 않더라도 많은 고객들이 찾아줄 것이라고 생각합니다. B2B 영업은 천천히 규모를 키우고 있는데 주로 아웃바운드 콜이나 돌방(돌연 방문) 영업을 통해 이루어집니다. 돌방 영업 방식은 고객들에게 서비스를 소개하면서 음식을 샘플로 제공하는 것인데 고객들의 만족도가 높입니다. 저희는 이러한 방식으로 시장을 넓혀가고 있습니다.

최근 고금리, 고물가 등으로 경기가 안 좋은 상황입니다. 향후 식사 구독 시장의 변화에 대한 대표님의 생각이 궁금합니다.
대부분의 구독 서비스는 내 지갑에서 돈이 정기적으로 빠져나가는 구조입니다. 하지만 저희 서비스는 돈을 아낄 수 있는 유일한 구독 서비스입니다. 서울시 평균 점심값이 1만 원 내외인 시대에 6,900원이라는 합리적인 가격으로 식사를 해결할 수 있습니다. 또한 식사는 무조건 해야 하기 때문에 어떤 시기에도 서비스를 이용할 수밖에 없는 구조입니다. 코로나19 시기에도 계속 성장해 왔지만 위드 코로나 상황이 되면 더욱 성장할 것으로 예상됩니다.

수요자와 공급자 양쪽의 페인 포인트를 해결해야 하는 만큼 서비스 기획 역량이나 고객의 페인 포인트를 찾아내는 게 매우 중요할 것 같습니다.

저희는 고객들에게 질문을 많이 합니다. 2021년 6월에는 2,000명의 고객에게 설문조사를 요청했습니다. 일반적인 설문조사의 응답률이 10~20% 수준인 데 반해 저희는 80%에 달하는 1,600명의 응답을 받았습니다. 저희는 고객들이 불편하게 느끼는 경험이 무엇인지 물어보고 우선순위를 정해 개선하고 있습니다. 사업 초기에는 시스템도 없었고 회원가입 페이지도 없었으며 결제는 문자로 이루어졌습니다. 하지만 본질적인 부분이 좋았기 때문에 성장할 수 있었습니다. 이제는 시스템을 개선해 예전보다 사용하기 편리해졌지만 아직도 완벽하지는 않습니다. 저희는 고객들이 더 편리하게 이용할 수 있도록 고객들과 소통을 강화하며 서비스와 시스템을 개선해 나가려고 합니다.

향후 엑싯 전략(M&A, IPO 등)에 대해서도 말씀 부탁드립니다.

저희 회사의 1차 목표는 월 60만 식을 제공하는 것입니다. 이 목표를 달성하면 연 매출이 200억 원 이상이 되고, 월별 BEP를 넘어서게 됩니다. 또한 서울 전역으로 확장하는 것을 계획하고 있습니다. 원대한 목표를 가지고 있지만 일단 현재 목표에 집중하고 있습니다. 물론 저희가 더욱 성장해 큰 기업이 되면 IPO를 고려할 계획입니다. M&A 제의가 오는 것은 언제든 환영합니다. 저희는 언제든지 그에 대비해서 준비를 하고 있습니다. 현재는 매출 규모를 늘리고 고객님들의 만족도를 높이는 것에 집중하며 앞으로 나아가야 합니다.

대표님께서는 창업 이전에 어떤 일을 하셨나요?
처음은 은행 개발자로 시작했고 이후 10년 정도 컨설턴트로 일했습니다.

안정적인 삶을 포기하고 창업을 결심하게 된 동기가 궁금합니다.
제가 은행이라는 안정적인 직업을 선택한 이유는 연봉이 높았기 때문입니다. 하지만 조직의 규모나 문화가 신나게 일하는 것을 좋아하는 저에게는 맞지 않았습니다. 그래서 두 번째로 IT 컨설팅을 했습니다. 하지만 컨설팅이라는 직업 특성상 주인공이 아니라 누군가를 돕는 역할이라 한계가 있었습니다. 그래서 결국 저의 열정을 더 살릴 수 있는 창업을 하게 되었습니다. 사업을 하면서 힘든 일도 많지만 신나게 일하고 있습니다.

회사를 운영하는 데 있어서 절대 타협하지 못하는 경영 철학이나 원칙이 있나요?

저희 회사의 채용 기준은 명확합니다. 스타트업을 창업한 경험이 있거나 빠르게 학습하고 도전하며 실패하는 분들을 우선적으로 뽑습니다. 스타트업은 시간이 많지 않기 때문에 신속하게 대처해야 합니다. 빠른 의사결정 능력과 실행력, 실패를 인정하고 배우며 앞으로 나아가는 자세를 중요하게 생각합니다. 직원에 대한 피드백을 타이트하게 하며 피드백을 받은 후 3개월 내에 문제를 해결하지 못하면 특정 시점에 헤어집니다. 어렵지만 이렇게 해야만 동료들과 함께 성장할 수 있습니다. 이러한 팀 스포츠 정신은 도전적이어야 하며, 이를 위해 작은 문제라도 빠르게 처리하고 고객들이 원하는 것이 무엇인지 파악하는 것이 중요합니다. 그리고 저희는 모든 데이터를 공개합니다. 하루에 얼마나 팔리고 얼마를 벌고 있는지 등 모든 데이터를 오픈합니다. 이는 저희만의 특이한 기업 문화 중 하나입니다.

만약 컨설턴트 시절로 돌아간다면 그동안의 어려움을 똑같이 겪어야 한다고 해도 창업자의 길을 걸으실 건가요? 같은 길을 걷는 후배 창업자에게 어떤 말을 해주고 싶나요?

과거로 돌아간다고 하더라도 분명히 창업을 할 것입니다. 지금은 제가 아이가 두 명이라서 더 많은 리스크를 감수해야 하기 때문에 오히려 더 빨리 창업할 것 같아요. 창업을 할 때는 창업자의 자세도 중요한 역할을 합니다. 창업을 하면 많은 것을 배우고, 자신의 한계를 넘어설 수 있습니다. 실패할 수도 있지만 그것도 배움의 일부분이고, 계속해서 공부하면 더 많은 경험을 쌓을 수 있습니다. 본인의 방법과 생각이 중요하지만, 결국에는 고객의 요구와 만족도가 가장 중요합니다. 본인이 아니라 고객이 원하는 서비스를 만들어 제공해야 합니다. 끝으로 포기하지 말고 계속 노력해 보세요. 분명히 좋은 결과가 있을 것입니다.

VR 기술로
재활치료의 혁신을 일으키다

/

테크빌리지 Tech Village

기업 개요

테크빌리지는 뇌질환(뇌졸중, 치매, 파킨슨병 등) 환자의 상실된 운동 및 인지기능 회복과 고령자의 장애 예방을 위한 VR^{Virtual Reality,} ^{가상현실} 기반의 디지털 재활치료기기를 제작하고 공급하는 스타트업이다.

국내에서는 처음으로 뇌질환 환자의 운동 및 인지기능 회복을 위한 VR 기반의 디지털 치료기기를 개발하고 상품화했으며 서울대학교병원, 신촌세브란스병원, 동국대학교 일산병원, 강북삼성병원 등의 종합병원과 공동으로 연구를 진행하고 있다. 2021년 국내 디지털 치료기기 인증과 의료보험 수가 적용을 위한 식약처 공식 임상시험 허가를 취득한 최초 6개 기업 중 하나로 선정되었다.

테크빌리지는 2017년에 최동훈 대표가 창업했으며 2023년 3월 기준으로 직원 수는 10명, 누적 투자 금액은 15억 원 수준이다.

VR 시장 개요

VR은 실제로 존재하지 않는 가상 세계를 구현하는 기술로 이를 통해 현실에서는 불가능한 경험을 체험할 수 있다. VR 시장은 게임 산업을 중심으로 성장했으며 이제는 교육, 의료, 엔터테인먼트, 부동산 등 다양한 산업에 적용되고 있다. 교육 분야에서는 VR을 이용해 실제로 경험해 보지 못한 역사적인 사건이나 지리적인 장소를 체험할 수 있고, 의료 분야에서는 환자들의 치료나 수술 전후 교육 등에 활용될 수 있으며, 엔터테인먼트 분야에서는 VR 콘텐츠를 통해 새로운 경험과 감동을 제공할 수 있다. 그 밖에도 건축과 여행 및 관광 분야에서 VR에 대한 높은 수요와 성장세를 보이고 있다.

VR 산업에 다양한 기업들이 진입해 경쟁이 치열해지고 있으며, 이로 인해 더욱 다양하고 풍부한 VR 콘텐츠가 제공되고 있다. VR 기술이 발전할수록 더욱 높은 수준의 가상 세계 체험이 가능해질 것으로 예상된다. 전 세계 VR 관련 시장 규모는 2022년부터 연간 25.3%의 성장률을 기록해 2027년에는 1,145억 달러(약 148조 원)로 확대될 것으로 전망된다.

디지털 헬스케어 시장 개요

디지털 헬스케어 시장은 기술의 발전과 헬스케어 산업의 디지털화로 빠르게 성장하고 있는 분야이다. 이 시장은 디지털 기술을 활용해 환자의 건강 모니터링, 진단, 치료, 예방 등의 헬스케어 서비스를 제공하는 기업과 솔루션을 포함한다. 디지털 헬스케어 기술은 모바일 앱, 웨어러블 기기, 각종 센서 등을 통해 수집한 데이터를 바탕으로 인공지능 기술을 활용해 다양한 형태의 서비스를 제공한다. 건강 상태 실시간 모니터링, 의료 전문가와의 원격 상담 및 의견 공유, 의료 기록의 전자화, 개인 맞춤형 건강 조언 등이 가능하다.

디지털 헬스케어의 장점 중 하나는 환자들이 병원 방문 없이도 자신의 건강 상태를 관리힐 수 있다는 섬이다. 웨어러블 기기를 통해 심박수, 혈압, 수면 패턴 등을 모니터링하고, 앱을 통해 식단 관리나 운동 프로그램을 받을 수 있다. 또한 의료 전문가와의 비대면 진료를 통해 의견을 듣거나 처방전을 받을 수도 있다. 시장조사 기관 GIA^{Global Industry Analysts}는 글로벌 디지털 헬스케어 시장 규모를 2020년 1,525억 달러(약 180조 원) 규모에서 2027년 5,088억 달러(약 610조 원) 규모로 연평균 18.8%의 성장률을 보일 것으로 예상하고 있다.

최동훈 창업자 겸 대표이사

테크빌리지에 대해 간략히 소개해 주세요.

뇌질환 환자에게 인공지능 기반의 VR 플랫폼을 제공함으로써 재활치료 및 인지장애 예방을 위한 솔루션을 개발하고 공급하는 디지털 헬스케어 스타트업입니다.

테크빌리지에서 가장 해결하고 싶은 고객의 페인 포인트나 사회적인 문제는 무엇인가요? 또 테크빌리를 통해 어떤 가치를 창출하고 있는지 말씀 부탁드립니다.

저희의 목표는 뇌질환 예방과 치료에 있어서 기존에 없던 새로운 의료 패러다임을 만드는 것입니다. 저희 서비스로 모든 병을 치료할 수는 없지만, 병원과의 연결은 유지하면서 홈케어 서비스를 통해 병원 방문을 최소화할 수 있습니다. 이런 방법은 고령자나 거동이 불편한 환자들에게 좋은 대안이 됩니다.

또한 저희는 스마트 디바이스와 4차 산업 기술을 활용해 게임처럼 즐기면서 치료할 수 있도록 하고 있습니다. 저희의 주요 고객은 뇌질환 환자들입니다. 뇌질환 환자들 중 약 80% 이상은 운동 기능과 인지 기능이 매우 떨어져 있습니다. 운동 기능을 완전히 상실한 환자나 거동이 불편한 중증 환자들은 혼자 힘으로 일상생활을 하는 것이 불가능해 주변의 도움을 필요로 합니다. 문제는 치료 기간이 길어질수록 가족과의 관계가 악화되기도 하고, 환자가 중도에 치료를 포기하는 경우가 발생하기도 한다는 것입니다. 이를 해결하기 위해서는 환자 스스로 재활에 대한 강한 의지를 가져야 합니다. 환자가 치료 초기의 각오와 노력을 계속해서 유지하려면 가족들의 도움뿐 아니라 환자가 적절한 수준에서 재활치료를 받을 수 있는 시스템이 서포트 되어야 합니다. 무리 없이 재활 훈련을 받을 수 있는 환경이 만들어지고 증세가 호전되는 것을 환자 스스로 느낄 수 있게 되면 시간이 지날수록 재활에 대한 의지가 더욱 강해질 것입니다. 기존에는 병원에서만 사용할 수 있는 재활 도구들이 있어 병원에 가야만 재활치료를 받을 수 있었지만 저희 회사의 가상 현실 기술을 이용하면 비용 문제 없이 실제 느낌을 갖고 재활 훈련을 할

테크빌리지 사업 영역

수 있습니다.

또한 게임을 통해 압박감, 불안감, 긴장감을 느끼도록 함으로써 움직임을 유도할 수 있습니다. 이러한 원리를 통해 환자는 재미있는 게임을 즐기면서 필요한 부분을 집중적으로 재활할 수 있습니다. 이러한 방식으로 재활치료를 진행하면 효과가 더욱 좋습니다.

테크빌리지에서 추구하는 재활치료가 다른 경쟁사나 병원의 물리치료 등과 비교해서 어떠한 차별화 요소가 있나요?

재활치료는 질병, 부상, 발달 장애 등으로 인해 일시적 또는 지속적으로 기능적인 손상을 입은 환자들의 기능 회복을 돕는 치료를 말합니다. 재활치료는 일반적으로 의사, 물리치료사, 언어 치료사 등의 전문가들에 의해 제공됩니다. VR 기술을 이용한 재활치료는 개념은 동일하지만 재활치료를 어떻게 수행할 것인 가에 대한 방법론의 차이가 있습니다. 기존의 병원이나 물리치 료센터에서 수행하는 재활치료는 전문가에 의한 수동적인 지시가 많은 반면 저희 서비스는 환자의 직접적인 행동 의지를 유발하고 환자 스스로 움직임을 유도해 실제 환경에서 필요한 동작을 연습하도록 합니다. 예를 들어 공이나 바위가 날아오는 상황에서는 환자가 자신의 의지대로 도망치거나 피할 수 있는 능력이 필요합니다. 이를 기존의 방법론에서는 학습시키기 어렵습니다. 따라서 이를 위해 VR 기술을 도입해 실제 상황과 유사한 환경에서 연습할 수 있도록 지원합니다. 이러한 기술은 물리치료센터나 병원뿐 아니라 가정이나 다른 전문 의료기관에서도 활용할 수 있습니다.

연구개발이 많이 필요한 분야로 창업을 하셨습니다. 특히 의료 분야는 더 까다로울 것 같은데요, VR 관련 아이템으로 창업하게 된 계기와 그 과정에서 어떤 어려움이 있었는지 말씀 부탁드립니다.

원래는 창업할 계획이 전혀 없었습니다. 하지만 둘째 아이에게 뇌암이 발견되면서 제 인생이 바뀌었습니다. 1년 반 동안 항암

치료, 방사선 치료, 수술 등을 받았는데 이 과정에서 많은 어려움이 있었고 수술 후 보행 장애와 시각 장애가 생겨서 재활치료를 받게 되었습니다. 처음에는 재활치료가 그리 어렵지 않을 거라 생각했지만, 치료를 받으러 가기 위해 대중교통을 이용하는 것부터 큰 문제였습니다. 재활치료를 시작하면 부모가 해줄 수 있는 게 별로 없어 곁에서 지켜보며 마음이 너무 아팠습니다. 무엇이라도 해주고 싶은 마음에 아이에게 도움이 될 수 있는 방법을 고민하기 시작했습니다. 그때 당시 저는 직장에서 VR 기술 연구를 담당하고 있었는데 이전에 만들었던 가상현실 프로그램을 활용해 보행 치료를 할 수 있도록 시도해 보았습니다. 결과는 매우 성공적이었습니다. 그래서 저희 아이는 물론 더 많은 사람들이 이용할 수 있도록 하고 싶었습니다. 병원에서도 이런 가상현실 치료가 도움이 될 것이라고 생각해 서울대병원의 교수님께 연락해 함께 일해보자고 제안을 드렸습니다. 그 결과 서울대병원 교수님과 제품에 대한 아이디어를 발전시키면서, 우리 아이를 비롯한 많은 사람들에게 도움이 될 수 있는 가상현실 치료 프로그램을 만들게 되었습니다.

재활치료 프로그램뿐만 아니라 VR 기술을 활용한 게임도 개발하고 있으시다고요.

저희는 시장을 전문 의료기기와 헬스케어 두 영역으로 구분하고 있습니다. 뇌졸중 환자를 위한 치료 솔루션 리햅 웨어는 전문 의료기기 영역에서 사용되는 제품입니다. VR 기술을 활용한 게임은 홈케어나 헬스케어 분야에 사용됩니다. 어지럽지 않도록 설계되어 노인분들과 몸이 허약한 분들도 사용할 수 있도록 만들어졌습니다. 저희의 목표는 의료기기와 헬스케어 분야에서 이 두 가지 제품이 표준이 되는 것입니다.

테크빌리지에서 추구하는 VR 사업이 어떤 수익모델을 갖고 있고 어떤 전략이 있는지 말씀 부탁드립니다.

최근 몇 년간 메타버스가 대세가 되었으나 지금은 흐지부지 없어지고 분열되었던 메타버스, AR, VR 등의 기술을 하나로 합쳐 XR^{eXtended Reality. 확장 현실}이라는 총칭으로 부르고 있습니다. 이런 기술들이 흐지부지되는 이유는 실실적인 가치를 제공하지 못하고 명확한 수익모델을 찾지 못했기 때문입니다. 하지만 저희는 VR 기술을 활용해 뇌질환 환자를 치료할 수 있는 서비스를 만들었고 이를 대형 병원에 납품하고 있습니다. 환자들은 저희 제품을 활용해 재활치료를 받고 즐겁게 운동하면서 건강을 회복할 수 있습니다.

만약 저희 제품으로 가족의 건강 상태가 좋아진다면 모든 가족들이 더 행복해질 것이고 이를 위해 일정 금액을 내는 것은 그리 어려운 일이 아닐겁니다. 따라서 가장 중요한 것은 제품의 효과입니다. 저희 제품을 사용한 환자에게 실제로 재활 효과가 있다는 객관적인 데이터를 확보하는 것이 중요합니다. 이러한 데이터를 통해 디지털 치료 인증이나 FDA 인증을 받을 수 있으며, 객관적인 검증을 통해 효과가 있는 제품임을 입증할 수 있습니다.

이 사업에서 가장 중요한 부분 중 하나는 데이터입니다. 저희 회사는 바이오 회사이면서 4차 산업의 콘텐츠 회사이지만, 장기적인 관점에서 데이터에 기반한 회사입니다. 이미 저희는 데이터를 수집해 사용자에게 맞춤형 콘텐츠를 제공하는 다수의 프로젝트를 수행하고 있습니다. 처음에는 VR 기술이 일반인들을 대상으로 게임이나 영화 등 엔터테인먼트 분야에서 많이 활용되었지만 이제는 치료, 진단, 예방에 중점을 둡니다. 진단과 예방은 헬스케어 시장에서 가장 큰 부분입니다. 이를 위해 환자의 운동 상태를 측정하고 분석하며 그 데이터를 활용해 적절한 콘텐츠와 운동 프로그램을 제공합니다. 예를 들어 팔 운동을 할 때 팔의 속도, 각도, 정확성 등 운동 데이터에 대한 모든 정보를 수집합니다. 이 데이터 체계 고도화 작업을 국내 최초로 진행 중이며, 이를 팁스TIPS를 통해 수행하고 있습니다. 이 프로세스는 자동화되어 있으며, 궁극적으로 환자의 요구사항을 충족하고 치료를 돕는 것이 최종 목표입니다.

경쟁률이 치열하다는 팁스와 프리 A 단계의 투자를 받으셨습니다. 향후 투자 유치 계획과 자금 사용처에 대해 말씀해 주세요.

2023년 안에 시리즈 A 라운드의 투자 유치를 하는 것이 목표입니다. 저희 회사에는 크게 두 가지 사업 분야가 있습니다. 첫 번째는 전문 의료기기 분야로 국내 디지털 치료기기와 미국 FDA 인증을 준비하고 있습니다. 두 번째는 헬스케어 분야로 일반인들도 쉽게 사용할 수 있는 건강 관리 제품을 개발하고 있습니다. 의료 시장과 헬스케어 분야에서 저희 제품의 효과와 가치를 명확하게 증명하고 있으며 특히 의료 분야에서 사용되는 과학적 검증 기준을 충족시키고 있습니다.

투자금은 대부분 인력 채용과 연구개발에 쓰이고 있으며 해외 마케팅도 진행할 예정입니다. 추가로 플랫폼 사업도 진행할 계획입니다. 플랫폼을 제대로 만들어 놓으면 한국, 영국, 미국, 일본 등 어디서든 이 서비스를 제공받을 수 있습니다. 의료 시장보다 헬스케어 시장이 더 크기 때문에 가정 홈케어 시장으로도 진출할 계획입니다.

해외 시장에 대해 언급을 하셨는데요, 구체적인 시기나 진출 국가 등에 대해 말씀 부탁드립니다.

현재 미국, 유럽, 중동 시장 진출을 준비하고 있습니다. 아직은 씨를 뿌리는 단계로, 씨에 물과 햇빛 그리고 적절한 환경을 제공하며 열매가 맺길 기다리고 있습니다. 이미 글로벌 시장에서 굉장히 많은 한국 기업과 인재들이 활약하고 있고 협력할 수 있는 곳들도 많습니다. 진정성을 갖고 준비하면 분명히 해외 시장에서도 어필할 수 있는 부분들이 많다고 생각합니다.

이를 위해 독일, 일본, 미국, 영국, 중동 지역까지 직접 다니면서 다양한 시도를 하고 있습니다. 2022년 11월에는 독일에서 열린 의료기 전시회에 참석했고 싱가포르에 있는 재활 스마트 기술 관련 파트너를 찾아가기도 했습니다. 이런 과정에서 많은 분들의 도움을 받아 다양한 해외 기업과 MOU를 체결할 수 있었습니다. 쉽지 않은 과정이었지만, 시도와 실패는 스타트업 초기에 반드시 필요한 일이라 생각합니다. 시도해 보고 실패해도 괜찮습니다. 왜냐하면 이 과정에서 배울 수 있는 것들이 많기 때문입니다.

현재는 미국 존스홉킨스대학의 교수님이 창업한 실리콘 밸리 기업과 MOU를 체결해 미국과 중국 시장을 함께 개척할 예정입니다. 이런 과정에서 시너지가 발생하며 성장할 것이라 생각하고 있습니다. 이러한 노력들이 앞으로 2~3년 내에 플랫폼 개발과 FDA 인증 취득, 그리고 협력 파트너와의 좋은 만남과 성장을 이루어낼 것입니다.

2023년 목표나 주요 KPI는 무엇인가요?

당장의 매출을 중요한 KPI로 삼고 있지 않습니다. 당장 판매량에 초점을 맞추는 것보다는 기업 가치를 더 높이는 것에 집중하기 때문입니다. 저희는 헬스케어 시장에 진입할 수 있는 다양한 제품을 준비하고 있고 이를 통해 헬스케어 사업에 집중할 계획입니다. 특히 재활치료 분야에서 일반 병원과 차별화된 효과를 검증할 수 있는 객관적인 지표를 만들어내는 것이 가장 큰 목표입니다.

네이버나 카카오와 같은 빅테크 기업들도 헬스케어 관련 자회사를 설립하고 많은 노력을 하고 있습니다. 이런 회사들이 인수 제안을 할 수도 있고 또는 일정 부분에서는 경쟁사가 될 수도 있는데요, 테크빌리지만의 핵심 경쟁력이 무엇인지 그리고 인수 제안이 오면 어떻게 하실지 말씀 부탁드립니다.

저희 회사는 전국의 8개의 대학병원과 적극적으로 협력하며 많은 노하우를 축적해 왔습니다. 이제 이 노하우를 활용해 환자에게 도움이 되는 제품을 만들고, 경쟁력을 유지할 계획입니다. 우리는 스타트업으로서 의사결정이 빠르고 추진력이 뛰어나며 대기업과 경쟁할 만한 수준의 기술력을 보유하고 있다고 생각합니다. 해외 시장에서 얻은 많은 경험과 협력사들과의 관계 또한 저희가 가진 경쟁력 중 하나입니다. 앞으로도 데이터의 중요성을 인식하며 시장에서 검증받은 제품을 만들어내기 위해 노력할 것입니다.

엑싯은 단순히 금전적인 차원에서만 바라보지 않습니다. 저희 회사가 추구하는 가치와 개발 방향, 글로벌 시장에서의 역량 등을 고려해서 판단하는 게 가장 중요하다고 생각합니다. 만약 이러한 비전이 충족된다면 인수 제안을 긍정적으로 고려할 것입니다.

많은 사람들이 이용하려면 보험이 적용되어야 할 텐데 우리나라는 아직 이에 대한 제도가 없는 것 같습니다.

미국, 일본, 영국 그리고 중국까지도 디지털 헬스케어 및 디지털 치료기기에 대한 실질적인 제도 및 사업 분야 적용이 매우 적극적으로 진행되고 있습니다. 하지만 아쉽게도 국내 상황은 아직 초기 단계입니다. 다행히도 2021년도부터 식약처에서 디지털 치료기기 인증과 보험 적용을 위한 적극적인 제도 개선 및 관련 분야 적용 확대를 진행 중입니다. 2023년 2월에 국내 제1호 디지털 치료기기 인증 제품이 출시되었고 향후에는 해외 선진국에 크게 뒤지지 않는 환경이 조성될 것으로 기대됩니다.

정부 규제로 디지털 헬스케어 발전이 더디다는 업계의 평이 있습니다. 현 상황과 개선점에 대해 말씀 부탁드립니다.

말씀하신 대로 우리나라는 해외 선진국에 비해서 분명 더디게 진행되고 있습니다. 미국, 영국, 일본 등은 이미 디지털 치료기기 및 헬스케어 기술을 활용한 원격 치료 분야도 이미 상용화에 진입했습니다. 이처럼 빠른 진행이 가능했던 이유는 정부 차원의 규제 완화 정책과 적극적인 지원이 있었기 때문입니다. 디지털 헬스케어 기반 기술이 이미 활용되고 있는 기술인 만큼 안전에 대한 책임을 기업으로 돌리면서 시장 진입을 허가해 주는 방식을 취한 것입니다. 이러한 부분은 국내에서도 긍정적으로 검토해 볼 수 있는 방법이라 생각합니다.

앞으로 치매나 뇌질환 관련 시장이 커진다는 얘기가 많이 있습니다. 디지털 헬스케어 시장 전망에 대한 대표님의 견해가 궁금합니다.

평균 수명이 길어지면서 전 세계적으로 초고령화 사회가 되고 있습니다. 인류 역사상 경험해 보지 못한 대규모의 초고령 인구층이 형성되어 사회적 문제가 점점 커지게 될 것입니다. 다양한 문제 중에서도 건강 문제가 가장 크며, 이는 국가적인 비용 증가 문제로 이어집니다. 출산율이 계속해서 감소하고 있는 상황에서 국가 발전을 이루어내는 생산 가능한 사람들의 수가 줄어들고, 동시에 돌봐줘야 할 고령자의 수가 늘어나면서 국가의 재정적인 부담은 더욱 커지고 있습니다. 이러한 상황은 비단 우리나라만의 문제가 아니며 글로벌한 이슈가 될 것입니다. 앞으로 이 문제를 어떻게 해결하고 어떻게 효과적으로 관리할 것인지가 인류 최대의 문제이자 과제가 될 것입니다. 저희 회사의 제품은 이런 글로벌 이슈를 해결하기 위한 좋은 솔루션이 될 것입니다.

국내 종합병원 또는 대학병원은 작은 스타트업이 컨택하기 어려운 곳인데, 이런 곳들과 공동연구 및 제휴를 하게 된 노하우가 있나요?

노하우는 따로 없습니다. 일단 용기를 내어 시도해 보는 것이 중요하다고 생각합니다. 제가 예전에는 개발자이기도 했지만 영업적인 일도 많이 했습니다. 제가 만든 제품을 직접 판매하는 것을 즐겨했죠. 성공 여부와는 별개로 많은 사람들과 만나 얘기 나누는 것이 좋았습니다. 물론 처음에는 쉽지 않을 수 있습니다. 거절당할 경우 창피함을 느낄 수도 있고, 무시당할 수도 있습니다. 하지만 그런 경험을 통해 배우고 성장하게 됩니다. 많은 경험을 하다 보면 특별한 노하우는 없어도 진정성을 전달할 수 있는 기회가 생기기 때문에 많이 시도하다 보면 결국 성공할 가능성이 높아집니다.

테크빌리지만의 조직 관리 방식, 인사 철학, 채용 기준 등이 있다면 말씀해 주세요.

저희 회사는 학력에 제한을 두지 않고 타고난 열정이 있는 사람들을 좋아합니다. 또한 인성도 매우 중요하게 생각합니다. 저희 회사의 기업 문화는 놀이터처럼 즐거운 회사를 만드는 것입니다. 사업 초기에 자금도 없고 힘든 상황에서도 항상 6시에 퇴근하는 문화를 만들었습니다. 이는 직원들이 컨디션 좋게 출근할 수 있도록 해주는 것이 중요하다고 생각하기 때문입니다. 훌륭한 제품을 만드는 데 있어서 가장 중요한 것은 직원들의 컨디션입니다. 그래서 직원들의 창의력이 자유롭게 발휘될 수 있는 즐거운 분위기와 적절한 근무 시간을 유지하는 것이 매우 중요합니다. 저희는 앞으로도 적합한 인재를 선발하기 위해 타협하지 않고 나름의 기준을 엄격하게 준수할 계획입니다.

또한 저희 회사는 중요한 이슈가 있을 때마다 전 직원들과 난상토론을 합니다. 좋은 점은 대표의 의견이나 입장과는 무관하게 직원들끼리 자유롭게 의견을 제시하고 반론할 수 있다는 점입니다. 이러한 분위기는 직원들 간의 결속과 추진력을 높이는 데 큰 역할을 합니다. 그리고 제품을 출시할 때마다 직원들의 다양한 의견을 수용해 더 나은 제품을 만들 수 있습니다. 물론 모든 의견이 동일한 가치를 지닌 것은 아닙니다. 때로는 말도 안 되는 의견이 제시될 수 있지만, 이러한 의견들을 걸러내고 모든 의견을 종합해 결과를 만들어내는 것이 중요합니다. 대표는 직원들의 의견을 잘 수렴해 결정을 내려야 하지만, 결국 이 모든 것은 결과를 만들어 내기 위함임을 잊지 말아야 합니다. 저희 회사는 결과를 만들어내는 문화를 가진 조직이며, 직원들은 서로 능동적으로 일하고, 의견을 자유롭게 제시할 수 있으며, 결국 좋은 결과를 만들어내기 위해 최선을 다합니다.

테크빌리지 이전에도 창업한 경험이 있으시더라고요. 창업에 실패하고 다시 시도하는 일이 쉽지 않았을 것 같은데, 어떤 용기와 자신감으로 재창업에 도전하셨나요?

사업 실패 이후 아무런 용기가 없었고, 사람들을 만나고 대하는 데도 많은 어려움을 느꼈습니다. 한때 인생이 나락으로 떨어졌지만 반면에 그때 배운 것들도 정말 많았습니다. 이번에 사업을 시작하게 된 이유는 둘째 아이가 아프게 된 점도 있지만, 예전에 실패한 부분을 극복하면 직원들을 리더십으로 잘 이끌고 수익을 창출할 수 있겠다는 자신감이 생겼기 때문입니다. 다시 창업을 시작하기까지 주변 사람들의 도움도 컸습니다. 역시 사람이 매우 중요하다는 것을 몸소 깨달으면서 저 또한 저와 비슷한 경험으로 힘들어하는 사람들에게 도움이 되고 싶다는 생각을 하고 있습니다.

앞으로 3년에서 5년 정도 뒤의 목표나 비전은 무엇인가요? 회사와 개인을 분리해서 말씀해 주셔도 좋습니다.

현실적으로 개인과 회사의 목표를 분리하기는 어렵습니다. 회사의 가장 중요한 목표는 우선 기업 가치를 1,000억 원 이상으로 만드는 것입니다. 기회가 된다면 엑싯을 해서 스타트업에 대한 투자나 제가 갖고 있는 경험과 노하우로 컨설팅을 하고 싶습니다. 그래서 돈이 많지 않거나, 학력이 좋지 않거나, 실패를 많이 경험한 사람도 창업을 할 수 있도록 돕고 싶습니다. 우리나라에서 실패한 사람은 창업하기가 정말 어렵습니다. 저는 다양한 경험과 실패를 하면서 제한된 상황에서도 사업을 할 수 있는 노하우를 습득했습니다. 이러한 경험이 꿈을 갖고 있는 사람들에게 도움이 되면 좋겠습니다.

만약 창업 이전으로 돌아간다면 그동안의 어려움을 똑같이 겪어야 한다고 해도 창업자의 길을 걸으실 건가요? 같은 길을 걷는 후배 창업자에게 어떤 말을 해주고 싶나요?

저는 직장생활을 할 때도 정말 열심히 일했습니다. 하지만 제 안에는 사업을 하고 싶은 욕구가 있었고, 그것이 리스크가 있다는 것을 알면서도 자꾸 끌렸습니다. 실패를 하더라도 내 방식대로 창업을 하고 싶다는 생각이 강했고 그래서 결국 사업을 시도하게 되었습니다. 그래서 다시 과거로 돌아간다고 하더라도 창업을 할 것입니다. 요즘에는 스타트업 지원 프로그램이 굉장히 잘 되어있습니다. 이런 프로그램을 활용해 창업을 하는 것이 큰 기회가 될 것입니다. 물론 정부 지원을 받는다고 해서 사업이 성공하는 것은 아니지만, 그 과정에서 많은 것을 배울 수 있기 때문에 도전해 보는 것을 추천합니다.

스타트업이 만들어 가는 대한민국의 미래

대한민국 각 산업 분야별로 대표적인 스타트업 대표들과의 인터뷰를 통해 우리나라의 창업 생태계를 조망해 볼 수 있었다. 그들의 창업 동기, 아이템 선정 이유, 비즈니스 모델, 경영 철학, 조직문화, 투자 계획, 리더십, 후배 창업자들에게 하고 싶은 말 등에 대해 있는 그대로 전달하고자 했지만 지면의 한계로 인터뷰할 때의 생동감이나 열정이 얼마나 잘 전달될지 염려가 되기도 한다.

그들의 이야기를 들으며 가장 눈에 띄었던 것은, 각자 다른 분야에서 일하고 있지만 모두가 사회적 문제를 해결하고자 창업을 했다는 점과 다시 과거로 돌아간다고 하더라도 무조건 다시 창업을 하겠다고 말한 점이다. 그들은 소명의식을 갖고 자신 만의 분야에서 창의적인 아이디어와 혁신적인 기술을 통해 고 객이 겪고 있는 문제를 해결하고 좀 더 좋은 사회를 만들어 가 고 있었다.

질문과 답변을 주고받는 과정에서 그들의 성공과 혁신의 비 밀을 엿볼 수 있었다. 본인이 갖고 있는 신념과 열정, 추구하는 사회적 가치, 인재를 채용하는 방법, 직원들에게 동기부여하고 최상의 컨디션으로 일하게 만드는 방법, 새로운 시대가 요구하 는 리더십 등에 대한 생각을 가감 없이 솔직하게 나누었다. 그 들은 후배 창업자들에게도 많은 조언을 해주었다. 성공적인 창 업을 위해서는 고객의 페인 포인트와 니즈에서 시작한 아이디 어, 철저하고 세밀한 시장조사, 비즈니스 모델의 구체화, 시장에 맞는 마케팅 전략 등이 중요하다고 강조했다. 하지만 그중에서 도 가장 중요한 것은 끝까지 포기하지 말라는 메시지였다.

스타트업 산업은 지속적인 변화와 성장을 거듭하고 있다. 새 로운 기술의 등장과 소비자 행동의 변화, 경쟁자의 출현, 대기업 의 시장 진입, 글로벌 기업들의 한국 진출 등으로 인해 산업 경 쟁은 더욱 치열해지고 있다. 그래서 스타트업들은 더욱 창의적 인 방식으로 문제를 해결하고, 위기에 대응하며 새로운 시장을 개척해야 한다.

각 분야를 대표하는 13인의 대표와 인터뷰를 하는 내내 우리나라의 창업 생태계가 더욱 건강해지고 있으며 대한민국의 미래가 밝다는 것을 느낄 수 있었다. 그들의 사회적 가치 추구에 대한 열망과 창의적인 비즈니스 모델이 우리 사회에 큰 영향을 미치고 있으며, 다양한 분야에서 미래 혁신을 일으키고 있다. 이들의 경험에서 묻어나는 인사이트는 독자들에게 많은 도움이 될 것이다.

이 책이 나오기까지 물심양면으로 도움을 준 성안당의 관계자분들과 언제나 진심 어린 응원을 보내주는 가족들에게 감사하다는 말씀을 전하고 싶다. 특히 부족한 남편이자 아빠를 언제나 사랑해 주고 응원해 주며 살아갈 이유를 주고 있는 집사람과 두 아들에게 고맙고 미안하다는 말을 전한다.

끝으로 이 책을 집필하기 위해 바쁜 와중에도 인터뷰에 응하고 진솔하게 대답해 준 13개 스타트업의 대표님들께 진심으로 감사하다는 말씀을 드리고 싶다. 대표님들의 후배 창업자들을 향한 애정과 보다 나은 사회를 만들겠다는 마음이 없었다면 이 책은 나오지 못했을 것이다. 대표님들과의 인터뷰를 통해 필자 역시 많은 것들을 배우고 느꼈다. 아무나 스타트업 대표를 할 수 없고, 해서도 안 된다는 것을 깨달았다. 그들과 같은 혁신가들의 끊임없는 노력과 헌신, 희생이 있었기에 우리들이 좀 더 편하고 풍요로운 삶을 살 수 있다고 생각한다.

대표님들의 사업적 성공과 개인적 행복을 진심으로 기원하며, 스타트업을 꿈꾸는 모든 이들의 앞날에 무궁한 번영을 빈다.

대기업을 이긴 한국의 스타트업

2023. 11. 15. 초 판 1쇄 인쇄
2023. 11. 22. 초 판 1쇄 발행

지은이 | 임성준
펴낸이 | 이종춘
펴낸곳 | **BM** ㈜도서출판 **성안당**

주소 | 04032 서울시 마포구 양화로 127 첨단빌딩 3층(출판기획 R&D 센터)
10881 경기도 파주시 문발로 112 파주 출판 문화도시(제작 및 물류)

전화 | 02) 3142-0036
031) 950-6300

팩스 | 031) 955-0510
등록 | 1973. 2. 1. 제406-2005-000046호
출판사 홈페이지 | www.cyber.co.kr
ISBN | 978-89-315-8620-6 (03320)
정가 | 19,800원

이 책을 만든 사람들
책임 | 최옥현
기획·편집 | 심보경
디자인 | 섬세한 곰 김미성
홍보 | 김계향, 홍성화, 유미나, 정단비, 김주승
국제부 | 이선민, 조혜란
마케팅 | 구본철, 차정욱, 오영일, 나진호, 강호묵
마케팅 지원 | 장상범
제작 | 김유석

★ ★ ★
www.cyber.co.kr
성안당 Web 사이트

■ 도서 A/S 안내

성안당에서 발행하는 모든 도서는 저자와 출판사, 그리고 독자가 함께 만들어 나갑니다.
좋은 책을 펴내기 위해 많은 노력을 기울이고 있습니다. 혹시라도 내용상의 오류나 오탈자 등이
발견되면 "좋은 책은 나라의 보배"로서 우리 모두가 함께 만들어 간다는 마음으로 연락주시기
바랍니다. 수정 보완하여 더 나은 책이 되도록 최선을 다하겠습니다.
성안당은 늘 독자 여러분들의 소중한 의견을 기다리고 있습니다. 좋은 의견을 보내주시는 분께는
성안당 쇼핑몰의 포인트(3,000포인트)를 적립해 드립니다.
잘못 만들어진 책이나 부록 등이 파손된 경우에는 교환해 드립니다.